JN440778

# 기억 저편에

기억 저편에

2022년 07월 20일 초판 1쇄 인쇄
2022년 07월 30일 초판 1쇄 발행

저 자 : 엄 종 란
발행인 : 유 수 경
발행처 : 도서출판 영민

등 록 : 2001. 7. 16 제1-2888호
주 소 : 서울시 성북구 보문로 58-1 한주빌딩 205호
전 화 : 02-904-7204
팩 스 : 02-921-7202

ISBN 978-89-6341-408-9 03810

값 17,000원

# 기억 저편에

엄종란 산문집

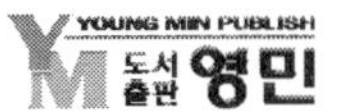

## 젊은 날을 돌아보니

청춘에는 왜 그리 슬픈 일이 많았는지, 울 일이 왜 그렇게 많았는지, 지금 와 생각하니 참 어리석었지만 순수해서 아름답기도 하다. 이젠 눈물을 거두고 살아온 날을 보내며 웃음으로 살아갈 날을 기대해 본다.

세상을 유혹하는 어떤 화려한 꽃에도 흔들리지 말고 오직 나 자신과 경쟁하여 세상에 서 보는 것이다. 그 경쟁에 져서 승리가 저 끄트머리에서 나를 비웃고 있다 하더라도 또 도전해 보는 것이다. 남에게 해를 주지 않는 한 옆도 뒤도 보지 말고 앞만 보며 끝까지 가 보는 것이다. 세상 모든 것들이 바람에 흔들린다 해도 절대 휘청거리지 말고 내 옆에 있는 소중한 사람을 위해 사랑 노래 부르면 되는 것이다.

2022년 5월 어느 날

梨楠, 嚴鍾蘭

차례

## 2 사람과 예술



## 3 인생

## 4 언어와 문화, 그리고 문학

# 1

# 기억 저편에

# 엄마

생각만 해도 듣기만 해도 눈물이 나고 가슴이 메어오는 그 단어, 엄마. 엄마도 여자이고 꿈을 품던 어린 시절도 있었을 것이다. 엄마의 엄마한테 애지중지 귀한 딸이었고 엄마의 아버지에겐 눈에 넣어도 아프지 않은 그런 딸이었을 것이다. 소꿉놀이에 즐거웠고 공기놀이에도 행복했던 그 시절, 이모들과 외삼촌들과의 추억어린 시절은 레몬 향기 그윽한 엷은 미소로 알 수 있었다.

어린 여자는 성장하여 결혼하니 아기 낳아 엄마라는 큰 울타리가 되었다. 스무 살 꽃 같은 나이에 낳은 첫아이는 어린 아기 엄마가 아기를 낳은 것처럼 아무것도 몰라 허둥지둥했을 것이다. 둘째부터 주렁주렁 매달린 대가족 자식들에 없는 살림에 얼마나 두려움이 많았을까. 하루 세 번 세끼 걱정을 해야 하는 엄마는 독에 보리쌀이 떨어지면 독 옆에서 울고, 밀가루 포대에 밀가루가 동이 나면 포대에 앉아 쌓인 밀가루 먼지만 뒤집어쓰고 광 천장만 우두커니 올려다보며 무슨 생각을 했을까. 그나마 논에 심은 벼는 가을에 수확하여 빚 갚는데 팔아서 다 주고 나면 엄마는 늘 자식들을 위해 밀가루 수제비, 밀가루 칼국수, 개떡, 고구마, 감자, 빵 등을 만들어 먹였다.

고단한 새벽, 하루의 시작은 아궁이 매운 연기처럼 맵고 쓰린 눈물이었고 고된 하루의 일과를 마치면 처마 밑 마루에 걸터앉아 앞산을 바라보며 마음속 근심과 시름을 길고 긴 한숨으로 털어버렸다. 봄이면 앞산 진달래가 고운들 엄마의 청춘보다 더 고우랴. 여름이면 진초록 녹음이 녹색의 향을 분출한들 엄마의 자식에 대한 사랑만큼 더 푸르랴. 가을이면 동산에 오색 물감을 뿌려놓은 듯 붉은들 엄마의 자식에 대한 미래의 열정만큼 붉으랴. 겨울이면 소복이 쌓인 장독대 시루떡이 하얀들 엄마의 자식에 대한 기도만큼 순수하랴. 춘하추동 어찌 엄마의 그 모든 것과 비교하랴마는 엄마는 자식을 낳은 엄마이기에 손가락 관절염이 있어도, 무릎이 닳도록 움직여도, 발뒤꿈치에 굳은살이 박혀도, 속이 타도, 애간장이 녹아도 엄마이기에 당연하고 괜찮다고 했습니다. 엄마니까 괜찮은 줄 알았습니다.

아무리 풀리지 않는 일이라 하더라도 이상하게 엄마가 가는 길에는 안 되는 일이 없었고 해결되지 않는 일이 없었습니다. 아무리 거친 눈보라가 몰아쳐도 엄마 품속이면 따뜻하고 아무리 모진 비바람이 불어도 엄마 곁이면 두렵지 않았습니다. 아무리 뜨거운 태양이 내리쬐어도 엄마 뒤에 그림자의 그늘이면 되었습니다. 자식 앞에 엄마는 해결사이고 마법사였습니다. 엄마는 자식을 위해 너무 꼿꼿하고 강해 부러질 것 같았지만 부러지지 않고 구부러졌고, 너무 억세 꺾일 것 같았지만 꺾이지 않고 휘어졌습니다. 하나둘 속 썩이는 자식 앞에서 엄마는 애간장이 타고 가슴을 졸이고 마음을 놓지 못해 근심 걱정이 옹이로 박혔겠지요. 그래서 울고 있는 자식에겐 어르고 타이르고 달래어 엄마 입가 주름이 조롱박처럼 오므려져 있습니다. 상처 입은 자식에겐 마음이 아파 녹은 애간장이 얼굴에 검버섯으로 피었습니다. 다친 자식에겐 안타까움이 이마 주름살에 촘촘히 박혔습니다. 손바닥이 닳아 시리고 아픈 것은 자식을 위해 장독대에서 빌고 기도한 흔적입니다. 무릎 연골이 찢어지고 파열되어 절룩거리는 다리는 이 자식 저 자식 돌보느라 뛰어다닌 증거입니다. 자식이 준 기쁨보다 엄마의 사랑이 깊었기에 엄마의 인생은 웃는 날보다 울고 아픈 날들이 더 많았습니다.

이젠 엄마는 우리 곁에 없습니다. 엄마 없는 하늘 아래는 춥고 매서운 바람만 남아있습니다. 엄마 향기조차 없는 어디에서도 아양을 떨며 투정을 부려도 받아주는 사람은 없습니다. 뭐든 각자 해결하고 각자 결론지어야 합니다. 살만하니 없는 엄마는 어느 하늘에서 무슨 꿈을 꾸고 계실까요. 엄마도 추억이 있고 아름다운 기억이 있는 사람인데 그런 추억조차 할 틈도 허락하지 않고 그저 내 엄마로만 무한한 사랑을 바랐고 또 기대했습니다. 엄마는 모진 위험으로부터 나를 보호해주는 울타리이고, 심한 비바람을 막아주는 지붕으로 당연하듯이 난 늘 그 단어에 기대어 편안히 살았습니다. 이젠 세상에 엄마는 없지만 엄마 산소가 또 다른 엄마 품이 되어 또 기대어 엎드려 한바탕 눈물로 하소연합니다.

엄마는 이 세상에 여자로 와 소녀로 자라서 엄마로 살다가 할머니로 가셨습니다. 이젠 세상에 없습니다. 아무리 소리쳐도 다시는 엄마를 볼 수도 만질 수도 없습니다. 엄마의 인생은 찬바람 불고 풍요하지만 늘 고단한 가을이었습니다. 우주 공간에 인생이 한 줄로 길게 늘어서 있다면 엄마는 지금 어느 곳에서 어디쯤 가고 있을까요.

# 남자

이 세상, 아니 대한민국의 남자는 다 똑같다. 나를 낳아 준 아버지나 나와 결혼한 남편이나 내가 낳은 아들이나 아들이 준 선물인 손자나 딸이 결혼한 사위나 어려서 함께 자란 남동생과 오빠나 다 똑같다. 나에게는 정말 소중하고 중요한 사람들이다. 똑똑하든지 부자이든지 잘났든 못났든지 출세를 했든 못했든 상관없이 융통성 면에서 살펴보면 모두 같다.

특히 집안일에서 두드러지게 답답하다. 무슨 일을 하든 했으면 물건은 제자리에 놓아야 하는데 아무렇게나 휵 집어 던져 놓는다. 집에 들어오면 눈에 보이면 좀 알아서 해야 하는데 매번 시키는 일만 하고 시켜도 하지 않는 경우도 많다. 그렇다고 시킨 일이나 제대로 하는 것도 아니다. 아는지 모르는지 무의식적인지 의식적으로 일부러 그러는지 매사 대충 대충이다. 아버지가 그러면 부모니 시키는 대로 해준다. 아들이 그러면 내가 낳은 아들이라 소중하니 당연히 내가 해준다.

남편은 상황이 다르다. 그렇게 느리고 답답하고 천천히 아주 거북이처럼 움직이면 속이 터지고 미쳐 버린다. 절대로 몸을 안 움직인다. 느려터지고 느긋하고 게으르고 세상 답답하기 짝이 없다. 앞에서 불이 나도 절대로 뛰지 않을 사람이다. 그런데 누구든 술 마시자고 연락 오면 잽싸게 움직인다. 새벽부터 골프 칠 때는 날아다니는 물찬 제비 같다. 그렇게 동작이 빠르고 몸이 가벼운 사람인지 정말 몰랐다. 집보다 밖이 좋고 아내나 가족보다 타인이 좋은 천상 충청도 사나이. 남 앞에서는 착하며 행동도 정말 예의 바르게 잘한다. 이게 무슨 조화인가. 그러면 왜 결혼해서 아내를 얻고 자식은 왜 낳았는가. 이것저것 생각하면 같이 살아온 세월과 살아오면서 서운했던 것들이 겹쳐져 온갖 욕설과 화와 짜증은 이내 큰소리로 합해져 전쟁으로 폭발하여 지축을 흔든다. 퇴근해서 집에 돌아오면 으레 양말 벗어 아무 데나 던져 놓고 옷 벗어 땅바닥에 놓는다. 방바닥에 뱀 허물 벗듯 사람만 쏙 빠져나온다.

맞벌이로 똑같이 밖에서 일하고 와도 아내는 옷 갈아입고 부엌으로 가지만 남편은 옷도 안 갈아입고 소파로 직행해서 TV 리모컨을 잡는다. 밥 차려 대령할 때까지 앉은 자세에서 꼼짝을 안 한다. 아내는 화가 나 하던 저녁 식사준비를 내던지고 방으로 들어와 감정을 삭힌다. 시간이 지난 후 남편은 배고픈지 소파에서 일어나 밥

달라고 한다. 아내가 화난 것을 눈치챈 남편은 본인 배를 채우기 위해 라면을 끓여 먹는다. 그것도 아내 것은 잊은 체 본인 것만 끓여 먹는다. 다 먹은 후 설거지는커녕 본인이 식사한 냄비마저 씽크대에 담가놓고 김치조차 냉장고에 넣어 놓지 않고 식탁에 그대로 두고 다시 소파에 눕는다. 밥 먹고 소파, 화장실 다녀와서 소파, 물 마시고 또 소파, TV 보면서 또 눕는다. 단 1분도 앉아 있지 못하고 눕는다. 화가 난 아내는 방에서 나와 또 그 치다꺼리를 해야 한다.

맞벌이 아내는 저녁 식사 후 아침 준비를 해놓아야 한다. 쌀 씻어 불려놓고 찌개나 국을 끓여 놓아야 아침 출근이 수월하다. 어린아이가 있는 집에서는 아침에 아내가 아침 준비로 바쁘면 남편은 아이들 깨워서 씻기고 밥도 먹이고 유치원이나 어린이집에 데려다주는 것을 도와주어야 한다. 그런데 남편은 본인 출근 준비만 하고 휙 나가 버린다. 아내는 한참 대화하며 도와달라고 하지만 말없이 이미 출근해 버린 남편은 대답이 없다. 미칠 노릇이다. 설거지와 아이들 부탁하는 것도 철과 쇠로 두들겨 만든 아내의 몫이 된다. 뭐하나 도와주는 것도 없이 그저 회사 출근했다가 술 먹고 늦게 들어오는 것이 결혼 생활의 일과이다. 그렇다고 자상한 것도 아니다. 요즘 시대 혼자 벌어서 생활비를 충당할 수는 없다. 같이 맞벌이해야 살 수 있는데 남자라는 것이 무슨 벼슬인 것처럼 조선 시대 양반도 아니고 집에만 들어오면 가만히 앉아 있는 것이 전부이다. 일단 식사만 하면 바닥에 누워버린다. 겨우 화장실 갈 때만 일어나니 게으른 배는 올챙이 배처럼 불룩하고 목덜미는 두껍다. 집안일을 도와주지 않으려면 사람이라도 고용해야 하는데 그런 주변머리도 없다. 붙어살아야 할지 내다 버려야 할지 고민 중이다.

어느 가정이든 배우자가 하는 행동을 싫어하는 것이 있다. 하지 말라면 하지 않으면 되는데 끝까지 말을 안 듣는다. 처음 시작하는 신혼은 재산이 없는 경우가 많다. 허리띠 졸라매야 집도 마련하고 태어날 아가들의 교육도 책임져야 한다. 알뜰하게 모아 재산 형성한 아내는 배우자가 골프 치러 가는 것을 제일 싫어한다. 없어서 힘든 시기는 잊은 듯 꼴값을 떨고 외제차에 골프채 들고 필드로 나간다. 아내는 힘든 결혼 생활로 지쳐 검소하게 생활해 왔는데 골프 치러 다니는 남편이 밉고 얄밉고 억울하고 분해서 이내 분노가 용암처럼 분출한다. 사업상 골프 치러 다닌다는 말은 다 거짓말이다. 그냥 놀기 좋아하고 밖이 좋고 타인이 좋아 아주 꼴값을 떨며 괜히 발광하는 것이다. 골프 치고 저녁 먹고 2차는 술집이다. 집에서 콩나물 대가리 다듬는 아내 생각은 손톱만큼도 안 하고 술집에서 남자 주머니 털려고 기다리는 꽃뱀들의 음흉함에 속아 홍청망청 아주 등신 머저리가 육갑을 떤다. 귀가 후 흥이 덜 가셨는지 벌건 얼굴은 원숭이 콧구멍처럼 벌름거리며 몸뚱어리를 주체하지 못한다. 몸뚱이조차 벌겋게 달아올라 불타는 고구마 같다. 잠옷 차림의 아내를 보자 다소 민망한 것인지 아니면 미안한 것인지 괜히 입을 씰룩거리면서 웃음소리를 목구멍에 감추고 누런 치아만 드러낸다. 꼴보기 싫은지 아내는 말없이 안방 문을 닫고 들어가 버린다. 그러면 아내의 분위기를 파악한 남편은 춥든 덥든 씻지도 않고 소파에 드러누워 취기에 벌름대는 코골이를 시작한다. 아주 가관도 이런 가관이 없다. 낮의 태양과 밤의 달빛이 부끄럽지도 않은지 참 한심하기 짝이 없다.

아내와 남편은 운동 겸 몇 년 전부터 근교에 주말농장을 하는데 뭘 심어도 되지 않는다. 농작물은 십여 가지 심었지만 씨 값도 안 나오고 헛수고만 한다. 밭고랑에 가서 일해도 느리고 게을러서 아내 두 고랑 할 때 한 고랑 가지고 온종일 날을 샌다. 매사 하는 일이 이렇게 보아도 답답하고 저렇게 보아도 답답하다. 살면서 남에게 예의 바르니 여기저기 자기 것도 못 찾아 먹고 아내만 고생시킨다. 늘 불만과 화와 분노가 가득 찬 아내는 곱고 이쁜 소리가 안 나가고 소리치고 퉁명스럽게 대답하고 말한다. 그러면 꼴에 가장이라고 아내가 반말이나 하고 소리쳤다고 화를 낸다. 그리고 뭐든 안 한다고 하고 획 나가 버린다. 아주 꼴사납다. 이런 행동을 보고 자란 아들도 조금씩 닮아 간다. 그러면 아내는 심하게 아들을 야단친다. 그런 것들이 부부 싸움이 되어 서먹서먹해도 아내는 할 말은 하는 성격이다. 참으면 병이 되고 계속 말을 안 하면 그것이 평소 습관이 되어 못된 버릇이 되기 때문에 계속 고쳐 나가야 한다. 그러면 남편은 더 토라져서 보름 동안 말을 안 한다. 남자로 태어나서 쪼잔하고 볼품없게 그렇게 말을 안 하고 한 집안에서 아내 피해가며 눈칫밥을 먹는 천치가 된다.

명절이면 대가족에 종갓집 아내들은 죽어난다. 종갓집이니 손님이 많아 음식의 양도 무척 많다. 술상 차리고 음식 해다 바치면 튀어나온 입으로 먹는 음식조차 보기 싫다. 꼴에 결혼해서 아내를 얻었다고 남편이 효도하면 되는 것이지 본인은 못하고 꼭 아내에게 떠민다. 그렇다고 아내는 남편 부모가 뭐가 그리 좋다고 효도를 하겠는가. 그저 며느리니 예의상 도리상 하는 것이지 아내도 사람이고 여자이고 다른 집에서 귀한 자식이다. 시댁 부모님도 며느리만 바라보지 말고 무슨 일이든지 아들과 딸에게 더 요청해야 한다.

서로 사랑해서 결혼했다. 아내로 며느리로 엄마로 여자들은 정말 힘들고 고단하다. 집안일 반반씩 하자는 것도 아니다. 조금만 도와주면 아내는 다른 여자처럼 목소리도 안 크고 부드러운 말투로 이쁜 모습으로 살아갈 것이다. 이것은 개인적인 주장일 수도 있지만 많은 한국 여성들이 공감하는 부분이 많을 것이다. 이렇게 단점만 보여 다투는 것도 헤어지지 말고 서로 이해하면서 잘 살아가자는 마음이 있어서이다. 사회도 변하고 시대도 변했다. 제발 같이 좀 하고 삽시다! 가끔 고단하여 코골이 하는 남편에 안쓰럽기도 하지만 안팎으로 고된 일과에 밤마다 고통으로 신음하는 아내들도 돌아봐 달라는 것이다. 대한민국에 사는 남자들은 이 글을 통해서 남에게만 따뜻하게 잘해주지 말고 집에서 기다리고 있는 아내를 한 번 더 생각하는 시간이 되길 바란다.

# 여자

난 여자다. 나를 중심축으로 세상을 돌려본다. 엄마이자 아내이고, 딸이자 며느리이다. 여동생이며 누나이고, 고모이기도 하고 이모이기도 하다. 동성에겐 친구지만 이성에겐 여자친구이기도 하다. 스승에겐 여제자이며 제자에겐 여스승이다.

난 엄마다. 여자이기보다는 이젠 엄마라는 책임감과 의무감이 커진 새로운 인생의 시작이다. 나를 엄마로 만든 또 내 아가로 와준 두 자녀에게 너무 고맙다. 큰딸 아가가 태어났을 때, 온 누리가 아름답고 이쁘고 찬란했다. 손에 쥔 것이 없어도 풍족하고 가만히 있어도 입가에 미소가 번지고 마음이 넓어지고 행복했다. 딸이라서 그런지 끝까지 지켜주고픈 무한한 책임감이 용솟음쳤다. 배고파 우는 소리도 곱고 칭얼대는 작은 소리도 이뻤다. 깔깔대는 웃음소리에는 마음은 하늘 구름 위 솜사탕을 걷는 듯하고 까르륵 번지는 순간의 미소엔 모든 것 다 주어도 아깝지 않은 소중한 존재이다. 때론 아들을 원하는 엄마로 남자 조카들을 보면 시기와 질투로 꿀밤을 주기도 했다.

둘째는 아들이다. 아들이 태어났을 때 이 세상을 다 얻은 듯 풍만했고 천하를 호령하듯 용맹했다. 너무 좋아 가만히 있어도 웃음이 나오고 어떠한 두려움도 없었으며 든든하고 이상한 자신감마저 들었다. 남편에게 느껴보지 못한 이성으로 아들을 안아 보기도 하고 혼자 하는 짝사랑과 외사랑과 속사랑이 생겼다. 우유를 먹일 때도 곱고 보챌 때도 이쁘고 걸음마를 할 때도 너무 아름다워 세상에 잡히지 않는 그 어떤 존재에게도 감사하고 고마웠다. 인생을 살아가며 삶을 영위하는데 세상이 이렇게 아름답고 이렇게 행복한 것인지 그 어떤 말로도 형언할 수 없는 처음 접하는 그 무엇이었다. 어떠한 장벽이 엄마인 내 앞에 닥쳐도 두려울 것이 하나도 없다. 내가 이 세상에 와서 엄마가 된 것에 감사하고 내가 이 세상에서 가장 잘한 일은 두 자녀를 낳은 일이다. 그렇게 내게 와 준 두 자녀는 하늘이 내게 삶의 의미를 부여한 가장 감사한 일이다.

난 내 아가들과 이 세상을 살아가면서 정의롭고 진실 되며 정직함이 내 앞에 있다면 이렇게 감사한 것에는 아낌없이 줄 수 있는 가장 최고의 칭찬을 그 누구에게도 하고 싶다. 내 아가들에게 이 세상에 가장 아름다운 말이 있다면 서슴없이 난 그 말로 대신할 것이고, 살면서 들리는 최상의 고운 소리가 있다면 난 주저 없이 그 소리를 들려주려 한다. 이 세상에 가장 귀한 것이 내 손에 있다면 망설이지 않고 냉큼 건네줄 것이다. 전 우주를 통틀어 내 아가들을 위해 어떤 의미 있는 것을 해야 한다면 난 얼른 달려가 가치 있는 행동을 할 것이다. 이것이 내가 아가들과 살아갈 내 방식이고, 내 스타일이며, 내가 살아갈 의미이기 때문이다.

나는 아내다. 어찌하다 보니 남편의 배우자인 아내가 되었다. 한 여자로 한 남자와 우연히 소개받아 만나다 보니 필연이 되었고, 필연이 지속하고 또 만나다 보니 한 남자와 한 여자로 인연이 되었다. 두 남녀는 인연으로 맺으니 그것은 운명이고 숙명이었다. 우연히 다가와 떨림도 없이 시작된 우리의 인연은 이렇게 백년가약이 되었다. 이성이라고는 고작 남편 하나. 이건 필시 내 인연이 아니라고 부정하면서 꿈속에서 그렸던 하늘에서 내려온 왕자님은 아니어도 결혼이라는 구름 위 나라를 상상하며 기대와 꿈을 품었던 환상을 단번에 깨버린 그저 현실적인 남자. 내 기대치는 현실적인 남자의 백배인데 기대치에서 벗어난 남편을 무리하게 강압적으로 능력을 강요하며 밀어붙이니 부부간 충돌이 생기고 잦은 마찰이 일어났다. 초라한 나 자신은 깨닫지 못하고 배우자만 잘나기를 기대하는 이상한 이기심이 팽배한 모순이 드러난 셈이다. 난 내 남편이 세상에서 최고가 되기를 원했고 최고의 명예를 지니기를 원했다. 난 아내로 엄마로 최선을 다했다. 난 앞만 보고 달렸다. 내 배우자도 내 뒤가 아닌 내 앞에 있기를 바라며 늘 다그쳤고 큰 소리로 고함을 질렀다. 내 이상과 마음은 하늘을 찌르는데 그걸 못 따라주는 남편은 내 앞에서 고개를 숙였다. 난 속에서 화와 분노가 솟구쳤다. 혼자 소리를 치고 화가 쌓이니 몸이 나약해졌다. 정확하고 반듯하고 딱 부러진 부지런하고 빠르고 급한 내 성격 앞에 느긋하고 느리고 게으른 남편을 보면 속이 터지고 화가 치밀었다. 다 부질없는 짓이지만 남편만 보면 그냥 화가 났다.

머리 좋고 똑똑하고 자존심 강한 남편은 아내에게 무시당하지 않으려 기대에 부합하며 승승장구하고 평균을 뛰어넘고 상위권 그 이상으로 뛰어나게 발전하였다. 결혼 초 모습과는 달리 화려한 부활이며 승리자이며 성공자이다. 아내인 나는 순간의 욱하는 못된 성질을 참지 못하고 내뱉는 화로 이내 배우자에게 큰 상처와 싸움을 키우며 가끔 결혼 생활을 불편하게 했다. 그 속 좁은 성격을 다 받아주며 인내하는 남편은 선하고 착하고 어진 사람이다. 이런 소중한 사람을 몰라보고 함부로 대한 그 시간을 잊고 싶다. 남편은 고마운 존재다. 누가 아내인 나를 위해 그렇게 많은 돈을 가져다주며, 누가 나를 위해 그렇게 많은 재산을 축적해 주던가. 살다가 보면 어려운 일도 있고 즐거운 일도 있겠지만 특히 힘든 일이 일어났을 때 구세주처럼 나타나 해결해 주는 남편은 참 고운 사람이다. 소주 한 잔으로 그 힘든 직장 생활을 잊으랴마는 어려운 일엔 등줄기에 식은땀을 흘리고 발바닥이 닳도록 뛰어다녔을 남편, 이런 남편을 위해 난 따뜻한 된장국 한 그릇을 끓여 준다. 내 남편으로 나를 아내로 맞이하여 최선을 다하는 남편은 참 아름다운 사람이다. 그래도 다시 태어난다면 난 내 남편이랑 인연을 맺지 않을 것이다. 아무리 선한 사람이라고 하여도 난 다른 세상을 접하고 싶다.

난 여자로 태어나 아내로 제2 인생을 시작하고 엄마로 새로운 마음을 다짐하며 살고 있다. 손에 물 마를 날 없이 손발이 닳도록 뛰어다닌 내 어머니가 나에게 했던 것처럼, 나도 내 가족을 위해서 이젠 여자라는 내 인생의 테두리로 경계를 만드는 것보다 평안한 집안을 꾸리는 배우자의 아내로, 아가들이 푸른 꿈을 품고 이상의 날개를 펼 수 있는 완숙한 엄마로 남고 싶다.

# 지게와 작대기

가을 낙엽이 지고 찬바람이 부니 아버지 생각이 난다. 아침에 맑은 찬 이슬 맞고 울타리에 핀 나팔꽃잎을 만지며 굽은 등에 지게 지고 오른손에 작대기 들고 천천히 언덕을 올랐을 아버지 모습에 눈물이 왈칵 쏟아진다. 소나무를 깎고 다듬어 송진을 제거하고 만든 지게는 아버지 등이고, 곧게 뻗은 거북이 등가죽 같은 참나무 껍질을 낫으로 다듬어 고운 살갗을 그늘에 말려 놓은 작대기는 아버지 다리였다. 세월이 저만큼 지난 지금, 고향 집 스레트  지붕 아래 한 귀퉁이에 기대있는 손잡이가 닳아빠진 작대기와 마당 한가운데 툭 던져져 하늘을 향해 입을 크게 벌리고 있는 지게 소쿠리만 주인 없는 고향 집을 지키고 있다.

수십 년 전 어느 초가을, 출근하는 버스 유리창 밖으로 어디에서 많이 본듯한 익숙한 실루엣의 모습이 자식을 아프게 하고, 선하게 굽은 등허리로 무료한 노후를 달래러 가는 느려진 발걸음에 이미 예측한 미래의 아버지 모습에 자꾸 마음이 무거워진다. 가진 것이 없이 가장으로 아버지로 남편으로 아들로 그 긴 세월 어깨가 얼마나 무겁고 두렵고 무서웠을까. 배움이 모자라 사계절 땅만 팠을 꼬리 없는 황소 같은 눈을 가진 아버지, 땅을 파도 파도 나오는 것은 논과 밭에 깊게 막힌 돌과 나무뿌리만 땅 밑에서 늘 움츠리고 있다.

가을이 깊어가는 늦은 밤, 아버지가 운다. 불 꺼진 어두운 사랑방에서 소리 없이 운다. 어깨를 들썩이며 흘러내리는 눈물을 헤진 옷소매로 닦고 또 닦는다. 닦아도 닦아도 흘러내리는 눈물은 이내 콧물과 뒤섞인다. 서러운 감정이 복받쳐 목 매이고 답답한 가슴에 돌덩이를 얹은 듯 무거워 어두운 기운이 아버지 온몸을 누른다. 곤히 잠든 아이들에게 들키지 않으려 목 울음 삼키며 울부짖음에서 나오는 숨소리마저 문틈으로 새나가지 않도록 주먹으로 입을 틀어막고 소리 없이 흐느낀다. 아버지는 한동안 실컷 눈물방울을 쏟고 아무 일 없듯이 안방으로 건너와 다 헤지고 닳아빠진 이부자리에 누워 여전히 삭히지 않은 잔 서러움을 한숨으로 달래고 이내 곤한 코골이를 한다. 안방에서 아내인 어머니의 곤한 코골이와 윗방에서 어린 자식들의 잠자는 숨소리가 미래의 희망으로 울려 퍼지기를 바라며 아버지는 긴 호흡으로 심한 코골이를 한다.

하루의 시작은 피곤하고 고단한 몸을 일으키는 새벽 닭울음으로, 새참의 진한 탁주 한잔으로 낮 동안의 논과 밭일로 지친 심신의 피로를 푼다. 태양이 떨구고 간 동산 위에 내려앉는 붉은 노을이 발걸음을 재촉하며 고된 일과의 마무리를 알린다. 마당 한쪽에 허름한 지게 끈 풀면 각진 어깨와 굽은 등허리가 구멍 난 셔츠 사이로 드러나고, 거칠어진 손마디와 햇볕에 그을린 검은 살갗 솜털 위로 마치 흙먼지가 마른 풀 줄기에 내려앉은 서리 같다. 손톱과 발톱 밑에는 검은 진흙이 잔뜩 들어차 있고, 발뒤꿈치에 박힌 굳은살은 칼로 긁어내야 떨어질 정도로 굳게 뭉쳐 있다. 봄바람 타고 여름 햇볕에 검게 그을린 긴 목에 목 줄기를 타고 흘러내린 땀방울이 흙먼지와 뭉쳐져 땟국물이 흥건해 있다. 무거운 짐을 지게에 지고 다녔기에 곧게 펴지지 않는 허리는 일어설 때마다 신음 소리가 생활이 돼 있다. 가시에 찔리고 긁힌 손은 물이 닿으면 쓰라려 씻는 데 오래 걸린다. 아버지의 몸은 구석구석 씻어도 씻은 것 같지 않다. 마루에 걸터앉은 아버지 앞에 차려 놓은 밥상이라야 겨우 김치에 된장찌개, 보리밥 한 사발이지만 시장하니 꿀떡처럼 잘 넘긴다.

한 잔 술에 시름을 잊고 두 잔 술에 고단함을 감추려 들이켠 술에 여러 사람이 힘들어 하지만 술 힘으로라도 일어서야 했던 대가족의 가장, 일생 힘들고 지친 삶에 재미라고는 침묵 속에 술 한잔이 전부였다. 그 술 한잔에 고단한 하루를 마무리하고 내일 또 모레도 고달픈 삶을 살아내야 하니 아버지에게 술은 힘이자 일어서야 하는 원천이었다. 들이마신 술 한잔에 세상의 온갖 시름을 잊고 살면서 상처받은 그 무엇들에 폭풍처럼 밀려오는 억압되고 짓눌렸던 가난과 못 배운 서러움, 무시당했던 순간, 복 없는 자신의 처지, 녹록하지 않은 현실에 땅을 치며 한탄하고 소리치며 울부짖는다. 한참 동안 눈물 콧물 다 쏟아내고 내일이면 또다시 눈물과 긴 한숨이 반복되어도 넝쿨처럼 매달린 자식들을 위해 또 시작하는 것이다. 배움이 모자라니 돌파구가 없고, 가진 것이 없으니 출구가 없다. 대가족 가장으로 짊어진 어깨가 무거워 어디로 가지도 못하여 어깨며, 마음이며, 온몸이 천근만근이다. 형편이 어려워 아내인 어머니의 투정과 투박한 목소리는 이내 바가지 긁기로 잔소리만 늘어 간다. 어머니는 어머니대로 아버지는 아버지대로 참고 견딘 인내는 한계를 드러내고 큰소리가 이내 싸움으로 번지며 전쟁이 시작된다. 부부 사이에 대폭발이 일어난 것이다. 엄마는 부엌에서 접시들이 화를 내고 그릇 던지는 소리가 집안을 흔들고, 아버지는 연장과 지게, 작대기를 마당 한가운데 집어 던지니 지축이 흔들린다. 마당에 거닐던 닭들은 푸드득 날아가고 강아지는 깨깽거린다. 어린 자식들은 아버지 엄마 눈치 보느라 방문 닫고 꼼짝을 안 하고 있다. 이내 아버지는 작대기로 땅 한 번 크게 내리치며 지게 지고 소를 몰고 밭으로 나가 버리고, 엄마는 부엌에서 계속 접시랑 그릇이랑 달그락거린다. 차라리 자식들에게 화를 내면 더 편할 텐데 엄마는 일만 하고 말을 안 한다. 해가 지자 아버지가 돌아오면 엄마는 감자와 호박 썰어 넣고 밀가루 수제비를 차려 내오신다. 서로 말없이 수제비 먹는 소리만 요란하게 들린다. 아버지는 이부자리 펴고 침묵하며 잠자고 새벽에 몰래 일어나 우물가에서 물을 길어다 놓는다. 이른 새벽에 아침 준비하는데 엄마가 힘들지 않도록 양동이와 솥에 가득 물을 부어놓는다. 이것이 아버지가 엄마랑 부부 싸움 후 화해하는 방법이다.

친척에게 해준 빚에 쫓기며 낮에는 산에 숨어있다가 밤에 잠깐 내려와 잠만 자고 새벽에 다시 산에 올라가는 아버지는 참 초라했다. 자식들 때문에 외지로 나가지도 못하고 상황이 좀 나아지기만을 기다리며 매일 추운 날인데도 산에 올라가 숨어있었다. 그러다가 아버지는 자식들이 곤히 잠자는 새벽에 윗방에 들어와 옷가지를 주섬주섬 싸서 어디론가 떠나려고 하는 것 같았다. 잠자던 자식에게 들키자 옷 보따리를 고구마 통가리 안에 얼른 숨기고 시치미를 뚝 떼고 아침 소죽을 끓이러 아궁이에 불을 지핀다. 아궁이 속에서 타오르는 불덩이를 보며 아버지는 온갖 생각에 잠겼다. 빚 때문에 돈 벌러 나갈 수도 없고, 그렇다고 시골에 주저앉아 농사만 지을 수도 없었다. 아버지의 이런 뜨거운 눈물을 본 언니들은 도시로 나가 돈 벌며 학교를 다니는 그야말로 주경야독을 시작하였다. 도시로 나간 자식이나 집에 있는 어린 자식이나 땅만 파는 부모님이나 눈물 흘리는 것은 매 한 가지였다. 그렇게 언니들의 희생으로 빚은 갚았으나 대가족에 형편이 어려운 아버지는 가장으로 힘든 생활은 계속되었다.

힘도 없어지고 기력이 약해진 아버지는 어머니와 도회지로 거처를 옮겼다. 그러나 처음 접하는 도시 생활은 농촌과는 다르게 움직이는 일이 없으니 재미도 없고 무료한 시간만 먹는 세월 같았다. 시골에서 농사일만 하고 평생 놀거나 여행도 제대로 못 해봤으니 들어찬 주머니가 두둑해도 두 노인만 있는 방안은 늘 침묵만 흘렀다. 노후의 여유와 즐길 줄 모르는 인생은 옆에 자식들을 만나야 그나마 듬성듬성 있는 치아를 드러내고 미소 짓고, 꼭 다문 입술 속 입안에 낀 곰팡이가 벗겨졌다.

어느 날 저녁, 호박죽을 든 오른손이 자꾸 흔들대더니 시간이 흐를수록 오른손을 들지 못하시고 침대조차 오르내리지 못하셨다. 내가 아버지를 내 아버지로 본 것이 그게 마지막이었다. 고향 집 마당에 그렇게 친한 지게 작대기를 남겨 놓고 이별 인사도 못 한 채 영원히 빛나는 별이 되었다. 아버지는 할아버지의 귀하고 착한 첫 번째 아들로 태어나, 지게 지는 소년으로 살다가, 대가족의 가장으로 책임을 다하고, 무료한 세월을 품은 노인으로 가셨다. 늘 자식들의 기억 속에서 훌륭한 아버지로 남아있다.

땅 파는 일로 평생을 살아온 아버지는 자식들을 훈육하고 키운 것을 아마도 후회하지 않을 것이다. 다음 세상이 있다면 아버지는 아주 훌륭한 가정에서 다시 태어나 아버지가 꿈꾸는 그런 삶을 사셨으면 좋겠다.

## 지독한 사랑

처음 사랑은 이미 갔다. 처음 느낌 그대로 간직한 마음은 그리움 되어 어둠이 깊고 검게 내려앉으니 더 또렷이 다가오고, 한낮의 태양이 강렬하게 불타올라 온 대지를 달구니 눈앞에 없어도 보고픔이 더욱 붉게 탄다. 그리움은 그리움대로 그냥 그대로 놔두려 다짐해도 파도가 밀려오면 더 미칠 것 같다. 그리워하는 그 마음마저 없으면 세상을 어찌 버티랴. 다가갈 수도 다가올 수도 없는 두 사람, 무엇을 원하는 것도 무엇을 기대하는 것도 아닌 지금처럼 살아온 대로 각자 또 따로 혼자 그리움으로 이상 속에서 재회하면 그것이면 되는 것이다.

사랑은 상대가 아는지 모르는지 홀로 한 짝사랑에서 시작되었다. 상대는 모르는 혼자 가슴앓이 한 외사랑을 지나는 데는 그리 오래 걸리지 않았다. 겉으로 드러내지 않고 마음속에 담은 혼자 애태운 숨겨진 사랑 같은 속사랑을 감추고 남몰래 혼자 아픈 지독한 사랑은 이내 무의미한 타인의 사랑으로 남았다. 이성에 눈을 뜨고 감성에 치우치니 조건을 따지는 이기적인 사랑보다는 이타적인 사랑이 서서히 마음에 자리 잡았다. 때론 남자였다가 아버지 같고 오빠 같고 동생 같다가 친구 같은 그런 이성에 마음을 두어야 하는데, 현실과 거리가 먼 이상한 끌림과 떨림이 이타적으로 다가와 사랑의 싹이 텄다. 이런 마음을 상대는 아는지 모르는지, 아니면 알고 있으면서 모르는 척하는 것인지, 아니면 관심이 없는 것인지, 또 어떻게 될지 한발 물러나 방관하는 것인지 알 수가 없었다. 날이 갈수록 보고 싶고 만나고 싶고 또 만지고 싶어 안달이 나니 눈앞에 안 보이는 상대는 어느 하늘 아래에서 누구와 속삭이는지 궁금했다. 시간이 지날수록 이미 간 마음은 제자리로 돌아오지 않았고, 너무 멀리 간 마음은 너무 많이 갔기에 되돌릴 수도 없었다. 아무런 반응이 없는 상대는 야속하기 짝이 없었다. 그러나 이타적인 사랑은 결국 현실이 아니기에 홀로 시작된 느낌 그대로 간직하고 혼자 마음을 정리하고 이별을 고했다.

그렇게 결론된 혼자만의 이별은 아픔과 괴로움이 쌓여 눈물과 슬픔으로 이어지고, 한낮의 긴 지루함처럼 하루는 길고 무의미한 시간만 좀먹으며, 자신의 부족함에 분노하며, 화와 질투로 발전하였다. 봄이면 새싹 잔디 위에 왈츠처럼 피어오르는 아지랑이 언덕에 올라가도 창피하여 쓱 몸을 피했고, 여름이면 내리쬐는 태양 아래 진초록 향마저 외면하며 모자를 꾹 눌러쓰고 걸었다. 가을이면 동화처럼 붉게 물든 낙엽도 부끄러워 고개를 푹 숙였고, 겨울이면 너무 그리워 눈물이 나 슬픈 노래를 흥얼대며 하얀 눈 위 나 자신의 발자국 표시마저 싹 지워버렸다. 뒤를 보아도 앞을 보아도 늘 그 자리, 또 하늘을 보고 한숨짓고 땅을 보고 눈물방울을 떨구었다. 이렇게라도 하지 않으면 하루를 견딜 수 없었고 다음 날 숨쉬기가 힘들었다. 이것이 사랑인가. 아니면 집착인가. 아니면 미친 관심인가. 아무리 생각해도 벗어날 수 없는 그 무엇이었다.

일을 찾고 열심히 노력하니 그토록 힘들었던 지독한 사랑은 이미 나 자신의 머릿속에서 사라지고 일 사랑에 빠지게 되었다. 그 일은 내 삶을 영위하는데 인생의 목표가 되고 그 목표를 달성하니 보람이 생겼다. 그 일에 파묻혀 나 자신의 인간 가치의 중요성을 인정하고 나를 중심으로 세상을 다스리는 능력을 발휘했다. 내가 가장 소중하다는 자아의식을 높이고 내가 최고라는 자존감을 세워 어느 장소 어떤 곳에 있든 남들 앞에서 고개 숙이거나 무릎을 굽히지 않았다. 저 길 끄트머리에서 나를 비웃던 그 지나간 사랑도 이젠 내 뒤에서 나를 우러러볼 것이다. 그렇게 복수하는 것이다. 그것이야말로 정의롭게 승리하는 복수이다. 만약 그 상대가 자신보다 더 행복하다고 하더라도 이젠 나 자신도 행복하니 질투할 필요도 부러워할 필요도 없이 서로 승리자로 남는 것이다. 그렇게 그 옛날의 사랑과 자신이 같은 하늘 아래 다른 곳을 보고 다른 생각을 하고 살아도 지금 자신의 현실과 위치와 상태에 만족하면 그것이면 되는 것이고, 지금 이 순간이 행복하면 그것이면 되는 것이다.

나이 들어 늙어지고 더 희미한 기억 속에서 그 사랑이 떠오르면 그 나름대로 그 시절에 아름다웠다고 미소지으면 된다. 또 푸르른 청춘만큼 아름다운 아픈 사랑은 청춘이라는 고운 시절이 인생에 단 한 번뿐이라서 너무 높고 푸르고 아름답기에 그만큼 더 골이 깊고 아픈 것이라 생각을 하면 된다. 따라서 그 나름대로 그리움으로 그대로 놔두면 된다. 그래야 지금이 좋고 아름다운 것이다.

일이 없고 사랑에 얽매이며 늘 상대만 찾고 그 상대가 나를 봐주고 그 고통에서 해결해 주기만을 기다리면 안 된다. 자신이 그 고통을 극복하고 돌파하려는 의지와 노력이 없으면 그 집착에 빠져 허우적대고 결국 자신의 파멸만 가져오게 된다. 따라서 일을 찾고 일에 열중하다 보면 그 일로 성공하게 되고 지독한 사랑에 무의미하게 집착하던 자신의 어리석음을 깨닫게 될 것이다. 그리고 한 단계 더 발전하여 옛사랑을 생각해 보면, 상대는 그다지 잘난 사람이 아닌 그저 평범한 사람이고, 또 자신이 보기에 자신보다 한참 아래에 있다는 것을 깨닫게 된다. 좀 더 나아가 그 상대가 자신에게 의도하지 않게 다가올 수도 있다. 그때는 아무것도 모르고 집착하며 이끌렸던 자신의 과거로 돌아가야 할지, 아니면 더 발전된 현재의 자신으로 살아갈 것인지 본인 스스로 잘 생각해서 판단해야 한다.

세월 지나 뒤돌아보면 젊은 날 겪은 지독하고 무의미한 속앓이는 나이 들어감에 성숙해지는 단계였다. 일은 살아있다는 증거이다. 일이 없으면 삶을 영위하는 것도 무의미하고 인생을 살아가는 가치와 보람도 없을 것이다. 힘들고 불안한 청춘, 그런 지독한 고통을 경험하지 못했다면 오늘날 나 자신의 발전도 없었고, 젊은이들에게 다시는 겪지 말아야 할 지혜로운 충고도 할 수 없을 것이다. 빛나는 청춘에 젊음의 노래는 사랑이라는 낭만적인 요소가 가미된 인생의 가장 화려한 20대를 보태고 꿈과 기회가 부여된 다시는 오지 않는 최고의 순간이다. 그러한 것이 아름다움만 경험했더라면 몸은 성숙했지만 마음은 어려있을 것이다. 가장 빛나는 그 시절에 아픈 사랑이야말로 나 자신이 일생 삶을 영위하는데 아주 소중한 자산으로 남았다.

## 캠퍼스 그대에게

나 그대에게 30여 년 만에 펜을 듭니다. 알고 있었는지 모르고 있었는지 나 그대를 몰래 연모했습니다. 때론 그대가 보이는 곳에서 더 튀게 행동을 한 적도 있었고, 때론 건물 뒤에 숨어 그대 모든 모습을 지켜보며 흠모도 했습니다. 다 부질없는 행동인 줄 알면서도 그렇게 하지 않으면 하루를 마무리할 수가 없었습니다. 책을 들여다보아도 그대 생각이 나면 나 자신이 밉고 분노가 일어서 책을 집어 던지기도 하였습니다. 노트 위에 알 수 없는 글자를 썼다가 지우기를 수십 번, 그래도 몰라 주는 그대가 얄미워 여러 번 종이를 찢어버렸습니다. 일이 손에 안 잡혀 우왕좌왕할 때도 있었습니다. 세상 물정 모르는 단발머리 소녀의 마음에 연민으로 다가온 그대는 내 삶을 조각조각 흐트러뜨리고 인생을 한꺼번에 뒤로 퇴보하게 만들었습니다. 어스름 저녁이면 몰려오는 그대의 영상은 그리움 되어 더 또렷이 나타나 자정이 넘도록 이불 속에서 뒤척이게 하고, 새벽 나팔꽃잎 위로 동그랗게 맺힌 이슬에 상큼하게 시작하는 하루는 떠오르는 태양에 보고픈 욕망이 붉게 타올랐습니다. 하루에도 여러 번 그대 영상 속 모습을 그리며 오지 않을 미래를 그려보기도 하다가 지우고, 또 그리다 태양 아래 열기에 인상 찌푸리며 태워 버렸습니다. 아무런 의미도 없는 자신만의 싸움은 이내 어리석은 어제가 되었고, 인내하지 못한 결과는 오늘이 되고, 그리워만 하다가 아픈 미래가 됩니다.

캠퍼스 축제 때 사랑한다는 말이 입가 언저리에 맴돌고, 그대 그림자만 봐도 이내 벙어리가 되었지요. 시선은 그대를 향해 가고, 마음마저 이미 그대한테 가 있는데, 왜 이리 용기가 나질 않았는지. 차라리 그대 곁을 떠도는 구름이나 되든지, 그대를 감싸는 바람이라도 되고 싶었지요. 어디까지 아파야 성숙해지는 건지, 언제까지 고개 숙여야 그대 곁에 갈 수 있는 건지. 야속한 하늘은 모르는 척 침묵하고 귀찮은 바람은 나 몰라라 비웃는 것 같았습니다. 깊고 푸른 밤, 형언할 수 없는 그리움이 하얀 겨울밤 눈 앞에 펼쳐지면 나를 두고 간 그대는 어느 하늘 아래에서 그 누구와 속삭이는지. 그리움의 마음은 이미 그대에게 가 있고, 보고픈 눈매는 어두운 방 안에서 눈물로 지새는데, 세월의 벽을 사이에 두고 다가갈 수도 없는 나, 다가올 수도 없는 그대는 같은 하늘 아래에서 다른 생각을 하며, 다른 것을 보고, 다른 일을 하며, 다른 삶을 영위합니다. 어디에 있든지 잘 살면 되는 것이지. 그대와 나 남인데 계절이 춘하추동 꽃이 핀들, 녹음이 푸른들, 낙엽이 진들, 하얀 눈이 내린들 무슨 의미가 있는가. 나와 그대 타인인데 둘 중에서 누군가 높이 오른들, 더 높이 난들, 내려온들 무슨 가치가 있으랴. 같이 있어 갈등이느니 따로 있어 그리워하는 것이 더 낫습니다. 어디에 있든, 무슨 일을 하든, 누구랑 살든, 어떻게 지내든 상관없습니다. 그리움은 그리움대로 그냥 지금 이대로가 좋습니다.

이젠 우린 중년입니다. 나 홀로 방안에 앉아 깊은 시름에 잠긴다. 어둠속에 그대를 가두고 태양에 그대를 묻습니다. 파도가 밀려오면 더 미칠 것 같아도 그것마저 없으면 어찌 견디랴. 그대를 못 보는 난 그댈 그리며 오늘 노을을 봅니다. 날 못 보는 그대는 날 그리며 무얼 생각하고 있는지. 너무 행복해 날 잊은 것인지. 너무 불행해 날 생각하고 싶지 않은 것인지 모르지만, 그래도 지금 이대로 이렇게 살아갑시다. 세월이 병들어 신음하여 서로 기억하지 못하더라도 순수했기에 아팠고 맑았기에 지금 그리움으로 남는 것이지, 스치는 바람이라도 알고 기억해주면 그것이면 되는 것이지요. 이젠 다가가서도 다가와서도 안 될 우리 둘, 각자 그리움으로라도 이상 속에서 재회하자고요. 각자 다른 삶을 살지만 그래도 겨울 눈이 내리면 청춘의 덫에 걸려 다른 길을 가는 우리 지난날의 캠퍼스 추억만은 기억해줘요.

그대가 결혼했다는 소식에 나는 마음이 무척 아팠습니다. 괜히 속상하고 공연히 화가 났습니다. 내가 못나고 부족하여 그대를 놓친 것 같고 내가 어리석어 그대에게 고백도 하지 못해 더욱 힘들었습니다. 그대는 내 소유가 아닌데도 내 것 같고, 내 사람이 아닌데도 그냥 자꾸 곁에 있을 것만 같았습니다. 그래서 그대가 나보다 행복하지도 말고, 나보다 더 잘살지도 말고, 나보다 더 부자로 살지 않기를 바랬습니다. 내 주위엔 아무도 없었고 몸은 고달프고 마음은 어지럽고 무언가에 깊이 빠진 듯 알 수 없는 침묵에서 헤어나지 못하여 긴 시간 방황하며 헛된 시간만 보냈습니다.

그대에 대한 미련을 떨구지 못하고 몇 년 후 나도 결혼했습니다. 이성의 떨림이나 나대는 심장의 움직임도 없이 우연히 만나 인연으로 맺은 숙명적이며 현실적인 사람입니다. 착한 남편과 잘 지내보려고 했지만 환경이 서로 다른 두 남녀의 만남은 이해하고 배려하는 데 시간이 오래 걸렸습니다. 사소한 일에도 갈등 일어 잦은 다툼은 이내 부부 싸움이 되었지요. 그대는 나 아닌 다른 여인 곁에서 사랑을 속삭이며 많이 행복하겠지만 난 다른 부부처럼 갈등과 마찰과 작은 불화도 있습니다.

시간이 많이 지난 지금은 참 좋습니다. 이렇게 선한 남편을 배우자로 만난 것은 그대와 헤어진 것이 기회가 된 것 같습니다. 그대보다 내 남편이 더 소중하여 나 그대에게 이젠 아무런 미련도 없습니다. 내가 더 행복하니 그것이면 되는 것입니다. 그때는 그대 생각에 참 많이 아팠지만 지금은 나도 그대도 각자 따로 홀로 타인으로 살아가고 있습니다. 같은 하늘 아래 그대와 나는 같은 공기로 숨만 쉬고 있습니다. 그대도 나도 같은 하늘 아래 다른 사람과 함께 있고,

다른 사람과 각자 같은 곳을 바라보고, 각자 다른 사람과 같은 생각을 하며, 서로 다른 사람과 같은 곳으로 가고 있습니다. 이젠 목표도 다르고 이상도 다르고 삶의 지침서도 다릅니다. 각자 사랑하는 사람과 어울려 살고 각자 갈 길을 가고 있습니다. 그것이 행복하든 어떻든 각자 선택한 그 사람과 영원히 함께하면 그것이면 되는 것입니다. 그렇게 그냥 지금이 좋고 각자 옆이 편하면 그것이면 됩니다. 그대를 만난 나의 청춘 시절의 그리움은 그리움대로 그대로 간직하고 지금 이대로 살아가니 참 아름답습니다. 그대도 혹여 나를 생각하며 나와 그대 배우자를 비교하며 내 장점을 부러워하고 그대가 선택한 결정을 후회하며 나를 기다린다면 이젠 나를 잊고 행복하길 바랍니다.

# 술

어스름이 깔리면 주홍빛 노을이 하늘을 붉게 물들인다. 길가 가로등 불빛이 초겨울 바람에 휘청이고 깊어가는 겨울을 재촉하는 가락 눈이 길가에 얼어붙는다. 모진 비바람이 몰아쳐도 떨어지는 낙엽은 되지 말자던 약속도, 어떤 눈보라가 몰아쳐도 굽어지거나 휘어질지라도 꺾이거나 부러지지 말자던 다짐은 이내 시린 현실 앞에 무너지고 만다. 냉혹한 현실은 걸어도 뛰어도 달려도 날아도 늘 그 자리, 아등바등 이리저리 허둥대고 꼴값 떨며 허우적대도 인생은 또 제자리이다.

겨울비 내리는 가로등 불빛 아래 비틀거리며 휘청거리는 한 젊은 남자가 있다. 무슨 사연인지 전봇대에 기대어 어깨를 들썩이며 흐느끼고 있다. 이렇게 추운 날 집에 들어가는 것을 잊게 하는 그 어떤 사연이 있는 것인지, 겉은 용감하나 속은 연약한 한 남자가 누구에게도 들키고 싶지 않은 뜨거운 눈물을 옷소매로 훔치고 있다. 겨울비는 이내 차가운 날씨에 가락 눈으로 바뀌고 휘몰아치는 겨울 세찬 바람에 몸을 옷깃으로 여민 채 등에 쌓인 눈이 움직일 정도로 흐느낀다. 무슨 아픈 사연이 있길래 추운 겨울비 내리는 골목에서 비틀대는가. 알 수 없는 정적이 흐른 뒤, 코트에 쌓인 눈을 툭툭 털며 발걸음을 옮기는 그 남자, 휘청거리고 비틀거리며 쌓인 눈 위에 미끄러지고 넘어지며 힘겹게 중심을 잡고 어둠 속으로 사라진다.

잠시 후, 한 중년의 남자가 회색 아스팔트 길 위에 있다. 어김없이 비틀댄다. 한 잔 꺾었나 보다. 중년이라 부부지간 갈등이 있었는지 연신 상대에 대한 서운함을 혼잣말로 토로하며 깊은 한숨을 쉬며 길 위에서 담배 연기 뿜어 핀다. 눈물을 흘렸다가 닦다가 담배 연기를 깊게 들이빨았다가 연신 내뿜는다. 부부란 하루에도 수없이 이별하고 잠시 토라져 외면해 등 돌려도 홀로될 세월이 더 두려워 원치 않는 미소로 서로 대하고 또 갈등이 이는 것이다. 서로 사랑을 준 게 아니고 서로 사랑을 받으려 하니 갈등이 생기는 것이다. 아내 어깨를 토닥일 여유면 되는데, 남편에게 존경의 말 한마디면 되는데 서로 왜 이리 힘들고 자존심을 내세우는지 모르겠다. 서로가 함께 가는 이 세월은 다시 오지 않을 숙명의 울타리인 것을 왜 당사자만 모르는지 답답하다. 언젠가 세월이 병들어 신음하면 아내와 함께 있을 때, 남편과 같이했을 때 가장 아름다웠다고 바람에게 말하게 될 것이다. 서로 이해를 한 게 아니고 서로 이해를 구하려 했기에, 서로 본인 자신만 힘들다고 아우성이니 상대는 더 어긋나고 더 악한 말로 받아들이고 내뱉으니 그런 오해가 쌓여 싸움이 되는 것이다. 그런 싸움은 술에 취해 비틀거리는 남자들의 초라한 길거리 옹알이로 밤거리는 아우성이다.

갈등 일어 나온 집은 불편하고 밖이 좋은 남편, 이렇게 바람불고 추운 날에 집에도 들어가는 것을 잊게 하는 옛 여인 추억에 이리 비틀 저리 비틀, 꾹 눌려 참아왔던 서러움이 목구멍까지 차오르며 이내 목 울음 되고, 평생의 반려자로 선택한 아내는 녹록하지 않는 현실에 쏟아지는 타박을 가장의 늘어진 어깨와 온몸으로 받아내니 눌린 무게의 참담함에 또 비틀댄다. 옛 연인과 인연을 맺었으면 어떨지 모르겠지만 지금 어느 곳에서 무슨 일을 하는지 알 수 없어도 밖에만 나오면 생각나는 옛 연인. 이미 얼근하게 취기 어린 얼굴, 한 손에 술잔을 들고 가슴에 떠난 여인을 품고서 깊은 그리움 잊으려 찾아온 선술집엔 슬픔 가득한 노래만 흐른다. 쓴 소주 한 잔에 육신은 취하여 비틀대고 단 소주 한 잔에 영혼마저 취하니 이 남자를 등지고 간 채워지지 않는 그 여인의 향기가 그리운 날, 이내 자신의 품 안에 꼭 안고 온몸으로 우는 숨죽인 오열을 토해내고 싶어 할 것이다. 아내에게 무시당하고 외면당하니 찾아간 그 옛날 그 선술집, 그 자리에서 그 여인은 없어도 그때 그 분위기를 추억하며 흐느낀다. 애틋한 사랑은 왜 이렇게 아픈가. 그 여인을 잊고 지금의 아내를 사랑으로 품었지만 갈등이 일어 마찰이 생기고 서로 외면하여 등 돌리니 일 마치고 갈 곳 없어 헤매다 찾아간 그곳은 왜 그때 그 모습 그대로인가. 한 잔 술에 연인을 잊으려 해도 두 잔 술에 다시 그리워지니 또 한잔하다 보니 이리 정신없이 취한다. 맨정신으로는 귀가할 수 없으니 술 힘으로라도 비집고 들어가야 가장의 책임을 끝까지 지는 것인가보다.

나는 중년의 여인이다. 고요한 밤, 적막을 깨는 라디오 음악 소리, 거실 한 가운데 탁자 위에 와인 한 잔, 사과 한 조각. 술을 못하니 와인 몇 모금에도 취기가 오른다. 할 일은 많은데 하기는 싫고 그렇다고 안 할 수도 없는 현실, 실행 중인 일에 흥미 잃고 질려 길게 늘어져 있다. 지루하여 졸림을 유혹해도 웬 똥파리 같은 무료함만 찾아온다. 머릿속 지혜는 벌레에게 갉아 먹혀 빈 껍질만 이명 속에 요란하고 가슴 속 사랑은 여름 태양 볕에 바싹 타 버렸다. 긴 하루에 늘어진 마음, 길고 긴 내 그림자 꼴도 보기 싫다.

술기운은 나 자신을 돌아보게 한다. 나는 누구이며, 난 어디에서 와서 어디에 있는 것인가. 난 어디로 가야 하는가. 여기는 어디이며 여기서 무엇을 해야 한단 말인가. 난 나와 경쟁해서 승리했는지 패배했는지, 아니면 아직도 경쟁하고 있는 것인지. 내가 지금 가는 길이 올곧은 것인지 아니면 타인에게 해를 입히지는 않고 살아가는 것인지. 나는 어떤 그 누군가에게 상처를 준 적이 있는지. 나로 인해 상처를 받고 아파하는 사람이 혹시 있다면 난 그 사람에게 어떤 방법으로 상처를 보듬어줘야 하는지. 난 어떤 사람에게 상처를 받아 어떻게 그 상처를 극복하고 살아가는 것인지. 술기운을 빌어 내 기억에 있는 모든 것들을 끄집어내어 문답을 결정하고자 하나 답이 없다. 그래. 모든 것들아, 가라! 가거라! 그래 나는 못났고 밖에 것들은 모두 잘났다. 부어라! 마셔라! 혼자 있으니 몇 모금 더 마셔 보자. 술이 이기나 내가 이기나 내기 한번 해 보자. 내가 이기면 뭐할 것이며, 술이 이기면 또 뭐할 것인가. 아마 지나가는 사람이 들으면 여러 사람이 대화하는 줄 알겠지만 난 오늘 밤 술친구랑 한판 붙는다. 결국 술이 이겼다. 난 위장장애가 와서 술을 끊었다. 잘했다.

나이 지긋한 노인이 지나간다. 술이 얼근하다. 취기에 붉은 얼굴은 낮에 태양이 떨구고 간 노을과 어우러져 그야말로 불타는 고구마 같다. 굽이진 골목길을 걷다가 전봇대 앞에 멈추더니 전봇대랑 시름한다. 뭔가 마음에 걸려 풀리지 않는 근심이나 걱정이 있었는지 오랫동안 전봇대를 붙잡고 시름하며 큰소리를 냈다가 싸우다가 소변을 보다가 침을 뱉었다가 토했다가 욕설을 퍼붓기도 한다. 아마 장날 시장에서 무슨 안 좋은 일이 있었나 보다. 그리고 노래 부르다가 춤추다가 웃다가 아주 가관이다. 이웃에 사는 아저씨가 부축하니 걷다가 시장에서 기분 나빴던 일들을 죽 늘어놓는다. 아저씨는 듣기 싫은지 빠른 발걸음을 재촉하며 노인을 끌고 가다시피 걷는다. 노인이 말을 할 때마다 입에서 술과 음식이 범벅이 되어 썩은 냄새를 풍기니 아저씨는 몸을 돌려 냄새를 맡지 않으려고 애쓴다. 그러나 그런 사정을 알리 없는 노인은 친근하게 더 가까이 아저씨에게 붙어서 계속 말을 한다. 아저씨는 입을 힘껏 다물고 숨도 안 쉬고 걷는다. 아주 불결하고 기분 나쁜 냄새인가 보다. 그렇게 입 냄새를 풍기고 지나간 자리는 술 냄새가 밤의 적막에 갇혀 주위에 더러운 냄새로 배어있다.

고래 등 같은 집에 친척들이 모였다. 술상이 벌어졌다. 큰소리로 웃고 떠들며 담소를 나눈다. 모두 모이니 기분이 좋은가 보다. 부어라. 마셔라. 더 따라라. 안주 먹어라. 또 마셔라. 아주 신이 나서 모두 즐거워한다. 기분이 좋았던 분위기는 술이 들어가니 이내 큰소리로 변했다. 재산을 누굴 더 줬니. 누구는 받은 것이 없다느니. 누구는 더 줘야 한다느니. 아주 가관이다. 기분 좋게 시작했으면 웃으며 마무리를 해야 하는데 술을 어디로 마셨는지 이해할 수가 없다. 결국 언쟁에서 싸움으로 몸싸움으로 술상이 마무리된다. 이런 술은 술이 아니라 독이다. 다시는 모이지도 말고 함께 술을 마시지도 말아야 한다.

좋은 날 기분 좋게 마시는 술은 몸에도 좋고 달고 술술 넘어간다고 했다. 기분 나쁘고 괴롭고 슬퍼서 마시는 술은 몸에 해롭고 목에 쓰고 목에 걸린다. 술은 좋은 것이 없다. 들떠서 분위기에 휩싸여 경쟁하듯 빨리 들이키거나 이 술 저 술 섞어 폭탄주로 마시는 술은 최악이다. 몸에 해롭고 병에 원인이 되기도 한다. 술은 분위기를 맞춰가면서 천천히 한 모금씩 마시고 안주를 충분히 먹어야 덜 해롭다. 술은 한 잔 정도의 양으로 아주 천천히 안주와 같이 먹어야 하며 여러 잔을 한 번에 마시면 몸에 해롭다.

인생을 살면서 술도 필요할 때가 있다. 사회생활 하면서 마셔야 할 때가 있다. 그러면 상대에게 주량을 먼저 알리고 한 잔 술을 받고 그 술로 대화나 그 모임이 끝날 때까지 분위기를 맞춰가며 서두르지 말고 천천히 마시고 되도록 안주를 먹는 것이 좋다. 그래야 몸도 건강하고 밝은 내일에 또 다른 사람과 만나 대화할 수 있는 조건이 갖춰지는 것이다. 술에 취해 비틀거리거나 남 앞에서 술 주량이 세다고 잘난 척하는 것은 어리석은 사람이다.

이처럼 남녀노소 잘났거나 못났거나 술은 위로의 대상이고 화풀이 대상이다. 술로 해결하는 것은 아무것도 없다. 그래도 자신의 초라하고 엉성한 처지를 술에 하소연하여 위로를 받고 마음의 상처를 아물게 하는 일종의 도구이다. 그러나 그런 술에 자꾸 기대면 자신의 마음은 파멸되고 자신의 몸은 파괴되어 또 다른 병폐가 생길 수 있다는 것을 명심해야 한다.

# 결혼

결혼은 자신과 배우자가 함께 하나씩 맞추어 가는 과정이라고 본다. 자신도 배우자도 각자 다른 환경에서 태어나고 자라서 비슷한 것이 전혀 없다. 더 빨리도 더 느리지도 않게 속도를 맞추고 한 발짝씩 뒤로 물러나서 방관하듯이 서로를 바라봐야 한다. 한쪽의 의견만 내세우고 그대로 따르라고 강요해서도 안 되며 한쪽의 의견을 무시해서도 안 된다. 아직도 우리의 전통은 여자는 남자를 만나 시집을 가는 것이지 남자가 장가를 오는 것이 아니니다. 그렇다고 남자는 여자를 배우자로 맞이하여 시댁 식구들에게 맞추라고 강요해서도 안 된다. 여자는 시댁 식구들을 모른 척하란 말은 아니다. 여자는 배우자 남자 하나 보고 결혼한다. 둘만 잘 살고 행복하면 나머지는 부수적인 것이다.

결혼은 둘만 불타듯이 사랑한다고 그냥 해서는 안 된다. 사랑만 보면 결국 후회하게 된다. 결혼은 여자든 남자든 신중하게 결정해야 한다. 배우자를 만나 내가 성장하느냐 후퇴하느냐 아니면 저 위로 올라가느냐 저 밑으로 추락하느냐는 아무도 모른다. 어느 정도 긍정적인 사고와 미래 지향적인 유능한 배우자의 선택이 중요하다. 순간의 불꽃 튀는 사랑으로 결혼하면 또 다른 아픔을 낳는다. 사랑과 결혼은 구분해야 한다. 결혼은 은은하고 느리고 서서히 결정하는 것이 중요하다. 경륜이 깊은 경험이 많은 사람들에게 배우자를 소개하고 조언을 들어 보는 것도 하나의 방법이다. 젊은 두 남녀의 시야는 좁고 짧다. 그저 앞에 아름다움과 젊은 패기와 미완성된 사랑만 보게 된다. 그러면 결혼 생활은 힘들고 어렵다. 두 남녀는 너무 곱고 젊어서 결혼이라는 한 평생의 배우자를 선택하는 데 오류가 있을 수 있다. 사랑하는 사람이 앞에 있어도 사귀면서 성격이나 인성, 자질 등을 파악해야 한다. 순간적인 선택은 평생 그 고통을 안고 겪고 살아야 하기 때문이다. 그래서 젊은 두 남녀가 결정하지 말고 결혼은 어른에게 모든 것들을 상의해야 한다.

자신과 배우자의 사랑이 확실하고 양쪽 어른들의 허락이 있으면 결혼하게 된다. 결혼하는 날까지 이 결혼을 해야 하나 하지 말아야 하나, 자신 인생을 이 사람에게 맡겨도 되는지, 자신도 이 사람 인생에 꼭 필요한 존재인가에 대한 확신이 들지 않는다. 그것은 결혼이라는 대사 앞에 불안하고 불확실한 신뢰와 믿음의 부재에서 나타나는 것이다. 그러나 신의와 믿음이 생기면 선하고 어진 이 사람은 자신이 이 사람에게 자신 인생 전부를 걸만한 사람이란 신뢰가 쌓이고 이 사람이 자신에게 꼭 필요하고 자신을 위해 그 모든 것들을 함께 할 수 있다는 믿음이 굳건해진다. 그러면 마음이 안정되고 확신이 생겨 안전한 배우자의 면모가 뒷모습에서도 느껴지게 된다. 눈을 보면 진실 되고 손을 잡으면 의지가 되고 팔짱을 끼면 따뜻한 온기가 발생하며 포옹을 하면 두 심장이 나대는 것을 알 수 있다. 이쁜 두 남녀의 걸음걸이는 가볍고 사뿐거리며 꽃 위에 나비가 하늘거리듯 하고 바람에 흩날리는 여인의 머리카락마저 한들거린다. 힘차고 용감한 각진 어깨를 들썩이며 걸어오는 남자는 타인에게 뽐내고픈 마음이 용솟음쳐 자랑스럽고 더욱 멋져 보인다. 그렇게 자신의 사람이 되고 자신의 사람이라고 생각하면 이젠 두 남녀는 부부의 인연을 맺고 운명이자 숙명으로 살아가게 된다.

불타는 사랑이 아닌 서로의 모든 것들을 다 알고 결혼했어도 결혼 후에는 연애할 때 보이지 않았던 단점들이 하나둘씩 나타나기 시작한다. 그러면 그런 단점을 하나씩 트집 잡아 갈등을 유발하거나 짜증을 부려서는 안 된다. 자신 아닌 배우자도 자신의 단점이 보이는데 말을 안 하고 이해하고 있을 수도 있기 때문이다. 상대방 장점은 잘 보이지 않고 작게 보이지만 상대방 단점은 크고 또렷하게 나타나므로 그것을 하나하나 조목조목 따지고 수십 년 그렇게 생활한 습관과 생활패턴을 문제 삼아서도 안 된다. 조용히 알아듣도록 타이르고 상대가 마음 상하지 않도록 배려하며 자신의 의견을 피력하는 것이다. 그래야 갈등이 일지 않으며 결혼으로 일평생 함께해야 하는 배우자의 습관과 생활패턴을 변화시키는 데 도움이 된다. 자신의 기준으로 오로지 자신에게만 맞추려고 배우자에게 윽박지르거나 소리치고 닦달하면 배우자도 사람이기에 튕겨 나가 어디로 튈지 모른다. 여자든 남자든 배우자에게 부탁해야지 명령이나 강요는 또 다른 나쁜 결혼 습관을 만든다.

결혼하여 여자는 남편에게 때론 엄마이자 배우자이자 아내이자 여자이며 여동생이자 아기처럼 여겨져야 편하고, 남자는 아내에게 때론 오빠이자 아빠이며 남편이자 남동생이며 남자친구이고 남자 아기처럼 대해야 한다. 절대 부부만으로 배우자를 대우하면 안 된다. 서로 이해만 구하지 말고 서로 이해하려고 노력해야 한다. 가장 큰 갈등 중에는 아내는 남편을 한 가정의 기둥으로 굳건히 가정을 지켜주고 모든 책임을 다 지우려는 데 있고, 남편은 아내를 한 가정의 연약한 여인으로 가정이나 자식들의 모든 가정사를 담당하도록 방관하는 데 있다. 남편은 돈 버는 기계가 아니고 아내는 밥하고 청소하며 아기 키우는 가정부가 아니다. 서로 한발씩 물러나 역지사지해 보는 것도 하나의 방법이다.

결혼은 둘만의 사랑이 아니다. 결혼은 한 가정과 다른 가정의 결합이다. 그러나 가장 중요한 것은 두 남녀의 마음에 달려있다. 어떻게 결혼을 평생 유지하며 두 사람이 영원히 함께할 수 있는지, 아니면 조금 불편하고 갈등이 있다고 헤어지고 다시 다른 사람과 시작할 것인지 잘 생각해야 한다. 결혼도 힘들다. 그러나 재혼은 또 다른 타인과 만나야 하니 더욱 어렵고 힘든 것이다. 결혼으로 갈등이 생겨도 극복하고 살아야지 다시 재혼한다면 또 다른 배우자에게 똑같은 갈등을 두 번 겪어야 한다. 결혼은 아름다운 것이다. 결혼으로 인하여 자신의 분신인 아가들을 만난다. 이 얼마나 행복하고 신비로운 일인가. 2세에게서 얻는 행복은 그 어떤 것으로도 바꿀 수도 없고 그 어떤 것으로도 대체할 수 없는 최고의 행복이다. 이런 행복은 두 남녀가 만나 결혼으로 이룬 결실이다. 이러한 행복은 결혼으로 시작되고 배우자 각자의 이해와 배려로 유지되며 잘 선택된 결정으로 함께 해야만 영원한 것이다.

# 가난

가난은 슬프다. 고생이라고 하기보다는 어렵고 싫고 힘들다. 난 결혼으로 단지 어렸을 때부터 이어져 온 그 궁핍한 생활에서 벗어났다. 뭔지 모르게 어깨를 짓눌렀던 무거운 짐이 땅바닥에 툭 내려진 것 같이 홀가분했고 가벼웠다. 결혼이 어떤 큰 도움을 준 것도 아닌데 그냥 나 혼자만 힘든 환경에서 빠져나와 죄책감도 들었다. 능력도 안 되면서 동분서주하며 도와주고자 숨을 헐떡거리고 꼴값을 떨어도 손에 잡히는 건 겨우 바람 속에 눈에 보이지 않을 정도로 작고 가벼운 티끌만 한 먼지뿐이었다. 불면 날아가 버리는 먼지를 난 손으로 모으고 눌러 전달하여도 받는 사람은 늘 부족하여 성에 차지 않는다.

그 옛날, 눈을 떠도 눈을 감아도 늘 그 자리, 대지를 들끓이던 태양이 떨구고 간 조각이 노을로 마지막 발악을 한다. 노을마저 지니 검은 먹물이 새카맣게 밤하늘을 뒤덮는다. 깊고 긴 검은 밤이 찾아오면 막막한 현실처럼 앞이 안 보이고 캄캄하다. 내 현실 같은 이 어둠, 걷고자 하나 느리고 뛰고자 하나 힘들고 날고자 하나 날개만 발광한다. 어디까지 가고 언제까지 기다리고 얼마만큼 더 움직여야 밝은 빛을 보려나. 어둠을 헤치고 더듬어 기어가도 보이지 않으니 암흑 속에서 늘 제자리만 맴돌고 있다. 눈을 크게 뜨고 눈빛에서 나오는 빛으로 길을 찾으려 하지만 그것도 어렵다. 새카만 땅 위에 검정 고무신을 신고 검정 바지에 검정 잠바를 입은 채, 검정 종이 위에 흑연 몽당연필로 검은 대화를 한다. 보이지도 않는 긴 대화는 이내 어둠 속으로 사라진다. 그렇게 긴 어두운 터널 속에 갇혀 나 자신의 자아도 없이 한숨만 쉰다. 긴 한숨도 긴 어둠처럼 길고 깊었다.

가장 아름답고 곱던 그 청춘이 다시 온다고 해도 난 그 시절로는 절대로 돌아가고 싶지 않다. 버겁고 고단한 삶이 입을 크게 벌리고 기다리고 있을 테니까. 긴 어둠을 뚫고 나오니 밝은 빛을 보았다. 모든 것을 다 얻어 성장하고, 모든 것을 다 손에 움켜쥐어 풍성하고, 모든 것을 다 쟁취하여 가장 위에 올라갔지만 별 것 아니더라. 무엇을 위해 그토록 달려가고 무엇을 극복하려고 그렇게 쉬지 않고 앞만 보고 왔는지 알 수가 없다. 그저 그 가난을 극복하기 위해 그 단어와 싸운 것이다. 이만큼 걸어와 뒤를 보니 아무 생각이 없다. 너무 멀리 가 되돌아올 수도 없고, 너무 많이 가 제자리에 설 수도 없다. 오지도 뒤돌아 가지도 못하니 그냥 가던 길로 죽 가는 것이다.

이젠 햇빛이 찬란하여 너무 눈부시다. 태양 볕 아래 살갗이 타고 그 열기에 피부가 익는다. 햇빛에 있으니 따뜻하고 좋다. 햇빛의 고마움을 알고 그 햇빛을 함부로 낭비하며 일부러 버려서도 안 된다. 아직도 음지에서 고개 숙인 젊은 영혼이 많다. 그러나 누구든 음지에서만 살란 법은 없다. 그 음지에서 탈출구를 찾아 탈출하고자 노력하며 부지런히 움직이어야 한다. 그렇다고 가만히 앉아 뜻밖에 얻는 어떤 요행만 바라서도 안 된다. 이런 햇빛이 영원히 내 곁에 있을지 어떨지는 모르지만 난 오랫동안 햇빛 속에서 아래를 내려다볼 것이다. 지난날 내 어둠 같았던 그 음지로는 절대로 다시는 가지 않으려 한다. 그 음지는 살아있으나 어둡고 눈을 떠도 보이지 않으며 귀가 열려 있어도 들리지 않는 암흑이기 때문이다. 이젠 내겐 어둠은 없다. 어둠 속에서는 놀지도 않을 것이다. 그 어둠은 밤이며 암흑이고 새까맣고 검고 검은 잉크처럼 검정이다. 난 이젠 태양 아래 있어서 따뜻하고 그늘 아래 있어도 밝고 찬란하다. 지금이 참 좋다. 그 옛날 나는 누군가 떨구고 간 햇빛 한 조각이라도 주워 보려고 했지만 그때는 다 어둠 속에서 허우적대며 어려우니 내 눈에는 안 보였다. 아마 보자마자 부지런한 다른 사람이 후딱 주워 갔을지도 모른다. 많은 빛은 잘 보관했다가 햇빛 한 조각 음지에서 허우적대는 가여운 영혼에게 덜어 주며 어둠을 희석해 주며 살고 싶다.

가난은 일어설 수있는 힘의 원천이며 밑바탕이기도 하다. 그 가난으로 많은 교훈을 얻어 인생에서 가장 어려운 처지에 있을 때도 방황이나 좌절하지 않고 탈출구를 찾기 위해 고군분투하며 노력하는 힘이 될 수 있다. 절망하여 더 밑으로 떨어지지 않고, 좌절하여 타락하지 않으며, 방황하여 이탈하지 않고 가난을 극복하기 위해 끝없이 노력하는 하나의 인생의 지혜일 수도 있다.

# 친구

그해 우리는 배고픈 청춘이었으나 찬란했다. 굶어도 곱고 가진 것이 없어도 빛났다. 떨어지는 낙엽에도 슬프고 맑은 가을 하늘 손가락으로 콕 찌르면 눈물이 날 것 같이 순수했다. 삼삼오오 옆구리에 책 몇 권 끼고 한들거리는 미니스커트 여대생 무리와 다리 실루엣이 드러나도록 달라붙은 청바지 입고 긴 가방끈 어깨에 둘러 얹은 무리가 캠퍼스를 누비었지. 퀸카는 아니어도 착각에 사로잡혀 퀸카처럼 각자 모든 남학생의 시선을 한몸에 받고 도도했던 그 젊음. 길거리나 캠퍼스 교정에서 몇 걸음 걷지 않아도 데이트 신청이 오면 고개 빳빳이 들고 시선조차 주지 않았던 고상했던 미친 자존심 소유자들.

한낮의 캠퍼스 낭만을 맘껏 즐기고 태양이 진 언덕에 올라 노을을 보며 꿈을 꾸었지. 각자 먼 훗날 어떤 위치에서 어떤 모습으로 다시 만나리라는 큰 기대와 포부를 안고 말은 하지 않아도 눈빛으로 서로 읽었지. 여자이기에 질투나 시기도 심하고 숨겨진 이기심을 꼭 여민 채 먼저 앞서가려 몰래 책을 펴곤 했지. 무얼 다 주어도 좋고 어떤 행동을 다 해도 용서가 되었지만 꼴랑 학점만은 절대 양보할 수 없는 보이지 않는 자존심의 대결이자 다짐이었지. 경쟁에서 뒤지면 입은 웃고 있으나 자존심에 상처 난 마음은 잠시 그 친구와 멀어져 며칠 거리를 두며 꼴값을 떨었지. 둘 다 별 볼 일 없는 꼴뚜기 주제라 하겠지만 꼴뚜기끼리도 작은 자존심은 있는 법이다. 누가 먼저 그 꼴뚜기에서 벗어나 한치가 되느냐, 아니면 비슷한 오징어가 되느냐에 따라 그 경쟁에서 승리하는 것이다. 그 경쟁은 보이지 않고 강요받지 않으며 스스로 깨닫고 느끼는 어떤 자존심의 대결이었다.

내 젊은 날 친구는 때론 내가 힘들면 보듬어 주는 엄마 같고, 그릇된 행동엔 조언으로 다독이는 언니 같고, 슬프면 함께 눈물 닦아 주며 같은 시대 같이 있어 주던 친구다. 지금까지 내 앞에서 내 뒤에서 내가 안 보는 곳에서도 단 한 번도 내 이야기를 한 적이 없고 나도 칭찬이나 자랑만 했지 절대로 비난한 적이 없다. 친구 수천 명 있는 것보다 이 친구 하나가 내 인생에 큰 의미가 있다.

이 친구는 늘 웃고 명랑하며 즐겁게 일을 한다. 이 친구는 상냥하고 밝고 힘들게 노력을 하지 않아도 많이 없어도 행복해 보이고 갈등도 없이 편하게 산다. 그 성격은 부럽고 본받아야 하지만 난 그렇게 살고 싶지 않다. 이 친구는 어떠한 현실과도 조화롭게 타협하고 불의엔 타이르며 방관하는 성격이며 누구와도 마찰이나 갈등이 없다. 앞에 놓인 일들도 쉽게 처리하며 어떠한 어려움이나 고통 없이 잘 이겨낸다. 지인이나 타인들은 이 친구의 이러한 장점에 더 많이 칭송한다.

그러나 내 눈에 비친 그 친구의 생활은 너무 나와 맞지 않으며 어떻게 보면 내 이상이 아니다. 그것은 그 친구가 그렇게 살면서 행복을 느낀다고 해도 나와 너무 다르다. 난 늘 입을 꼭 다물고 침묵하며 힘들게 일을 한다. 무엇이든 쟁취하려고 하고 어떤 것이든 손에 움켜쥐려고 욕심을 부린다. 뜻대로 되지 않으면 될 때까지 미련하게 행동하여 다 얻고 기어이 몸과 마음에 상처를 입고 멈추게 된다. 난 아파도 끝까지 가는 성격이다. 날다가 날개가 부러지면 달리고, 달리다가 다리가 아프면 걷고, 걷다가 다치면 기어서라도 간다. 저 끄트머리에서 승리가 비웃고 있다고 하더라도 그놈을 잡으러 난 끝까지 간다. 길이 올곧은 길이 아니라도 난 끝내 끝까지 가보고 또 다른 길을 간다. 난 공기조차 내 것으로 만들어야 하고 잡초마저 내 울타리 안에 넣어두어야 직성이 풀린다. 뒤돌아보아 허공에 무지개를 잡았을지라도 이것이 내 성격이고 내 고집이며 내 중심적인 생각이나 좁은 소견에 사로잡힌 아집이다. 옆에서 누군가가 비판해도 난 그렇게 살아왔고 앞으로도 그렇게 살 것이다.

내 생애 가장 좋은 그 친구나 나나 우리에겐 이젠 아름다운 청춘은 없다. 노력하고 움직이면 젊음만은 있을 것이다. 나이 들어 같이 늙어감에 감사하고 지금 같이 대화하는 그 자체만으로도 행복하다. 이젠 더 늙어가 추억은 삭고 기억마저 희미해져도 그 기억 속에 친구도 나도 있으면 그것이면 되는 것이지 무엇을 더 바랄 것인가.

아름다운 청춘은 가고 없지만 그 청춘이 여름 향기 가득한 녹음에서 왔는지, 열심히 노력하는 열정에서 왔는지 어디에서 왔는지 물어본들 따진들 아무런 소용이 없다. 훗날 된 지금은 청춘에 꾼 그 꿈 근처에도 가지 못했지만 지금 그 친구들과 그 옛날 그 추억을 그리며 행복하게 웃으면 그것이면 우리의 청춘은 멋진 것이다. 청춘은 마음속에 젊음과 더불어 쉬지 않고 이득이 없어도 무엇이든 노력하는데 있으며 그 노력에 결실이 없다고 하더라도 심신에 지식을 쌓으면 젊음은 그 안에 늘 가득 차 있는 것 같다. 청춘과 젊음에 만난 친구도 무엇을 바라던가 무엇을 요구하는 것이 아니라 배우자처럼 하나씩 맞춰가며 이해해야 영원한 것 같다. 친구가 더 많이 가졌다고 해서 시기하고 질투해서도 안 되며 친구가 더 부족하다고 해서 무시하거나 시원하다는 심보를 간직해서도 안 된다. 서로 각자 없으면 없는 대로 있으면 있는 대로 처지와 상황에 맞게 손잡고 웃으며 대화하고 행복하면 되는 것 같다.

# 중년의 사랑

곧고 굳은 심장에 붉은 바람이 분다. 잘 버티고 버틴 육신에도 봄바람이 분다. 살랑이는 미풍에도 세상 모든 것들이 흔들린다. 서서히 조용히 아무도 모르게 스며드는 자유로울 수 없는 영혼. 대책 없이 감정에 메어도 보고, 마음에 묵직한 무게를 달고 온몸에 불안한 불안정한 눈을 달고 누가 볼세라 창가를 서성이며 그 영혼의 그림자를 쫓는다. 당당하여도 어리석은 줄 알면서 마음과 달리 눈이 먼저 가는 처음 접하는 진한 백합 향에 유혹된다. 낯선 따뜻한 언행에 감동하고, 두려운 내일에 어색한 미소를 떨구며, 오늘 순간의 고통스러운 세상사를 잊으면 그것이면 되는데, 더 가까이 갈 수도 없고 더 가까이해서도 안 되는 하나의 그 무엇이 되어 서로 안타까움을 자아낸다. 곁에 따뜻함 그 품을 잊고 다른 품을 찾으려 하나 그건 불행의 씨앗인 것을, 어찌 그리 어리석은가. 깊고 푸른 사랑이 아니면 어떤가. 곱고 이쁘게 늙어가 세상과 사랑하면 그만이지.

그러나 그런 사랑이 아니기에 마음을 진정하거나 억제하지 못하고 한 방향으로 치우쳐 흘러가는 형국이니 걷잡을 수 없다. 옆에서 누군가의 조언도 안 들리고 지긋한 나이임에도 옳고 그른 것을 판단하는 시야도 흐려진다. 아무것도 모르는 청춘의 사랑보다 알 것 다 알고 갑자기 문득 들이닥친 이 사랑은 통제가 안 된다. 이 사랑에 대한 의무와 책임 또한 막강하여 어떠한 것으로도 해결이 어렵다. 다만 두 중년이 처한 현실을 깨닫고 각자 한 걸음씩 뒤로 물러나 앞과 뒤를 살펴야 답이 나온다. 각자 당사자 자신의 어깨에 짊어진 삶의 무게와 앞날에 필 꽃들에 대한 희망으로 미래를 보느냐 마느냐에 있다. 피지도 못하고 피어날 날만 기다리는 꽃봉오리를 외면하고 그 사랑에 빠져 나가 버리면 빛과 양분을 얻지 못한 그 꽃봉오리는 시들고 말라 버릴 것이다. 그렇게 외면하고 나가 버려 또 다른 꽃봉오리에 양분을 채워주려 하나 이미 상처받아 아픈 그 꽃봉오리조차 새로운 양분을 받아들일 준비가 되어있지 않고 맞지 않아 거부하여 시들어 죽어버릴 것이다. 한 번 더 돌아보아 무엇이 현명한지 다시 판단해야 한다. 이러한 판단은 예리하고 복잡하게 할 것도 없이 단순하고 되도록 빨리 결정해야 자라나는 싹들이 상처를 덜 받는다.

바람이 잠잠하여 제자리로 돌아와 보면 지난 행동이 어리석었고 잘못되었다는 것을 깨닫게 된다. 앞으로 남은 삶은 반성하며 두 번 다시 같은 오류를 범하지 않는다는 다짐을 해야 한다. 기다리는 가족에게 믿음을 주어 자신의 못난 행동에 용서받고 더 나은 삶을 위해 앞만 보고 달리는 것이다. 이 세상 모든 것들이 봄바람에 흔들린다 해도 이젠 옆에 있는 소중한 사람을 위해 노래 불러야 하고, 어떤 세찬 바람에 마음까지 뒤흔들려도 두려운 사회에 부끄러움과 눈치를 더 늘려야 한다. 따라서 중년의 사랑은 미친 짓이다. 아름답지도 않고 그렇다고 소중하지도 않으며 드러내지도 못하고 감추며 추하고 주책바가지이다. 가장 소중한 옆에 있는 사람을 인지하지 못하는 어리석음을 다시는 범하지 말아야 한다. 저 멀리 있는 타인은 장점만 보이고, 자신 가까이 있는 사람은 장점은 없고 단점만 더 많이 보이겠지만 옆에서 궂은일 다 해주고 편하니 단점만 보이고 내 사람이니 단점이 많은 것이다.

훗날 세월이 병들어 신음하고 기억조차 희미해져 가장 가까이 있는 소중한 사람을 알아보지 못할 때, 내 옆에 그 사람은 단점에 성나 옆으로 눈 돌렸던 그 시절의 못난 행동을 용서해주며 살며시 옆에서 손잡아주며 엷은 미소 떨구는 아름다운 사람이 될 것이다. 헛되고 서툰 중년의 사랑에 빠져 허우적댔더라면 아직 피지도 못한 꽃들은 시들어 버리고 인생의 뒤안길에 활짝 핀 꽃들의 만개한 웃음도 없을 것이다. 따라서 중년의 사랑을 한다는 것은 미친 짓이고 가정의 행복과 화목한 웃음을 잃는 옳지 못한 행동이다.

## 부부 싸움

대폭발이다. 부부가 대칭적인 자세에서 일정 주기로 겹쳤을 때 내보내는 붉은 선, 두 마음이 이미 분노가 팽창하고 있다는 증거다. 팽창하던 특정 온도가 체온보다 높아지면 분노는 결국 화산으로 대폭발한다. 수평적 결합을 만나 한쪽이 너무 강하면 싸움은 벌어지지 않지만 힘의 균재 상태로 비슷하다면 쌓이고 쌓였던 감정의 앙금이 사소한 문제가 계기로 폭발한다. 묵었던 감정이 자존심 대결로 번지고 뒤집힌 남성의 이성적 감정과 여성의 감성적 감정이 갈등을 일으켜 뭔가를 얹고 얹어 큰 화근이 된다. 순간 욱하여 윽박지르고 화나서 소리치고 그래도 분이 풀리지 않으면 뭐든 집어던진다. 아니꼽고 더러운 성질머리에 침을 뱉고 싶지만 꼴에 그것도 남편이라고 대우해 줘야 하니 정말 같잖아 구역질이 난다. 그 순간에는 세상에 존재하는 가장 더럽고 추한 말이 있다면 그 말로 대신 하고 싶은 심정이 든다. 뭐든 복수하고 싶다는 생각이 온몸을 뒤덮는다. 집안에 풍기는 공기마저 그 공기를 함께 마시는 것조차 뱉어내고 싶고 남편이 스쳐 지나가며 일으키는 바람조차 싫다. 차려준 밥상에 앉아 있는 모습도 꼴 보기 싫고 쩝쩝거리며 밥 먹는 소리조차 듣기 싫어진다. 화가 잔뜩 난 아내는 쿵쿵대며 걷고 꽝꽝대며 방문을 여닫으며 식탁에 놓는 그릇 소리도 유난히 쨍그랑댄다. 아내의 이러한 행동은 남편의 화를 더 돋운다. 상상이 현실이 되는 듣도 보도 못한 생전 처음 겪는 말, 그나마 고학력이라고 욕설은 할 수 없고 서로 주고받는 쉴 새 없이 쏟아지는 날카롭고 송곳 같은 단어들, 남이 보면 아무것도 아닌 그저 먼지 같은 것들이 주체할 수 없는 아내의 분노와 화가 버무려져 서러움과 울부짖음으로 밤의 적막을 휘젓는다. 말하는 사람도 듣는 사람도 서로 상처뿐인 대화들이 바늘이 되어 서로의 가슴과 마음과 몸에 꽂힌다.

그 폭발 후의 집안 모형은 텅 빈 거실과 닫힌 방문, 가속 팽창하는 현재의 두 마음, 2차 폭발 직전, 둘 중 한 사람이 그 자리를 피해야 한다. 대부분 대충 남편이 그 자리를 뜬다. 남편은 깨지거나 고가품이 아닌 소란스럽고 시끄러운 소리를 내는 손에 걸리는 어떤 물건이든 집어 던지고 자리에서 일어나 후다닥 있는 힘껏 대문을 박차고 나간다. 남편 본인이 집에 없다는 것을 아내에게 알리는 신호이며 자신이 얼마만큼 화가 나 있다는 정도를 아내에게 표시하는 신호이기도 하다. 그래야 집에 남아있는 아내가 그 소리에 더 두려워하고 마음이 진정되게 하며 분노한 마음을 수그러들게 하는 하나의 남편만의 표시이다. 즉, 이젠 그 싸움을 중단하고 싶은 남편의 심리가 숨어 있다고 볼 수 있다. 일단 남편이 자리를 피하면 이렇게 2차 폭발 위험은 모면하게 된다. 홧김에 나와버린 영혼은 어디 갈 데는 없고 거리를 서성이며 그 한 몸 숨길 곳을 찾지만 어디 한 곳 부끄러운 자신의 모습을 없앨 공간은 마땅하지 않다. 겨우 차 안에서 끓는 화기를 식히고 눈을 붙인다.

어느 정도 시간이 지나서 화가 누그러뜨린 후 집에 들어온 남편은 슬슬 아내 눈치를 보고 아내도 부엌에서 설거지 소리로 어색한 분위기를 전환한다. 그러나 아직 덜 풀린 두 부부는 화해하려고 대화한 순간 2차 폭발로 다시 불붙기 시작한다. 1차 폭발로 힘을 소진한 부부는 각자 자신이 옳다며 본인 입장에서 주장하고, 자신을 중심축으로 움직이고, 자신 중심축을 기준으로 삼으며, 이해하기보다는 서로 이해를 받으려 하니 다시 2차 폭발 직전이 온다. 이 순간 진정한 화해만이 잠재울 수 있다. 그러나 화해는 그리 쉽게 이루어지지 않는다. 남성의 크고 원대한 자존심에 먼저 손 내밀 수 없고, 가장이라는 타이틀이 그리 쉽게 다가가 화해의 몸짓 또한 할 리 없다. 화해하자니 쑥스럽고 그냥 그대로 지내자니 불편하기 짝이 없다. 모든 집안일이 아내의 손길에 닿아있어 하나에서 열까지 아내의 도움 없이는 생활할 수 없게 된다. 그렇다고 아내도 그리 쉽게 마음을 열 기미가 보이지 않는다. 여성의 소심한 자존심이라고 그냥 묻어 둘리 만무하며 아내는 남편의 배우자이고 둘은 부부이지 부모가 아니다. 모든 일이든 그릇된 행동에 다독이며 용서하고 이해하는 남편의 어머니가 아니기 때문이다. 아내도 남편과 동등한 취급을 받아야 하고 동등한 위치에 있으며 동등한 인간이다.

우주는 넓고 큰데 사소한 감정의 골이 전 우주를 지배한다. 붉게 물든 대지의 노을이 주홍빛으로 화려하다. 어스름 어둠이 내리면 아가들의 재잘대는 행복 소리 들으며 오순도순 저녁 밥상에 구수한 된장찌개에도 즐거운 부부다. 무엇을 위한 싸움이었을까? 송곳 대화로 서로에게 상처를 주며, 더 많이 눈물을 흘리게 한 사람이 승리자인가? 아니면 더 많이 큰소리친 사람이 이긴 것인가? 아니면 더 많은 물건을 집어 던진 사람이 강한 사람인가? 대체 무엇을 위한 싸움이었을까. 서로의 눈물이 안쓰럽고 안타까운데 다툼과 눈물이 교차하는 밤. 서로 미안하다고 먼저 말하는 사람이 승리자요, 이긴 사람이고 강자이다. 그래도 부부 싸움의 화해는 정확해야 하고 잘못한 사람은 다시는 그런 오류를 범하지 않도록 정확하고 반듯하게 해결해야 한다. 이런 부부 싸움이 사소하고 너무 작아도 그냥 그렇게 대충 넘어가면 그게 쌓이고 쌓여 큰 싸움이 되기에 사소한 잦은 부부 싸움이라도 그때그때 풀고 화해하고 같은 오류를 반복해서 범하지 말아야 한다.

갈등의 골이 너무 깊어 화해하기엔 너무 멀리 가고 시간이 이미 너무 지났다고 그냥 그렇게 묻어두고 가서도 안 된다. 그러면 아내의 마음에 일평생 원망과 한으로 남게 되고 가슴엔 미움과 한숨으로 남는다. 남편의 마음에는 평생 아내에 대한 실증과 권태가 남는다. 서로 아름답게 살아가 고맙게 황혼을 같이해야 할 사람끼리 미움의 대상이 되는 것이다. 그렇게 자꾸 쌓이다 보면 정말 같이 살고 싶지 않아 서로 대화조차 거부하게 된다. 이젠 부부는 어떠한 결정을 해야 하는 순간이 올지도 모른다. 자식들 때문에 이혼은 못 하고 졸혼을 하든지 별거를 하든지 각자 편한 결정을 해야 한다. 이것은 부부로 인연을 맺고 살아온 부부의 가장 비참한 순간이 될 것이다. 그렇다고 한 집에서 성격 차이로 서로 본체만체하고 사랑도 아니면서 정으로 포장하여 평생 싸우며 살 수는 없는 일이다. 이러지도 저러지도 못하고 그냥 참으며 한 집에서 부부라는 허울만 달고 서로 인상 쓰며 산다는 것은 참말로 서로 불행한 삶이며 의미 없는 인생일 것이다.

아무리 금실 좋은 부부라고 하더라도 사소한 갈등이 일어 부부싸움을 안 하는 사람은 거의 없을 것이다. 부부는 인연으로 만나 숙명으로 살아가는 것이다. 서로 이해를 해달라고 하지 말고 서로 이해하려고 노력해야 하며 각자 입장과 처지를 바꿔 생각하는 여유를 가져야 한다. 우리는 결혼으로 부부도 처음이고 부모도 처음이고 아내도 남편도 처음이다. 그래서 부부는 불완전한 상태에서 만나 완전하게 될 때까지 서로 배려하며 살아가는 것이다. 불완전하기 때문에 갈등은 늘 있다. 그 갈등은 더 커지면서 싸움이 되고 싸움은 이내 폭발하여 큰 상처를 남긴다. 폭발하기 전에 갈등이 일면 그 선에서 서로 화해하고 다시는 같은 반복을 하지 않도록 노력해야 한다. 부부는 사랑이라는 결혼으로 맺어졌다. 그 사랑이 영원해야 결혼도 영원한 것이다. 사랑도 없으면서 그 사랑을 정으로 포장해서 결혼 생활을 유지한다는 것은 참 어리석은 것이다. 결혼이라는 인연으로 부부가 된 우리는 가슴 두근거리며 불타는 사랑은 아니어도 은근하고 둥그렇게 사랑하며 갈등은 풀고 이해와 배려로 짧은 인생 의미 있게 살아가는 것이 중요하다.

# 두 자화상

난 오늘부터 나 자신에게도 매너를 지키고 살고 싶다. 남에게 폐를 끼치지 않는 한 난 세상에 존재하는 무슨 일이든 다 해 볼 것이다. 세상을 위해 내가 존재한다고 하기보다는 내가 있기에 세상이 돌아간다고 하고 나를 기준으로 세상을 본다. 세상에서 내가 제일 소중하며, 내가 제일 중요하고, 내가 가장 잘났다고 생각하고 싶다. 미래를 거침없이 나아가고, 가로막는 장벽도 없으며, 지나가는 길에 꽃길만 걷고, 눈앞에 이쁜 것만 보고, 주위에 귀한 사람만 만나고, 들리는 아름다운 소리만 듣고, 주고받는 대화는 고운 말씨만 사용하며, 몸에 좋은 음식만 먹고, 아주 훌륭한 집에서 깨끗하고 청정한 공기 흡입하며 기쁨의 노래를 부르며 그렇게 살 것이다.

나를 귀한 손님으로 여기고 저녁 밥상을 대접해 본다. 반찬도 맛

깔나게 차리고 수저와 나이프 살며시 곱게 가지런히 놓는다. 싱싱한 연어구이에 갓 담근 배추겉절이 한 접시, 한우 안심 스테이크 위에 구운 아스파라거스 서너 개와 구운 마늘과 양송이, 구운 후 끓인 양파 소스 끼얹은 접시가 우아하기까지 하다. 둥근 코렐 접시 위에 얇게 저미듯 썰어 놓은 애플 망고와 아보카도 반 조각과 톡톡 튀는 석류알들이 환상적이다. 가장 이쁜 그릇에 차려진 식탁 위 음식 한가운데 장미꽃 한 송이가 풍기는 그윽한 향기가 분위기를 황홀하게 하는 저녁, 보랏빛 와인 한 잔 곁들여 식사해 본다. 창가 옆에 앉아 빨간 와인 잔 들고 석양과 건배를 한다. 마음으로 전해지는 붉음이 노을과 마주친 내 눈빛 홍채에 어린다. 그리고 또 알 수 없는 열정이 솟는다.

어제까지 내 사생활을 되돌아보니 한 모금 마신 와인과 밥풀떼기가 입 밖으로 불쑥 튀어나오듯 웃음이 난다. 무엇이 그리 바쁘다고 헐레벌떡 퇴근하면 부엌으로 달려가 밥솥 열고 냉장고 문 닫으며 발이 닳도록 문지방을 넘나들었는가. 따뜻한 밥상 준비해서 가족들 차려주고 잔 일거리 하고 나면 식은 밥에 남은 반찬으로 끼니를 때우고, 부랴부랴 밥솥에 쌀 씻어 놓고 된장찌개라도 끓여 아침 준비해 놓고 잠자리에 든다. 후줄근한 작업복 차림에 축 늘어진 목 티셔츠, 쑥 튀어나온 무릎 면바지, 까칠한 손에는 물 마를 날이 없었지. 똑같이 밖에서 일하고 와도 왜 집안일은 여자만 해야 했는가. 여자는 쇠붙이로 만들었던가. 중년이 되니 자꾸 손마디가 쑤시고 아프다. 늙으신 어머니들이 밤마다 신음하는 이유를 이제 알겠더라.

노을이 지고 밤이 찾아와 잠을 청해도 이젠 뻣뻣한 손마디가 아파 깊은 잠을 못 이룬다. 나도 이렇게 늙어가나 보다. 가진 것이 없을 때도 좀 더 나아져 주머니가 두둑해졌어도 여자라는 이유로 부엌에서 벗어나지 못하고 못 했지. 아니 안 하고 안 했지. 왜냐하면 내가 아니면 부엌이 엉망이 될 테고 남편 시키면 뭐든 어질러놓고 일거리만 더 많아지니 차라리 내가 해야 했지.

이젠 25년 소처럼 일했으니 나도 나 자신을 존중하고 세상에 중심이 되어 빈약한 육신을 지성으로 가득 채워 세상에 도전하고 싸울 수 있는 자신감을 키울 것이다. 여자만 부엌 일 하는 정의롭지 않은 현실에 타협하지 않고, 나이 들어 후줄근하다는 모욕과 불의에 굽히지 아니하며, 밥상머리에서 허겁지겁하지 않는 나 자신의 품위를 스스로 지키는 마음을 키워 자존심을 유지할 것이다. 가족 앞에서 내 자신감과 자존심을 기반으로 역경 앞에서 자신감을 잃지 않고 나를 재정비하고 타인의 조언과 충고를 나의 발전으로 받아들여 성장하고 나의 인격성의 절대적 가치와 존엄을 스스로 깨달아 인지하여 자신감과 자존심을 기반으로 내 자존감을 높일 것이다. 그렇게 하기 위해서 타인과 비교하지 않으며, 나 자신의 인격을 쌓고, 감각과 지각을 활성화하며, 신음하는 몸의 신호에 귀 기울이고, 나 자신을 사랑하는 법을 배울 것이다. 타인의 의견을 존중하되 자유롭게 대처하고, 진실 되고 진정한 내 모습을 찾을 것이다. 나 자신의 내면의 소리와 접촉하여 또 다른 나와 대화하고 나 자신과 경쟁하여 승리할 것이다. 일거리가 많거나 되는 일이 없다고 불평하고, 가진 것이 없다고 부모를 원망하고, 못났다고 자책을 하기보다는 노력하여 성취하고, 내 손에 움켜쥐고자 고군분투하고, 더 높이 올라가려고 달릴 것이다. 이 모든 것의 기본 바탕이 되는 가장 중요한 것은 내가 제일 소중하며, 나 자신을 사랑해야 한다는 긍정적인 마음가짐을 갖는 것이다.

벌써 반세기가 훌쩍 지나갔다. 이젠 이 세상을 살아가면서 정의롭고 진실 되며 정직함이 내 앞에 있다면, 나 자신에게 이렇게 감사한 것에는 아낌없이 줄 수 있는 가장 최고의 칭찬을 하고 싶다. 이 세상에 가장 아름다운 말이 있다면 나 자신에게 서슴없이 난 그 말로 대신한다. 살면서 들리는 최상의 고운 소리가 있다면, 난 주저없이 내 귓가에 그 소리를 들려주려 한다. 이 세상에 가장 귀한 것이 내 손에 있다면, 망설이지 않고 냉큼 내 품 안에 건네줄 것이다. 전 우주를 통틀어 어떤 의미 있는 것을 해야 한다면, 나 자신을 위해서 난 얼른 달려가 가치 있는 행동을 할 것이다. 그렇게 한 후에 우주 공간에 떠도는 모든 복과 행운을 두 팔 벌려 잡을 것이다. 이것이 내가 어제 살아온 내 방식이고, 오늘 내가 살아가고 있는 내 스타일이며, 앞으로 내가 살아갈 내 의미이기 때문이다.

어떤 모진 비바람이 몰아쳐도 나뭇가지에 매달려 휘거나 구부러져야지 꺾이거나 부러지지 않게 어제를 살았다면, 이젠 형체가 꼿꼿이 서 있거나 꺾여 부러져야지, 뒤틀려 휘거나 구부러지는 것은 싫다. 중심과 기준에서 벗어나 휘청거리고 비틀거리며 흐트러진 모습은 내가 아니며 내 안에 숨어있는 나도 아니다. 자존감이 떨어져 허허하고 자존심에 상처가 생겨 마음이 허락하지 않는다. 부드럽되 강하며, 연하되 날카롭고, 따뜻하되 냉정하며, 친절하되 냉철한, 아주 딱 부러지고 깔끔하게 꺾이고 싶다. 하루를 살더라도 자존심을 세우고 자존감을 높여 마음은 하늘을 향해 고개를 들고 어깨를 쫙 펴고 우아하고 경쾌하게 살고프다. 힘든 여정에 눈물 고였을 언제나처럼 몸은 힘들어 고단하고 마음은 지쳐 늘어져도 선하게 정도를 지켜 도리를 다하고, 진실 되고 정직하게 살아갈 것이다.

## 대운의 징조(전문가 조언)

인생을 사노라면 운이 3번 온다는데 내겐 왔다 간 건지, 아직 안 온 건지, 안 왔다면 언제 어떤 모습으로 어떤 방법으로 내게 올 건지 정확하게 알 수는 없지만 살아보니 어느 정도 감이 잡힌다.

살아온 날을 회상하니 그때 그 순간에 그것이 나에게 행운의 손길이었다는 것을 인지하고 무릎을 탁 치는 순간, 자신은 이미 먼 훗날에 와 있고 이미 지나간 시간이 되어 버려 소리 없는 웃음만 짓게 된다. 그것이 첫 번째 운이었다면 두 번째 운이라고 해서 즉각 알아차릴 수는 없다. 또 지나고 나면 그 당시 그 사람 손을 잡았더라면 지금의 이 고단한 생활을 하지 않았겠다는 막연한 후회가 밀려오면 그것이 아마도 놓친 행운이었다고 쓴웃음 짓게 된다. 마지막 행운은 또 모르게 지나간 것인지 아니면 안 온 건지 알 수 없지만 지금 내 처지가 남들보다 못하다고 느껴지는 순간, 그 길을 택했어야 했다고 자책하며 먼 하늘을 보게 된다.

그러나 대운도 행운도 운도 모두 본인이 생각하는 각도의 차이에 달려 있다. 가장 큰 문제점은 발전하려고 노력하는 것 없이 늘 그 자리인 자신을 돌아보지 않고 나보다 더 잘난 상대를 올려다보며 비교하거나 자신의 처지를 부모 탓, 사회 탓으로 돌려 자신을 합리화하여 정당하게 하려는 이기적인 생각에 그 근원이 있다. 이러한 현실 상황에서 자신의 신세타령만 하며 부정적인 사고와 가족과 사회에 대한 원망으로 가득 차서 남의 시선을 회피하고 홀로 술에 의지해 타락하며 주변 사람들을 힘들게 하는 어리석은 사람들도 있다.

물질적, 육체적, 정신적 고통으로 인하여 생활은 더 궁핍해지고 가정의 불화와 자녀의 불평이 겹쳐져 큰 화를 겪는다. 그렇다고 경제적으로 물질적으로 지금 궁하다고 아무 일이나 하지 말아야 하는데 눈앞에 닥친 일이 너무 버거워 원하지 않는 길로 들어서게 되면 더 큰 해를 보게 된다. 어렵고 힘든 시기일 때 자신을 한 번 더 돌아보는 여유와 계기가 필요하다.

이러한 어렵고 고통스러운 시기는 어떤 사람이든 그리 오래 걸리지 않는다. 이런 고통의 시기는 노력 여하에 따라 그 탈출 시기가 결정된다. 가만히 있으면 제자리, 걷고자 하나 다리는 아프고, 달리고자 하나 힘은 버겁고, 뛰고자 하나 날개는 부러져도 가만히 있으면 안 된다. 아픈 다리는 나무줄기로 엮고, 힘든 몸은 바위에 기대고, 부러진 날개는 치료하여 더 도약하는 것이다. 생활이 녹록하지 않다고 부모를 원망해도 소용이 없고, 하는 일이 잘 안 된다고 사회를 탓해도 안 된다. 죽을 만큼 힘들어도 나와 나 자신과 경쟁해서 승리해야 한다.

그렇게 노력하여 한 단계씩 운을 쌓는 것이다. 한꺼번에 오는 운이면 좋겠지만 행운은 대부분 그렇게 갑자기 빨리 우연히 자신에게 오지 않는다. 기도만 하고 노력하지 않으면 소용이 없고, 노력만 하고 앞을 내다보지 못해도 소득이 없다. 세상을 보는 시야를 넓혀야 한다. 이렇게 긴 고통의 터널에서 이젠 서서히 대운으로 다가가는 것이다.

그 대운의 징조는 너무나 간절히 바라는 것이 진짜 현실이 되어 나타나기도 하고, 몸은 아프고 하는 일은 안 되어 바닥 밑까지 떨어져 더이상 내려갈 곳도 없이 견디지 못할 정도로 최악의 상황이 따라와 큰 시련이 찾아올 수도 있는데, 이것은 올라갈 일만 남은 것으로 어떠한 어려운 처지라도 절대 물러서지 말고 버텨내야 하며, 할 수 있다는 용기와 자신감으로 살길이 어디에 있는지 돌파구를 찾아야 한다. 이러한 어려운 처지와 상황에 직면했을 때, 나이와 상관없이 귀인에게 도움을 받기도 하고, 이로운 사람에게 충고나 충언, 조언을 듣기도 한다. 슬픔이 가득한 고통과 고난의 순간을 극복하면 건강이 회복되거나 안색이 밝아져 통찰력을 갖게 되어 판단력과 시야가 넓어지면 그야말로 행운의 징조이다. 포기했던 일거리와 인연을 다시 맺거나 아주 좋은 습관이 생기며, 긍정적인 사고방식으로 변하고, 타인을 대하는 태도가 온유해지며, 남들 앞에서 당당하고, 무슨 일이든 자신감이 생기고, 사소한 잔걱정이 사라지고, 심신이 여유로워진다. 작은 일에도 매사에 감사하는 마음이 생기며, 작은 것에도 베푸는 마음으로 평온해지고, 맑고 환한 밝은 미소가 얼굴, 마음, 몸, 머리에 가득해진다. 누렇고 푸르스름했던 얼굴빛이 환하고 윤기가 흐르며 밝아진다. 물 꿈이나 돼지꿈, 긍정적인 조상 꿈을 꾸게 되어 일이 잘 풀린다. 일에 활력이 생겨 잘 되고, 몸과 마음이 넉넉하여 여유가 생긴다.

또 다른 방법은 마음에 담고 있는 기도보다는 밖으로 표출하는 간절한 기도이다. 남들이 없을 때 입 밖으로 내놓는 기도이다. 여러 사람이 모여 기도할 때 하는 소원을 아무도 없을 때 혼자서 해보는 것이다. 즉, '저에게도 큰 행운을 주세요'라든지 '저도 한 번 일어나도록 큰 힘을 주세요' 같은 말을 큰소리로 해보는 것이다. 그런 기도 후 어려움을 극복하기 위해서 끊임없이 노력해야 한다. 그러면 더 빨리 더 크게 현재 겪고 있는 난관이나 고통에서 벗어날 수 있는 환경이 되고 대운이 들어와 일이 순조롭게 풀리게 된다.

그러나 대운이 와도 그것을 잡지 못하고 비관주의로 일관하며 노력도 하지 않는 자세는 안 좋다. 귀인인지 악인인지 구별하지 못하여 악인을 귀인으로 착각하여 파멸의 길로 들어서는 것도 모르면 안 된다. 악인과 귀인을 구별하는 것은 쉽다. 즉, 귀인은 자꾸 만날수록 에너지가 올라가는 것을 느낄 것이다. 만나면 만날수록 기분이 좋아지고 마음이 편안해지며 자꾸 만나고 싶어진다. 악인은 만날수록 자신을 복잡하게 하고 예민하게 하며 자꾸 더 고민하게 만들어 힘들게 한다. 이런 사람은 만나면 안 된다. 대운은 10년이 간다고 한다. 그 운이 떨어지면 하던 일을 잠시 멈추고 생각해야 한다. 더 열심히 공부하고 기도하며 하던 사업을 축소하고 사람을 너무 많이 만나는 것을 자중해야 한다. 운이 없는 사람은 무의식으로 파동 에너지를 느낄 수 있어야 하며 악인과 멀어지려는 어떤 기운이 생기면 그 악인과의 인연을 끊어야 한다. 어떤 일을 하려고 할 때, 넘어져 다치거나 그릇이 깨지거나 하는 기분이 이상하면 그 일은 그냥 그 선에서 중단해야 피해가 없다.

대운으로 가는 가장 중요한 것은 고통 없이 얻어지는 것은 없듯이 내 운을 적극적으로 개선하겠다는 의지와 노력만이 최선의 길이다. 가만히 있지 말고 움직이되 방향성을 잘 보고 움직여야 한다. 잘 움직여 대운을 잡으면 지금 당장 행복하다고 해서 지난날의 고단함을 잊어서는 안 된다. 또 대운이 없는 사람은 지금 당장 불행하다고 해서 앞으로 미래의 희망을 잃어서도 안 된다. 할 수 있다는 자신감과 가능성을 가지고 더 멀리 더 높게 내다보는 통찰력이 필요하며, 시야를 넓혀 긍정적인 사고와 진실한 인간관계를 갖도록 해야 한다.

## 엄니 품 같은 감나무(인터넷 참고)

감나무에 매달려 있는 잎새들이 보고 싶다. 이렇게 추운 겨울에도 고향 집 울타리엔 감나무가 기다리고 있겠지. 하얀 감꽃 언저리에 아득히 지나간 고단한 내 삶과 타인의 삶이 교차하며 아른거린다. 감꽃을 실에 꿰어 목에 걸고 뛰어 놀던 고향 친구들이 문득 눈앞에 아른거리며 쓴웃음 짓게 하고, 풋감처럼 떫던 고단하고 버거웠던 젊은 인생은 여름 한낮 내리쬐는 태양 볕에 숨조차 쉴 수 없었지. 누군가 아무리 그리워도 다시는 그 감나무만은 보지 않으려 했건만 결국 중년이 되어 다시 돌아와 감나무 아래 서 있다.

낙엽 되어 떨어진 감나무 잎이 겨울 찬바람에 마당 한가운데서 이리 치이고 저리 치이더니 이내 찢겨 담장 모퉁이 구석진 곳에 처박혀 있다. 겨울 눈비에 삭히고 할퀴어 따뜻한 봄바람에 흩날리고 뜨거운 여름날에 썩어 가을이 오기 전 먼지가 되어 날아가더니 세상에 흔적조차 없이 사라져 버렸다. 어떤 잎새 조각은 또 다른 새 생명에 양분이 되었는지는 모르겠지만.

감나무 그 자체는 큰 감명은 없다. 다른 식물처럼 향기가 있는 것도 아니며, 어떤 나무처럼 멋도 운치도 없고, 무슨 꽃처럼 아름답지도 않다. 그러나 내 마음속에 감나무는 가치가 있다기보다는 그 어떤 의미가 있다.

딱딱하게 갈라진 자라 등껍질 같은 감나무에 기대어 새파란 잎새를 본다. 청춘의 빛을 띤 푸르디푸른 잎새 사이로 구름 한 점 없는 높은 하늘이 보인다. 굵디굵은 새싹이 불쑥 솟아 나오는 봄의 감나무는 미래의 희망이자 미래의 기쁨이었다. 진초록 잎과 같은 색을 띤 여름 감은 열정과 정열에 불타고, 진취적이고, 힘을 주체할 수 없는 에너지를 분출하는 청춘의 절정이었다. 무엇이든지 할 수 있고, 무슨 일이든 무섭지 않고, 어떤 일이든 두렵지 않아 옆도 뒤도 아래도 아닌 앞만 보고 질주했다. 잎새와 같은 색을 하고 주렁주렁 주홍빛 감을 달고 있는 가을은 고뇌와 고통을 뚫고 이룩한 결실이었다. 그 결실이 어떻든 모든 결과물은 어제 노력한 대가이고 어제 노력하지 않은 아픔이었다. 노력의 대가가 깊든지 얕든지 중요하지 않다. 단지 그 가치만큼 소중하게 간직하고 진실 되면 되는 것이다. 기회는 여전히 많다. 올해 감이 붉지 않으면 내년에 또 감이 열리도록 가꾸면 되는 것이다.

붉은 잎새와 감을 훌훌 털어버리고 앙상한 가지를 드러낸 겨울 감나무는 의지의 대상이었다. 감나무는 다 안다. 내가 슬퍼 울었던 어린 시절, 내가 동생과 나눴던 동심의 이야기들, 엄마랑 웃고 아양 떨며 속삭이던 비밀스러운  허접한 이야기들, 아버지께 가져다주기 전 한 모금 마셨던 찌그러진 막걸리 주전자, 언니랑 실랑이하며 말다툼했던 여름, 오빠한테 반항하던 여동생의 반란, 담뱃잎 꿰던 일그러진 나의 청춘, 현실에 타협하고 싶지 않아 투덜대며 혼자 중얼대던 소녀 시절 등 감나무는 나의 비밀 노트이고 무엇이든지 다 해결해 주고 다 받아주는 나무 그 이상이었다. 이렇게 나에게 감나무는 일에 지치고 힘들면 기대고 의지할 수 있는 언제나 찾아가도 반겨주는 엄니 품이었다.

지금 시골집 감나무는 주인 없이 홀로 울타리 벽을 지키고 있다. 찬바람에 덧옷을 입혀줄 주인도, 찬 바람을 막아 줄 건물도, 가을 붉은 감을 따줄 사람도 없다. 그저 지나가는 나그네들의 심심풀이 장식품으로 어느 곳에서 빛나든지 아니면 가을 붉은 낙엽 진 앙상한 가지 위에 붉은 홍시감으로 남아 겨울 까치밥이나 되던 지. 엄니 없는 하늘 아래는 가을 감도 겨울 홍시도 참말로 쓸쓸하기 그지없다. 그래도 감나무 둥치와 감나무는 엄니가 그리워 찾아가면 언제나 두 팔 벌려 안아주고 어떠한 대가 없이 모든 품을 내어주며 반갑게 맞아 주고 고단한 심신을 잠시 쉴 수 있고 기댈 수 있는 엄니 품 같아 편하다.

## 두 사랑

차가운 바람이 길 위에 내린 가락 눈을 쓸어 날린다. 고개 푹 숙인 뒷모습에 나만 아는 추억을 간직한 그 사연이 아련히 눈가에 어리는 그 모습. 어둠이 내리는 비 오는 밤에 내 말 한마디에 옷깃을 세우고 고개를 숙인 채 나를 등지고 떠난 그 사람. 뭐가 그리 심각해 뒤도 안 돌아보고 그렇게 느린 발걸음을 옮겼나. 담배 연기 뿜어 피우며 떨리던 손, 축 늘어진 어깨 들썩이며 얼마나 깊은 아픈 눈물을 흘리며 내게서 멀어졌나. 작은 눈에서 닭똥 같은 눈물을 떨구며 애원하던 그때 그 모습, 인연도 운명도 아니었기에, 사랑을 몰랐기에, 사랑이라고 포장하기엔 너무 두렵고 너무 어린 단발머리 청춘은 이미 지나버린 아름다웠던 그 사랑을 떠올리며 미소짓는다. 그렇게 첫 번째 사람은 갔다.

밤마다 내 주위를 서성이며 내 옷자락을 붙잡았던 미련한 사람. 그렇게 모진 소리에도 웃으며 다가와 차가운 손을 녹여주며 굵은 시선으로 나를 바라봐 주었지. 내 웃음소리에 미소 지으며 다가오고, 깊은 한숨에 조용히 다가와 어깨를 토닥인 착한 사람. 비 오면 비 맞은 채로 캠퍼스에서, 눈 오면 눈 맞으며 버스 정류장에서 말없이 기다려 준 어리석은 사람. 단 한치 이성의 감정이라곤 가질 수 없었던 친구 같은 그 사람. 어쩌면 하늘이 내게 보내준 선물이었을지도 모른다. 수없이 반복된 좋은 사람 만나라는 말은 그 사람에겐 비수가 되어 꽂혔을 것이고, 이젠 그만 만나자는 말은 아마 청천벽력 같았을 것이다. 오늘이 마지막이라는 냉정한 말로 끝내려 하면 이미 심각한 표정으로 고개 돌려 다음에 보자며 돌아섰다. 그러면 그럴수록 더 아파하고 함께 하자며 다가오는 그 사람에게 더 큰 상처를 줄 수밖에 없었다. 그래도 이건 아니라는 생각에 나도 그 사람의 무모한 사랑에 대한 최선의 선택을 해야 했다.

어느 추운 겨울비 내리는 밤, 내 집 앞 가로등 아래 서성이는 낯익은 그림자를 보았다. 취기에 비틀거리는 저 어리석은 실루엣, 참말로 미련하기 짝이 없다. 세상에는 너무 고운 이성이 많은데 왜 이리 나를 힘들게 괴롭히는가. 내가 무엇을 그리 잘못했는가. 나는 사랑하지 않는 데 혼자 좋아한다고 일방적으로 직진하면 되는가. 저러다 추운 겨울비에 어쩌려고 저러는가. 불 꺼진 방안에서 창문을 살짝 열고 그 사람 행동을 응시한다. 이리 비틀 저리 비틀, 전봇대를 주먹으로 쳤다가 물러나기를 서너 번, 울다가 웃다가 소리치다가 화를 냈다가 앉았다 일어나기를 수차례 반복하며 내 모습과 내 흔적과 내 자취를 살폈다. 이내 자정이 되자 서서히 자리를 떴다. 10년을 하루 같이 변함이 없는 행동에 참말로 어리석기 그지없었다.

그리고 몇 년 후, 아니 이럴 수는 없는 일이다. 아주 자연스럽게 내 웬수덩어리가 되어 있었다. 날마다 반복되는 전쟁이 시작된 것이다. 잘 정돈된 집안 내부에 정적이 깨지며 일거리가 들어온다. 벗어놓은 팔자 형 신발, 소파 위 훅 던져진 외투, 방바닥에 쓱 벗겨진 뱀 허물, 거실 바닥에 툭 던져진 고린내, 온갖 사적인 물건이 즐비하다. 한번 말하면 안 들은 척하고, 두 번 되물으면 못 들은 척하고, 세 번 반복하면 듣기 싫은 척하고, 열댓 번 말해야 마지못해 대답하니 천년 묵은 곰이 환생한 듯하다. 이걸 같이 살아야 하나, 내다 버려야 하나, 아침에 이별을 결심했다가 저녁에 재회를 수천 번 해도 책임져야 할 아가들을 위해 그래도 함께 살아야겠지. 하루 수백 번 되뇌는 마음가짐이지만 똑같이 반복되는 행동거지에 이 웬수 같은 인간. 세상이 싫은 건지, 나이 들어 귀찮은 건지, 아니면 노화로 귀가 안 들리는 건지, 알 수 없는 시간만 흐른다. 이 인간은 대체 내 인생에 무슨 짓을 하는 건가.

그런데 요즘 갑자기 도통 볼 수 없었던 여유롭고 멋진 모습이 오늘 지금 이 순간 내 앞에 펼쳐진다. 그토록 허름해 구박받고, 원망덩어리로 멸시받던 그 웬수 덩어리는 어디 가고, 이토록 별처럼 빛나는 가. 큰 회사 사장이 되어 두둑해진 주머니에 꼿꼿하게 고개 들고 당당한 걸음걸이를 하며, 각진 어깨 위에 힘이 박혀 나보다 더 커진 목소리가 우렁차다. 빛나는 소지품들을 챙기며 점점 높아지는 사회적 지위의 모임에 참석하고자 준비하면서 저음으로 울리는 굵은 음성에 지긋한 미소를 곁들인 몸짓이 그동안의 괄시와 멸시를 씻어내는 듯하여 웃음이 난다. 감탄이 난다. 꼴값 떠는 행동 같아도 참말로 웃음이 난다. 이걸 보려고 인내했던가. 세상은 오래 살고 볼 일이다.

# 집착과 체념

어느 것에 집착하든 집착은 병이다. 본인은 무슨 일에 열중하여 몰두하는 것이라 하지만 타인의 시선에서는 그건 집착에 불과하다. 사람에 집착하면 자신은 파멸로 가는 길이다. 특히 사랑하는 사람과 헤어졌을 때 그 상대를 잊지 못하고 날이면 날마다 생각하며 괴로워하고 심지어 술에 의존하면 자신의 몸은 파괴되고 자신의 영혼까지 병폐하게 만드는 아주 나쁜 행동이다.

처음에는 아프고 힘들겠지만 그래도 자신을 위해서 올곧은 선택을 해야 한다. 이미 떠나간 옛 연인에 집착하게 되면 그 사람의 모습이 머리에 영상으로 오버랩 되어 살아가면서 겪게 되는 장면 속에 희노애락의 한 화면이 끝나기 전에 다른 희노애락의 화면이 서서히 나타나 나중 화면의 화면밀도가 점점 커져서 결국 장면이 바뀌게 되어도 그 사람과의 추억만을 집어넣는 장면 전환이 이루어진다. 그런 장면 전환이 이루어지는 과정에서 혼자 웃다가, 울다가, 소리치다가, 미소 지었다가 혼자 환희와 분노에 차 있게 된다. 이러한 행동을 타인에게 들키면 이상한 시선을 받아 오해를 받을 수도 있고 손가락질을 받을 수도 있다. 특히 동성이 아닌 이성에 집착하여 상대가 자신과 헤어졌을 때 그 심각성은 상당히 깊다. 상대와 나눈 속삭임과 상대와 함께한 추억을 더듬어 같은 장소를 혼자 찾아가서 그때 그 당시에 했던 행동들을 똑같이 한다는 데 심각성이 있다.

상대가 자신을 떠나 다른 사람과 결혼하고 자신도 나이가 들어 다른 상대와 결혼 했을 때 이전 연인과 현재의 배우자를 비교하며 갈등을 유발하기도 한다. 이런 갈등은 이내 부부 싸움이 되고 더 큰 화를 불러 이혼을 하는 경우도 나타나게 된다. 자신만 이혼하면 별 문제가 없는데 잘살고 있는 옛 연인에게 연락하여 심신을 흔드는 데 문제가 있다. 이러한 심리는 자신이 불행하게 사는데 옛 연인도 똑같이 살아야 한다는 그릇된 보상심리와 복수 심리에서 유발된 행위이다. 이러한 행동은 해서는 안 되며 이것도 집착에서 비롯된 것이라 할 수 있다. 어느 정도 시간이 지나면 자신의 집착된 심리가 잘못이라는 것을 깨달아야 한다. 깨닫지 못하면 자신만 불행하게 사는 것이다.

사람에 대한 집착에서 벗어나는 유일한 방법은 그 상대에 대한 모든 것들을 체념하는 것이다. 그 사람에게 품었던 아름다운 생각이나 혹시나 하는 기대, 조그마한 희망 등을 모두 싹 버리고 더 이상 어떠한 것들을 기대하지 않는 것이다. 그 사람이 자신보다 더 사회적 위치가 높다고 절망하지 말며, 경제적으로 더 안정되었다고 자신이 무능하다고 어떤 방법으로든 무엇이든 탓하지 말아야 한다. 자신보다 좀 잘난 사람은 자신 것이 아닌 타인 것이다. 또 잘났으면 얼마나 잘났던가. 사람 사는 것이 다 그런 것이고 거기서 거기이다. 사람 위에 사람 없고, 사람 밑에 사람 없는 것이다. 다만 잘나고 못나서 사람 앞에 사람 있고, 사람 뒤에 사람이 있을 뿐이다. 아무리 잘난 사람도 사람 위에는 신밖에 없는 것이다. 뭐가 그리 잘나서 고개 빳빳이 들고 으스대는가. 사람이 아무리 잘나도 다른 사람을 굴종시켜서도 안 되고 좀 못나서 다른 사람에게 굴종해서도 안 된다. 잘나고 못난 사람 때문에 못난 사람이 잘난 사람에게 집착하게 되는 것도 한몫한다고 본다. 이러한 심리적 계층 때문에 그 집착에서 벗어나지 못하고 체념하기가 더 어렵게 된다.

체념하기엔 상대에게 이미 너무 많이 마음이 갔고 체념하기엔 너무 많은 시간이 흘렀다고 하더라도 그것이 너무 많이 가고 너무 많이 시간이 흐른 것이 아니다. 집착은 눈물로 슬펐던 어제 있었던 과거이고, 아직 우리에게는 웃을 수 있는 내일이 있고, 밝은 모레와 희망찬 그다음 날이 기다리고 있다. 화사한 미래는 또한 어떤 일이 일어날지 아무도 모른다. 체념이 쉽게 되지 않으면 새로운 일을 시작해 보는 것도 좋은 방법이다. 돌아보니 나보다 이젠 별것 아닌 그 사람을 잊고 새로 시작하는 것이다. 하던 일이 있다면 그 사람을 잊기 위해 더 열심히 그 일에 몰두해보는 것도 좋은 방법이다. 어느 정도 세월이 흐르면 집착에 괴로워하며 지냈던 시간이 정말 어리석었고 무모했다는 것을 깨닫게 된다. 인생은 종이 한 장 차이인 걸 그땐 왜 그렇게 자신이 초라해 보이고 괜한 자존감에 내려앉은 젊은 날은 초라하고 초췌해져 슬펐는지 시간 지나 생각하면 성숙 단계였다는 것을 알게 된다. 그래서 앞으로 살아갈 날은 세상에 어떤 아름다운 꽃으로 유혹을 해도 빠지지 않아야 하며, 어떤 바람이 불어와도 흔들리지 않아야 한다. 잠시나마 집착이라는 무모한 길로 이탈하여 생활이 다소 늦어졌다고 하더라도 얼른 체념하고 바른길로 들어서서 똑바로 걷는 것이다. 그것이 행복이며 그것이 마음의 평안을 가져오는 것이다.

# 밤하늘에 별이 되어

푸른 청춘도 붉은 젊음도 쓰디쓴 술잔 기울이며 속아버린 세상 속, 올라갈 수도 올라갈 곳도 없는 질척대는 바닥에서 허우적거렸던 가엾은 영혼, 무엇을 그리 잊고 싶고, 뭐가 그리 힘들고 지쳐 육체는 취기에 비틀거리고 초점 잃어 흐릿한 눈동자 위로 누굴 그리 원망했니. 눈감고 어제를 회상하고 고개 숙여 오늘을 보아도 고개 들어 내일을 기대해도 보이는 것은 책임져야 할 짐 더미만 마당 한가운데 수북이 쌓여 있다. 감당하고 인내해야 할 것들은 모두 다 그 손을 거쳐야 하고, 내일의 푸르른 날을 고대해도 안고 가야 할 것들에 무릎은 닳고 발뒤꿈치는 굳어 차라리 눈을 감아 버렸지.

이렇게 길고 긴 겨울밤이 찾아오면 배고파 밀어 넣는 밥 한 톨이 부끄러운 이 밤, 감춰진 적은 영혼도 육체도 그 모습을 초라하고 초췌하게 몰아갔구나. 거지 같은 인생살이 세상 질타 말고 미움도 괴로움도 이글대는 태양에 태우고, 내세엔 푸른 꿈 꾸며 힘차게 날아라. 이렇게 고운 사람들을 남겨 놓고 넌 어디로 갔나. 어디로 갔을까. 너를 떠나 보낸 이 땅에서 너를 그리며 걱정하니 겨울비에 옷 젖는지도 모르게 슬프다. 네가 간 그 세상도 하늘에 뭉게구름 되어 바람에 밀리고 비에 젖는지나 않는지. 지상에 먼지가 되어 추운 바람에 날리지나 않는지. 이렇게 춥고 눈이 내리는 날이면 하늘에게 들키지 않으려 숨긴 목 울음 밤하늘에 별이 된 너는 알겠지.

네가 두고 간 이 땅에서 네가 간 저 세상 끝까지 전 우주를 통틀어 한 줄로 길게 늘어놓으면 넌 대체 어디쯤 가고 있을까. 먼저 간 너도 아직 이 세상에 남아있는 사람도 아프긴 마찬가지. 너 없는 세상에 쓸쓸한 공기가 등을 타고 스며든다. 어디쯤 가고 있을까. 너는 가고 없는데 눈앞에 갈색 가을이 이쁜들, 봄 향기가 고운들, 한여름 초록이 짙은 들, 하얀 눈이 맑은 들, 무슨 의미가 있는가.

같이 걷던 논두렁에서 너 닮은 구름을 본다. 짧은 이별 인사도 못 했는데 맘대로 가버리고 영원히 볼 수 없게 만든 너는 그곳에서 행복한가. 남은 사람은 남아서 이리 아픈데 너는 어찌 말이 없니. 너 가는 길에 노을은 참 이뻤다. 주홍빛 석양이 마치 너의 핑크빛 멋진 삶을 대신하듯 유난히 황홀했다. 연기처럼 사라진 그 날은 정말 밉다. 너 없는 곳 세상은 무슨 의미나 가치가 있을까. 주고 간 그 슬픔도 남아있는 사람의 몫이니 눈물 흘리는 공간도 같이 또 따로 혼자네. 아픔 많은 이 세상에 노을마저 왜 이리 외로운가. 영원할 것 같았는데 쓸쓸히 외로워하다가 연기처럼 사라지나. 화려한 노을만큼 아픔이 몰려와 뒤늦은 참회로 곳곳에 생채기를 낸다.

아침 햇살처럼 영롱하고 이슬처럼 가냘팠던 너의 20살. 꿈을 품고 피어나자던 일기장 속 너 자신만의 약속은 녹록지 않은 현실에 그저 주저앉았지. 떨어지는 낙엽에도 슬퍼하고 너무 고운 꽃에도 눈물을 흘렸지. 손으로 콕 찌르면 금방이라도 눈물이 날 것 같던 청명한 가을 하늘처럼 그저 맑을 줄만 알았지. 변화무쌍한 뭉게구름 따라 허상을 쫓았던 젊은 날의 청춘아, 다시는 오지 않을 가장 아름답던 너의 그 청춘, 마음속에서 꿈이 되고 기억 속에서 추억이 되어 같이 늙어간다. 햇빛보다 찬란하고 꽃보다 곱던 어린 청춘, 꽃봉오리 잔뜩 움츠렸다가 피기도 전에 메말라 지고 말았네. 남은 사람은 이리 늙어가는데 넌 내 기억 속에서 늘 20대다. 잘 자라. 착하고 똑똑한 내 동생.

## 아궁이(TV 시청 소감)

산골 마을 겨울에는 집마다 굴뚝에 하얀 연기가 피어오릅니다. 오래된 시골집 부엌에 노부부가 저녁 준비하느라 부엌 안에는 매캐하고 매운 연기가 자욱합니다. 비어있는 사랑방에 자식들이 다니러 올까 봐 할아버지 앞 아궁이에 나무 장작이 들어찹니다. 부엌에 할머니 아궁이는 노란 솔잎이 살살 타오릅니다. 아궁이 앞에 앉아 너울너울 타고 있는 불꽃을 보며 할머니는 치열하게 살아온 젊은 시절 삶의 추억에 웃다가 한숨 쉬다가 연기에 눈이 매워 눈물을 훔치기도 합니다. 진정 아궁이 앞에 할머니의 삶은 녹록하지 않았습니다. 이것이 할머니의 운명이자 숙명이었나 봅니다.

고단하고 버거웠어도 그립고 그립던 그 시절 한겨울로 갑니다. 새벽 5시, 동이 트기도 전에 어린 새색시는 아침 준비하기 전 아궁이에 장작을 넣고 물을 데웁니다. 눈물 콧물 쏟던 아궁이 안에 시원찮은 군불이 한 참 애를 먹이더니 매캐한 연기에 매운 눈 찡그리며 부채질 몇 번에 불길이 활활 타오릅니다. 아궁이에 불길이 번지니 전기도 없는 부엌에 사방이 밝습니다. 도회지에서 낯설고 낯선 마을로 시집온 새색시는 한 번도 사용해 보지 않던 더 낯선 아궁이와 마주했습니다. 눈물 콧물에 서러움을 목구멍에 달고 오만 것 다 끓이던 가마솥에 새색시의 말 없는 세월만 무심하게 흘러갔고, 가마솥 물이 끓어 흘러내리는 눈물만큼 새색시의 시집살이도 매웠습니다. 어른들 모시고 같이 사는 대가족에 시집온 맏며느리는 그 남편이라고 눈물로 보내는 아내의 마음을 얼러주고 달래줄 어떠한 마음도 눈치가 보이니 어찌할 수가 없었습니다. 어디 울기만 했을까요. 너무 고되고 고된 시집살이와 고단한 맏며느리 역할을 견디지 못하는 날에는 보따리 들고 친정 쪽을 향할 때도 자식들이 발목을 잡았습니다. 어디론가 떠나고 싶어도 자식들이 눈에 밟혔습니다. 마른 장작과 나무가 불에 탈 때 불꽃과 함께 연기에 섞여 나오는 먼지 모양의 검은 가루가 부엌 흙 천장에 붙은 거미줄에 엉겨 붙어 그을음이 길게 늘어져 검은 그림자 속 자신처럼 초라하여 신세타령도 했고, 검게 그을린 아궁이 속 그을음처럼 속도 타들어 갔겠지요. 하얀 행주치마가 그을음에 검게 그을려도 주렁주렁 매달린 자식에 일 년 열두 달 날이면 날마다 하루종일 아궁이 앞을 떠나지 못했습니다.

그렇게 견디고 살아온 세월은 이렇게 육신이 늙고 허약한 노인으로 만들어 놓았습니다. 오늘은 사랑방 아궁이에 메주콩을 삶습니다. 자식들이 많으니 그 양도 상당합니다. 메주콩을 서너 시간 삶고 나무 절구에 찧어 나무 상자 틀에 보를 깔고 힘껏 밟아 네모 모양 메주를 만들어 따뜻한 사랑방 벽에 매달아 놓습니다. 메주 특유의 냄새가 집안에 진동해도 자식들 입에 들어가기에 노부부에겐 구수한 향기입니다. 메주콩을 삶는 날은 방 아랫목은 발을 디디지 못할 정도로 뜨겁습니다. 그러면 겨울이라도 문을 열어 식혀야 합니다. 그렇게 또 할머니는 오늘도 콩 삶느라 아궁이 앞을 떠나지 못합니다.

설날이 다가오니 자식들 생각에 작년 가을 처마에 매달아 놓은 시래기를 걷어 큰 가마솥에 삶습니다. 거의 2시간 정도 삶아 내야 하니 오늘도 장작이 필요합니다. 할아버지가 사랑방 무쇠 가마솥 아궁이에 장작을 지펴 놓습니다. 할머니는 미리 부어놓은 가마솥 물에 묶여 있던 시래기 다발을 풀어 한 줌씩 집어넣습니다. 할아버지는 큰 나무 주걱으로 질겨진 시래기를 푹푹 눌러 뒤집어 줍니다. 솥 안에 가득 찬 시래기는 삶는 일만 남았습니다. 아궁이에 장작을 가득 넣고 노부부는 아궁이 앞에서 두런두런 이야기합니다. 아마도 살아온 세월의 기억들과 추억들이겠지요. 서로 갈등이 일어서 분노에 차 부부 싸움도 했을 것이고, 서로 토닥이며 사랑의 노래도 불렀을 것입니다. 지나간 세월만큼 노부부도 아쉬운가 봅니다. 설 명절이 다가오니 날씨도 잠시 따뜻한 햇볕이 밭둑에 찾아옵니다. 이른 냉이가 살짝 올라옵니다. 거칠어진 손으로 녹은 땅을 호미로 뒤집으니 파릇한 냉이가 고개를 듭니다. 냉큼 캐어 바구니에 담고 또 캐서 담으니 어느새 바구니가 가득 찹니다. 시래기 삶은 물에 캐온 냉이를 넣어 삶습니다. 냉이 된장찌개를 좋아하는 큰아들과 큰딸에게 해 줄 것입니다. 양이 많아서 먹다가 남으면 삶아 놓았다가 자식들이 돌아갈 때 봉지에 싸 보낼 요량입니다.

설날 전날에 자식들이 하나둘 찾아옵니다. 사랑방 가마솥에 돼지 수육을 삶습니다. 갖은 한약재와 고명을 넣어 돼지 누린내를 제거합니다. 오늘은 자식들이 장작을 패주고 아궁이는 잠시 손자들의 차지가 되지만 가마솥 돼지 수육의 양념은 역시 할머니 손이 가야 합니다. 자식들이 둘러앉아 할머니가 가마솥 앞에서 썰어 주는 수육은 정말로 맛납니다. 이렇게 할머니의 아궁이 앞에서 고된 하루의 끝은 자식들의 배부른 입으로 행복하면 되는 것입니다.

세월이 저만치 가 자식들은 성장해 다 떠나고 없어도 노부부의 아궁이는 여전히 불타며 오늘도 아궁이 앞을 떠나지 않습니다. 이렇게 할머니가 아궁이 앞을 떠나지 않는 것은 평생 주고 또 주고 아낌없이 퍼주고 주어도 아마도 자식들에게 해 줄 것이 아직도 남아 있기 때문인 것 같습니다.

# 겨울 곳간

찬 바람 부는 겨울 시골집 광에는 가을 수확으로 거둬들인 곡식이 곳간에 꽉 들어차 있습니다. 일 년의 결산은 봄에 뿌린 씨앗만큼, 한여름에 몹시 뜨겁게 내리쬐는 뙤약볕 아래서 땟국물 흘리며 김매고 북돋운 만큼 시골 농부들의 곳간은 부풀어 차오르고, 많은 곡물로 아우성 거리며 북적이던 빈 들판은 잠시 고요한 휴식에 들어갑니다.

곳간에 쌀가마, 콩 자루, 말린 고추 마대, 보리가 가득히 쌓여 있습니다. 겨울 동안 쓸 땔나무도 곳간이나 그 옆에 담불로 쌓아놓습니다. 다음 해 추수할 때까지 먹어야 하는 1년 농사이기에 곳간을 관리하는 농부의 마음은 정성을 다합니다. 곡식이 상하지 않도록 온도나 습도를 점검해야 하고 쥐들이 드나들지 못하도록 구멍 난 곳도 헝겊이나 짚으로 틀어막아야 합니다. 안주인은 외출하지 않아도 겨우내 가족의 식량이기에 곳간 자물쇠를 철거덕 거리며 잠급니다. 가을에 다람쥐가 겨울 식량으로 도토리를 모아두었다가 겨우내 하나씩 꺼내 먹듯 날이 갈수록 곳간이 비어갈 것입니다. 그러면 이듬해 가을 수확으로 다시 곳간이 채워집니다.

봄이면 곡식이나 채소의 씨앗을 뿌리거나 심습니다. 어떤 씨앗은 비닐하우스에서 싹을 틔워 온도가 적절한 시기에 밭에 옮겨심기도 합니다. 겨우내 움츠렸던 몸이 봄날에 따사롭게 내리쬐는 봄볕에 그을린 농부의 얼굴은 봄바람과 자외선이 버무려져 벌겋고 까맣게 타오릅니다. 도회지에서나 즐기는 소풍이며 꽃구경의 여유도 없이 오로지 논과 밭에서 온종일 씨름합니다. 갑작스러운 날씨 변화로 식물이 냉해나 입지 않을까 밤잠을 못 이루고 마음에 걸려 근심이나 걱정으로 가득합니다. 4월 말이면 따뜻하고 온화한 날씨에 성장하는 밭작물 앞에서 농부의 흐뭇한 미소가 검붉은 얼굴에 하얀 치아 드러내니 참말로 아름답습니다. 잡초가 자라지 않아도 괜히 밭고랑에 곡괭이 들고 들어가 자신만의 자부심으로 그냥 둘러봅니다.

5월이 되니 고추 모종 준비와 볍씨 준비를 해야 합니다. 고추 모종은 대략 90일을 키워 한두 번 옮겨심기 합니다. 고추 모종은 냉해에 치명적이라 늦서리가 내리는 시기를 피해서 밭에 옮겨 심어야 합니다. 농부는 모종을 심은 지 새로운 뿌리가 생겨 나올 때까지 며칠 더 세심하게 관리해야 합니다. 쉴새 없이 5월 상순에 벼농사 파종하여 중순에 육묘 관리를 하고 하순에 논에 밑거름을 주고 써레질을 한 다음 6월 초에 모내기를 시작합니다. 밭에 서리태를 심고 참깨 심을 준비를 합니다. 이렇게 농번기에는 농부는 새벽에 들녘에 나와 밤늦게 집에 들어갑니다. 논과 밭에서 일평생 허리 굽혀도 이것저것 빼고 나면 남는 것은 별로 없습니다. 그래도 가족을 위해 가족을 위해 농부는 오늘도 지게를 지고 작대기 들고 언덕을 오릅니다.

작물을 심었다고 농사가 다 끝난 것이 아닙니다. 자식을 돌보듯 잘 보살펴야 합니다. 6월 하순부터 시작되는 장마로 농부의 마음은 애가 탑니다. 우리나라의 여름철 우기는 장마와 늦장마로 구분되며, 장마철은 운량이 증가하고 일사량과 일조시간이 감소하며 습도와 강우량은 증가하여 비교적 흐리고 비가 내리는 날씨가 나타나 농작물에 피해를 줍니다. 많은 강수량을 내는 우기도 문제이지만 비가 거의 오지 않는 건기도 문제입니다. 이러한 기후에 농부의 애타는 마음은 하늘을 원망하기도 하고 기도하기도 합니다. 장마가 끝나면 불볕더위가 시작됩니다. 낮에는 불볕더위에 시달리고 밤에는 30도가 넘는 열대야에 밤잠 설치는 날이 많아지기도 합니다. 폭염과 무더위가 언제 꺾일지 모르게 치솟습니다. 대지는 뜨겁게 불타오르고 가마솥처럼 찌는 무더위에 그늘에 쉬는 사람도 힘듭니다. 그래도 농부는 논에 물 대고 밭에 물 뿌리러 또 들녘으로 향합니다. 몸이나 옷에 온통 땀이 흐르거나 먼지나 흙이 묻어 땀범벅으로 사람 꼴이 안 납니다. 소금을 탄 물통으로 흘린 땀을 보충하고 잠시 나무 그늘에 쉬어 바람을 맞습니다. 땀을 많이 흘려 후줄근해도 멋집니다. 그렇게 무더위와 씨름하다 보니 여름이 갑니다.

8월 하순이 되니 태풍이 다가옵니다. 농부의 마음은 또 철렁합니다. 한 번 휩쓸고 간 태풍의 흔적은 그야말로 전쟁터입니다. 복구하다 보면 다음 태풍이 옵니다. 태풍은 한번 발생하면 소멸될 때까지 보통 일주일 이상의 시간이 소요되기 때문에 동시에 여러 태풍이 존재할 수 있어서 다른 자연 현상과는 달리 이름을 붙여 구분할 정도로 위력적입니다. 쓰러진 농작물에 애타는 마음은 아무도 모릅니다. 농부의 가냘픈 눈물에 한숨까지 지축을 울립니다. 그래도 낙담이나 절망하지 말고 일어서야 합니다. 농부에게는 책임지어야 할 가족이 있습니다. 이런 아픔 속에서도 빨간 고추가 고개를 내밉니다. 담뱃대를 뽑고 난 자리에 이미 파종한 메밀이 태풍 피해를 본 자리에 다시 메밀 씨앗을 뿌립니다. 쇠스랑과 갈퀴로 메밀 씨앗 위에 흙을 덮습니다. 농부의 눈물이 흙 속에 같이 묻힙니다. 그래도 농부는 희망을 가져 봅니다.

초가을이 되니 빨간 고추가 마당에 즐비합니다. 농부는 검고 투박한 손으로 멍석에 널어놓은 고추를 가을볕에 잘 마르도록 여러 번 뒤집습니다. 베어 말려 놓은 참깨도 털어 항아리에 담아 놓습니다. 9월 말이 되니 산과 들에는 오색 단풍이 화려합니다. 들녘에는 황금으로 물들어 가고 있습니다. 벼가 알차게 익어 고개를 숙이니 벼 수확기가 다가옵니다. 벼를 까먹어 보면 쌀의 수분 상태를 점검하여 수분이 너무 마르지 않고, 수분이 너무 많지 않은 적정 상태에서 벼를 수확해야 합니다. 수확한 벼는 말려서 가마니에 담아서 곳간에 잘 보관합니다. 벼 수확이 끝나면 뽑아서 말린 서리태를 도리깨로 털어 자루에 담아 놓아야 합니다. 또 겨우내 반찬으로 먹을 김장을 해야 합니다. 무도 뽑아 땅 구덩이에 묻고 배추도 몇 포기 같이 묻습니다. 이것이 끝이 아닙니다. 농부는 겨울 땔감을 준비하러 지게 지고 산으로 오릅니다.

가을걷이가 끝나니 하얀 겨울이 찾아옵니다. 굴뚝마다 밥 짓고 군불 때느라 연기가 피어오릅니다. 저녁 식사 후 긴 밤 출출해지면 아랫목 이불에 발을 묻고 군고구마와 동치미 국물을 마십니다. 구덩이에 묻어두었던 무를 꺼내 깎아 먹어도 시원합니다. 이렇게 하나하나 꺼내어 먹습니다. 이것이 사는 맛이고, 농부의 인생이며, 농부의 그림입니다. 도회지 어떤 사람이 시골 농부의 이러한 비밀스러운 사생활을 어찌 알겠습니까. 곳간을 채운다는 것은 버겁지만 채워진 곳간을 헐어서 꺼내 먹는 것도 배부른 것만큼이나 미안한 일입니다.

# 2

# 사람과 예술

# 여왕, 김연아

여왕이여, 영원하라.

새처럼 날아서 나비처럼 폴짝. 어찌 인간이 이처럼 아름다운가. 두 팔 벌려 우아한 동작에 손끝으로 전해지는 그 가녀린 떨림과 어깨 위 춤사위엔 차라리 너무 고와 눈을 감아 버렸다. 마음 저 깊은 곳에서 올라오는 감동과 감흥이 한겨울 추위에 노출된 살갗에 소름이 돋아 버렸다. 이것이 진정 사람인가, 아니면 빚어 놓은 예술품인가. 어찌 한 동작 한 동작이 저토록 자연스러운 예술의 몸짓이던가. 여왕의 열정적인 연기 수행으로 관객은 박수로 환호하고 감탄하여 소리 질러도 연기가 끝나면 아쉬운 긴 여운으로 남는다. 빙판 위에서 음악에 맞춰 그냥 움직이기만 해도 예술이고 연기를 수행하면 극도의 예술품으로 재탄생한다. 선택한 음악마다 수년이 지났어도 여왕의 연기는 아름다운 잔상으로 여전히 남아있다.

진하지 않은 화장기에 매혹적인 눈매와 시선을 표정에 실어 섹시한 몸짓이 남 심을 녹이고, 작은 몸짓에서 큰 동작까지 가녀린 몸매와 엷은 미소는 여성조차 매혹적으로 사로잡는다. 그녀가 들어선 빙판은 스포츠가 아니라 예술의 움직임이며 예술품의 완성을 보여주는 것이다. 일단 그녀가 빙판에 등장하면 그 순간 너무 빛나 눈부시다. 한 동작까지 소홀하지 않은 그 성실함에 고개 숙여 존경과 경의를 표하고 싶다. 우승하여 꽃다발을 품에 안으면 사람인지 꽃인지 예술인지 분간하기 힘들다. 그녀의 모든 행동은 전 세계에 큰 영향력을 끼치며 어린 피겨선수들에게는 우상이며 기존 피겨선수들에게는 전설이다. 어떤 누구도 아닌 김연아만 가지고 있는 은반 위 아름다운 모습과 우아한 자태와 격조 높은 몸짓은 여왕의 품격이자 여왕의 자세이다.

2010년 밴쿠버 동계올림픽에서 김연아에 대해 어떤 누군가가 트집을 잡는다고 해도 차원이 다르고 찬란하게 빛나고 압도적인 여유가 있었다. 그녀는 그날 세계의 시선을 사로잡으며 정확한 기술과 아름다운 연기로 전 세계 사람들의 마음속에 남을 명작을 보여주었다. 그녀의 그러한 황홀하고 매력적인 우아한 모습과 아름다운 자태는 다른 피겨선수들의 연기로는 절대로 채워지지 않는 그 무언가가 있다. 채워도 채워도 채워지지 않는 그 무언가가 그녀 자신의 몸짓에서 어깨와 고개의 가냘픈 동작을 거쳐 손놀림까지 예술로 갈구하는 그 어떤 것이 그녀의 영혼에 음악이 스며들며 연기로 표출된다. 이건 스포츠 선수가 아니고 그저 그녀 자신의 예술가가 빚어 놓은 예술의 완성품이다.

피겨선수들이 전설적인 선수의 연기나 몸짓을 흉내 내는 것에서 정체 된 반면에, 김연아는 자기만의 독특한 피겨를 찾아내 음악을 이해하고 그것을 마음으로 받아들여 피겨로 구현해 낸다. 질 높은 점프와 독특한 고난도 스핀 기술까지 갖추고 있다. 그녀의 진정한 피겨는 음악과 기술과 감성이 완벽히 조화를 이루어 예술을 완성한다. 그녀의 예술 세계는 누구의 눈치도 필요 없다. 오직 그녀 자신만의 예술 세계를 빙판 위에 그려내는 것이다. 그거야말로 그녀 자신의 영혼과 음악이 하나가 되어 예술품을 만들어 가는 것이다.

피겨스케이팅의 주요 기술로는 점프(jump)와 스핀(spin), 스파이럴(spiral) 등을 들 수 있다. 김연아의 피겨 점프는 기술의 교과서로 불리는데 토 루프 점프(Toe loop jump), 플립 점프(Flip jump), 러츠 점프(Lutz jump)로 모든 점프는 스피드가 가장 중요하다. 그녀의 점프 높이와 비거리 또한 다른 선수보다 더 월등하다.

미국 스포츠 잡지 스포츠 일러스트레이티드는 '올림픽 김연아는 모든 대회에서 메달 포디움에 올라선 최초의 피겨스케이팅 선수이며, 그녀는 또한 주니어 대회부터 올림픽까지 모든 메이저 대회에서 우승을 차지한 최초의 여성 피겨 스케이터가 되었다'라고 설명했다. 미국 잡지에서 선정하는 만큼 미국 스타들이 많지만, 김연아는 우사인 볼트와 함께 유이하게 비 미국인 선수로 이름을 올렸다. 아주 대단한 선수이다.

2010년 밴쿠버 동계올림픽 이후 피겨여왕 김연아는 국내 브랜드 모델뿐만 아니라 2022년에 동계올림픽 금메달리스트를 대표하여 프랑스 명품 패션 브랜드 디올 모델로 발탁됐다. 모든 기업은 김연아의 품격 높은 우아함, 프로페셔널한 매력, 자신만의 느낌, 스포티한 매력, 역동적인 움직임을 김연아를 기업 모델로 발탁한 이유라고 한다. 김연아가 활동했던 2010년부터 2014년까지 각종 대회 상금과 스폰서 계약 등을 통해서 그녀가 벌어들인 금액은 매년 100억 원가량 되었던 것으로 알려졌다. 2014년 약 170억 원가량으로 전 세계 여성 스포츠 선수 중 수입 4위에 오를 정도였다고 한다. 은퇴 이후 올림픽 금메달과 은메달 획득으로 매월 100만원 정도 받는다. 그녀의 CF 출연료, 광고 출연료는 편당 최고 대우인 10억 원 정도 될 것으로 추정된다. 그녀가 촬영한 CF는 2008년부터 30여 개 이상의 기업에 160여 편으로 알려졌고 그녀는 소비자가 가장 선호하는 광고 모델 중 한 명이라고 한다.

그녀가 성공할 수 있었던 비결은 자신이 출전한 대회에서 기적적인 성공을 기록했는데 바로 자신의 의지에서 비롯된 것이라고 말했고, 김연아 선수는 훈련 중에 매번 한계에 닿아 숨이 끝까지 차오르고 근육은 뭉치고 힘에 부칠 때가 많았다고 한다. 그녀에게도 포기하고 싶은 유혹이 있었지만 지금 포기하면 안 한 것과 다른 게 없으니 조금만 참으면 그녀가 원하는 세상에 갈 수 있을 거라는 마음가짐이 있었다고 한다.

김연아는 2015년도에는 세계에서 가장 자선 활동을 많이 한 운

동선수 4위에 오를 만큼 기부와 봉사 활동에도 적극적으로 나서고 있다고 한다. 그녀가 2007년부터 2014년 동안에 기부한 금액만 무려 30억 원 정도이며 비공식적으로 기부한 금액까지 고려한다면 엄청난 금액을 기부한 셈이다.

은퇴 후에도 그녀는 우리나라를 대표하는 스포츠 스타로서 한국을 위해서 물심양면으로 노력하는 모습을 보여주고 있다. 그래서 그녀는 영원한 여왕이며 아름다운 사람이다. 그녀의 피겨스케이팅은 아무나 흉내 낼 수 없는 독보적인 연기와 수준 높은 기술로 관중들을 매료시키며 척박하고 열악했던 피겨스케이팅 불모지 한국을 피겨 강국으로 우뚝 서게 했다. 같은 하늘 아래서 살아있는 전설이자 우상인 김연아와 함께 숨 쉬며 동시대를 살아간다는 것은 정말 행복한 일이다. 피겨가 아름다운 것은 아름다운 연기와 화려한 스핀, 멋진 점프도 있겠지만 그 배경으로 찬란한 음악이 있기 때문이다. 빙판에 배경 음악이 없는 피겨는 상상할 수 없다. 김연아는 선택된 음악을 빙판 위에서 연기로 완벽하게 해석하여 소화한다. 음악보다 더 아름답게 우아한 몸짓과 고개와 어깨의 조화로운 춤사위, 부드러운 손짓으로 세밀하고 세련되게 표현하는 살아 움직이는 이 시대 대한민국의 보물이며 세계의 소중한 예술품이다.

# 예술의 각도

모든 예술가가 추구하는 세계는 유토피아이다. 승자는 역사로 기록되지만 패자는 시나 소설 속 주인공으로 표현된다. 현실에 뒤처지고 불만이 있는 사람이 예술을 한다. 미술은 선과 색으로 유토피아를, 음악가는 곡과 가사로 유토피아를, 작가는 시나 소설 속에 주인공으로 유토피아를 표현한다. 예술가가 유토피아를 표현하는 것은 현실을 보는 방법과 현실을 표현하는 방법도 중요하지만 작가의 체험과 경험을 투입하여 무엇을 쓰느냐가 중요하다. 유토피아와 디스토피아 사이에 있는 현실 세계에서 무릉도원을 그리는 것이 패자와 가난한 자의 욕구이다.

예술이 상업적 상품만을 따라간다면 관객이나 독자에게 전달하고자 하는 영혼이 담긴 메세지는 죽고, 가슴을 울리는 감동은 멎고,

사고를 갖는 이성은 멈춰, 이내 짖음만 내며 거죽만 뒤집어쓴 거리의 소음으로 사람들의 귀를 막을 것이다. 창작품이 판매 부수만 늘리려고 독창적이지 못하면 그 작품은 길에 버려지고 창고에 쌓아 놓은 휴짓조각이 되며 인간의 눈을 가리고 감동과 여운을 끊게 될 것이다. 대중 예술가가 예술로서의 가치를 평가받지 못하고 인기만 쫓는다면 사람은 몰릴지 모르나 관객들의 영혼을 꿰뚫는 감흥과 감동의 여운은 사라질 것이다. 음악과 노래에서 리듬과 곡이 애잔해도 가사가 무의미하면 그냥 시끄러운 잡음일 뿐이고, 상큼하고 신선함은 사라지고 오선지 위를 덧씌운 식후 양치질 안 한 텁텁함만 남긴다. 가수가 그리워 자연스럽게 보고파 찾아가는 관객이 아니라 인위적으로 동원된 관객은 기계적으로 환호하고 아무 때나 내지르는 소음으로 자연스러운 절정에 쏟아져야 할 순간적인 감동의 환호를 퇴색하게 만든다. 그냥 허허벌판에 서 있는 허수아비이다.

대중 예술은 자연스러워야 하며, 보고파 찾아가 감동 속에 박수로 환호하고, 눈물로 공감하며, 긴 여운으로 다음을 기약하는 것이다. 예술의 평가와 가치는 오로지 예술가 본인 자신이 아니고 관객의 몫이다. 아무리 화려한 겉모습으로 치장하여 관객의 눈을 속이고 모든 거짓된 언행으로 관객을 유혹하려 해도 예술의 가치는 언제나 관객들의 가슴으로 감동하고 관객들의 머리에서 기억되며 추억되는 것이다. 그렇기에 예술은 힘들고 어렵고 관객 앞이 두렵고 무서운 것이다. 어떤 분야의 예술이든 창작이 독창적이어야 하며 새로워야 관객들의 호응과 관심을 유발할 수 있다. 시대나 유행에 따라 휘둘리면 그냥 그 시대 그 시간에 반짝하고 사라지는 것이다. 이것은 장르를 막론하고 예술도 아니고 상품과 유행에 불과한 것이다.

음악에는 가수, 멜로디, 악기, 무대, 관객 등이 주요 요소이다. 노래하는 가수는 그 노래에 맞는 각도의 미학이 있어야 한다. 가수는 관객 앞에서 노래하는 동안 정직하고 순수한 모습에 빛나는 우월한 존재감이 있어야 한다. 말 없어도 아우라의 위엄이라든가 따스한 미소 속에 숨겨진 포근함은 덤이고 얼굴 한가득 분위기에 취한 자태는 보는 이의 시선을 싹쓸이한다. 홀로 오른 화려한 모습은 꽃이 만개하기 전 수줍은 꽃망울처럼 잔뜩 움츠려 있다가 노래가 시작되면 살며시 감은 선글라스 안의 눈빛은 패션 잡지에 뜬 표지 화보처럼 어떠한 곡이든 당당한 자신감이 가득한 낭만적인 청춘의 속삭임 같아야 중년의 관객마저 사로잡는다. 그 가수가 유행을 따라 반짝하고 사라진다면 관객이나 팬에게 이미 지나간 사람이다. 그 가수가 사라져 팬은 분노가 일고 어리석었음에 화가 나 실망하거나 겉이 거만한 그 거짓에 현혹되어 다 같이 미쳐가 또 미친 짓으로 하루의 후회를 만들지는 말아야 한다.

노래의 미학도 무시하지 못한다. 노래에 대한 관객이나 팬들이 느끼는 감동의 미학은 그 노래를 더 오래 남도록 하며 인기와도 연결되기 때문이다. 큰 소리로 고음만 내지른다고 다 감동을 하는 노래는 아니다. 관객들은 나지막한 울림이나 기타 선율 하나로 멜로디에 깃든 요소마다 노력과 인고의 시간을 본다. 하늘을 하얗게 휘감은 짙은 흙먼지 속에서도 쓸쓸한 마음은 외로운 찻잔에 울적한 커피 향 되어 송글이 맺히기에 그 마음을 노래로 위로 받기를 원한다. 가수 한 사람 때문에 마음이 어지럽고 힘들 때면 찾는 노래는 때론 목 울음 삼키고 소리를 억제해 눈물 한바탕 쏟고 나면 후련한 정화가 되기도 하기 때문이다. 곡조 하나는 모든 고뇌를 잊고 순간을 즐기는 알 수 없는 그 무엇이다. 이렇게 노래는 관객인 나를 달래주고 위로하니 너무 감사하여 관객은 그 순간만큼은 이 세상에 가장 아름다운 말이 있다면 주저 없이 그 말로 대신하기를 원하기도 한다. 그만큼 노래에 있는 그 사연은 우리들의 이야기이자 우리의 사연이기 때문이다.

소리의 성(聲)의 미학도 중요하다. 노래를 부르는 가수의 목소리는 청량하거나 허스키하거나 저음이거나 고음이거나 중음에 따라 관객 계층이 피부로 귀로 느끼는 감흥은 다르다. 소리의 성(聲)은 다 다르므로 그 누구도 따라 할 수 없는 그 가수만의 독특한 음악에 그 노래에 어울리고 어울려야 하는 영혼이 담긴 목소리 기교의 기술이 있어야 한다. 가사와 가락과 음색이 독특하고 개성이 있어야 그 가수는 가히 예술을 넘었다고 할 수 있다. 관객은 세월이 갈수록 삶의 고뇌와 아픔이 길어지면 길어질수록 가수의 노래로 위안을 받고 청춘에 낭랑한 목소리보다 중년의 짙고 매혹적인 음색이 오히려 편안해서 좋을 때가 있다. 세월에 닳고 풍파에 깎여 세파에 다듬어져 완성된 가수의 음색은 마음 깊은 곳에 호소하는 듯하고 거침없이 열창하는 가창력은 가수가 소유한 매력이다.

관객의 여운의 미학은 음악에서 중요하다. 온몸으로 울부짖는 가수의 그늘진 노래는 가슴까지 응달져 마음에 그림자를 만들고, 가사에 깃든 사연은 깊이 감춰둔 비밀을 들춰낸 것 같아 쓰리고 아려 상처 난 마음에 소금을 뿌린 듯하다. 눈을 지그시 감고 심오한 그 무언가가 가수 낯빛에 어려 목소리를 타고 분위기로 전해지는 밤, 관객은 그 깊고 큰 눈에서는 눈물만은 흘리지 말아 주기를 바랄 것이다. 관객의 인생도 뭐라 형언할 수 없는 아픔이 저 밑바닥에서 분출하여 이내 심장에서 터져 버려 눈물 한 번 쏟고 나면 후련해지기도 한다. 가수의 노래는 관객에게 외로움에 지쳐 쓸쓸함에 실린 고독의 소리로 뒤틀리는 육신의 고통이 있다 해도 추억을 반추하며 눈물과 쓴웃음 삼키며 세월에 얹어지려 하고 싶어 한다.

사각 위의 예술도 예술이다. 무대가 크고 웅장하고 화려하다고 그 가수의 위상과 품격에 맞는다고 생각하면 오산이다. 무대가 크든 작든 화려하든 아니든 음악을 하는 사람은 어떤 무대이든 소화해 내야 한다. 무대에 올라 노래 분위기에 따라 즐거웠다가 슬펐다가 흥에 겨워 춤을 추거나 쓸쓸한 리듬과 박자에 맞추어 몸을 가볍게 움직이는 두둠칫만 하는 경우도 있다. 이것은 별 감흥을 못 받는다. 주위의 분위기나 상황에 맞게 노래의 장르도 잘 선택해야 한다. 관객의 감정을 이끌기에는 슬픈 곡조에 애잔한 눈빛이 가미되어 심금을 울리는 음성을 내보이면 들을수록 깊숙이 빠져든다. 세상에 있는 그 누구도 범접할 수 없는 그 가수만의 매혹적인 자태에 이별 노래는 이별의 아픔 속에서, 사랑 노래는 그 노래 속에 깃든 가사에서 사랑의 깊이를 알게 되고, 묻어둔 눈물과 아픔을 삭혀 영혼을 풀어내야 진정한 가수의 진수이다. 이땐 차라리 몽상적인 느낌이 든다.

가장 어려운 가수는 가려진 음지에서 호소하는 길거리 광대의 옹알이의 미학이다. 사람에게 치이고 매연에 찌들고 바람과 볕에 검게 그을린 어떤 남자 가수처럼 멋진 소리꾼이 있다. 숨이 막힐 것 같다. 심장이 터질 것 같다. 옆선에서 감상하는 날 선 콧날에 찢어질 듯 벌린 입술 밑으로 핏대 솟은 힘줄이 벌건 얼굴에 붉음을 펴 올린다. 호소하듯 사람들에게 관심을 강요하며 울부짖는다. 손끝으로 처대는 낡은 기타 소리, 녹슨 마이크 앞으로 허스키 보이스의 애절한 음성이 행인의 발걸음을 멈추게 한다. 이별의 아픔을 몸짓 없는 음성의 호소로 차라리 울부짖음보다 더 쓸쓸해 보이다. 보는 이 더 아프니 토해내라 슬픔이여! 뱉어내라 외로움이여! 쏟아내라 울음이여! 인간의 이별에 대한 쓸쓸함이 어찌 저토록 생생할 수 있는가. 저건 필시 이별에 대한 인간의 아픈 고뇌가 목소리로 터져 연인에게 꽂히는 듯했다. 이러한 음지에서의 길거리 가수에 관객은 귀를 기울여야 한다. 재능있고 유능한 가수가 바로 그 길거리 위에서 옹알이를 한다.

예술의 각도는 어느 방향에서 보느냐에 따라 다르다. 그러나 관객이 느끼고 감동하는 예술이라는 가치와 의미는 동일하다. 예술가는 살아 움직이는 문화재다. 머리에서 그려지는 상상이 손끝에서 펜이 춤추고 완성된 결과물은 하얀 백지 위에 고운 창작물이다. 타인의 가감 없는 평가로 명작이든 졸작이든 순간의 감동과 긴 여운이 남으면 그것이면 예술로서 가치가 있는 것이다.

음악 예술가가 예술을 완성하려고 현실을 표현하는 방법은 곡이나 가사를 통해서다. 언어라는 추상체를 보고 현실을 떠올려 이드의 세계를 가감 없이 그려 내는 것이다. 대중이 현실을 보는 방법은 그들의 눈과 귀를 통해서다. 작품 속에서 진짜 자아를 찾고 그 자아에 심취하여 마음으로 감동을 하는 것이다. 진정한 예술가는 언어를 뛰어넘어 말할 수 없는 것에 도전하는 외로운 영혼들이며 언어라는 사회적 약속의 틀을 깨고 언어의 규칙을 어겨도 인간 근본 세계를 파헤치고 결론을 내야 하기에 그 정도 위배는 용서가 되는 것이다. 완벽한 예술의 완성은 예술가와 대중의 조화로움이다. 아무리 훌륭한 예술품이라 해도 대중이 이해할 능력이 부족하면 휴짓조각에 불과하다. 아무리 수준 높은 대중이 있다 해도 하찮은 수준의 작품이라면 대중의 관심에서 멀어진다.

# 위대한 인물

정치인은 진실 되어야 한다. 진실을 정치 프레임에 가두려고 거짓말을 하는 사람들은 정의로운 정치나 국민을 위한 정치를 할 수 없다. 오직 타인을 속이고 나를 포장하여 상대의 작은 오점이라도 발견하면 하이에나처럼 달려든다. 상대를 누르고 나를 높여 유권자에게 어필하려는 태도는 옳지 않다. 내가 나의 장점을 부각하고 나라를 발전시킬 수 있는 정책을 발표하여 정권을 가져갔을 때 한 나라의 유능한 지도자로 국민을 대표할 수 있다. 온갖 비리를 저지르고 정권이 끝나면 감옥에 가는 모습은 이젠 없어져야 한다.

우리나라는 유능한 인물이 너무 많다. 가장 존경하는 문재인 대통령을 보자. 겉은 부드러우나 안으로 강한 외유내강의 본보기다. 어떠한 비바람이나 무모한 세력에게는 휘거나 구부러질망정 절대로 꺾이거나 부러지지 않는다. 불의에 절대 타협하지 않으며 정의를 위해서는 끝없이 투쟁한다. 어떠한 모진 비바람이 불어와도 매달려 흔들릴지라도 절대 떨어지는 낙엽은 되지 않는다. 사리사욕이 없고 오직 국민만 보고 가며 모든 일에 사람이 먼저인 아주 드문 지도자이다. 그런 멋진 행동에 존의와 존경을 표한다. 참말로 멋지다. 너무 잘하고 계시기에 연임을 하면 좋으련만 너무 괴롭히는 세력에 마음이 너무 조마조마하다. 사가 구입에 가슴이 철렁한다. 벌써 그렇게 빨리 시간이 흘렀다니 벌써 서운해진다. 임 같은 대통령, 내 생애 또 만날 수 있을까. 너무 아름답고 고와 눈물이 난다. 먼 언저리에서라도 임의 그림자라도 보이면 나 그 그림자라도 따르겠다. 늘 낮은 자세로 국민을 섬기고, 허리 굽혀 자신을 낮추니 높은 자리에 맞는 인격과 품성이 된 사람, 그대, 문재인. 현명한 유권자 덕에 임을 대통령으로 맞아 그 지휘하에 국격과 위상은 하늘을 찌른다. 모든 정권의 결실은 퇴임 후 나타나는 것, 가까운 미래에 임의 통치의 결실에 모든 국민이 혜택을 받았으면 한다. 이렇게 멋진 지도자 밑에서 학문을 갈고 닦을 수 있는 자유에 감사와 경의를 표한다. 임기 말이라도 어떤 눈치나 시선을 피하지 말고 어떠한 비판이 있다 하더라도 강하게 밀고 나가고, 강력하게 추진해야 하는 것에는 주저하지 말고 밀고 나가야 한다.

올해는 새로운 대통령을 선출하는 해이다. 대한민국에는 유능한 인물이 너무 많다. 어느 진영이 되든 대한민국 국민과 나라를 위해서 최선을 다했으면 좋겠다. 정권을 잡은 진영이 자존심을 내려

놓고 다른 진영의 단점은 비판하되 장점은 수용하여 서로 협력하면 세계 최고의 국가가 될 것이다. 더도 덜도 말고 문재인 대통령만큼만 했으면 좋겠다.

## 100세의 사생활(미디어 참고)

나이 들어 늙어가니 느는 건 눈칫밥뿐, 혼자 있어도 함께 있어도 노인이기에 외로운 일 백세 시대. 그래도 자식들 앞에서 살아있는 인간이라는 자신의 존재감을 드러내기 위한 노인의 말 없는 투쟁은 잠시도 쉬지 않고 끊임없이 일하며 움직이고자 하는 의지에서 찾아볼 수 있습니다. 아무도 없을 때는 소변 실수도 하겠지만 자식들 앞에서는 꼿꼿합니다.

100년 된 흙벽돌로 지은 초가집이 정부의 지붕 개량 사업으로 바뀐 스레이트 집을 홀로 지키며 살아가는 83세 한 할머니가 있습니다. 자식들을 다 성장시켜 도회지로 내보내고 20년째 홀로 고향을 지키며 65년째 이 집에서 살고 있습니다. 집안은 아궁이에 불타는 장작 소리만 들릴 뿐 조용하다 못해 적막하기까지 합니다. 닳고 닳은 문지방을 수없이 드나들어도 사람 구경은 할 수 없고 오직 겨울 굴뚝의 연기만 세찬 바람 소리에 스산합니다. 오늘만 살고 내일은 진짜 죽어야지 하면서도 목숨이 어찌 맘대로 할 수 있겠는가. 오늘만 편안히 아랫목에서 잠자고 그대로 누운 채로 죽어야지 하면서도 그 또한 맘대로 되는가. 하루에도 수십 번씩 되뇌는 반복된 넋두리를 혼잣말로 중얼거려도 들어주는 사람과 대꾸하는 사람조차 그 어디에도 없습니다. 늘 배고파 꼬리를 치는 바둑이 한 마리만 할머니 곁에서 밥 한 톨을 기다립니다. 그나마 그 강아지 한 마리마저 없다면 할머니의 입안에는 곰팡이가 필 것입니다. 겨울 아침에 일어나면 군불 지펴 놓고 어제 먹다 남은 찌개랑 밥 한술 뜨고 나면 하루의 지루하고 무료한 시간이 찾아옵니다. TV를 켜놓고 웃다가 울다가 해도 지루하고 무료하기는 마찬가지입니다. 추억 노래 들으려고 라디오를 켜 놓아도 좋은 소리도 한두 번이지 몇 곡 들으면 그마저 지겨워집니다. 이젠 혼자 사는 생활이 익숙해질 만도 한데 요즘은 마음도 몸도 어제와 오늘이 다르게 느껴집니다. 또 어제와 같은 시각 닭울음 소리에 깨어 새벽에 일어나 군불 지피고 밥 한술 떠도 혼자입니다. 먹은 그릇도 보는 사람이 없으니 윗목에 밀어놓고 가만히 앉아 눈 쌓인 앞산을 봅니다. 누구와 대화라도 하면 그나마 살 것 같은데 말할 상대가 없으니 외로움과 쓸쓸함과 고독이 방안에 깊게 내려앉습니다. 어쩌다가 마을 회관이라도 가면 더 나이든 노인들뿐이니 대화해도 서로 못 알아듣고 답답하기는 이쪽이나 그쪽이나 마찬가지입니다. 어두워지기 전에 집으로 돌아와 방문을 열고 윗목에 밀어 두었던 밥상을 잡아당겨서 그릇에 먹던 찬밥 몇 덩어리 덜어 더운물을 부어 김치랑 된장찌개랑 밥 한술 뜹니다. 그리고 안방 흙벽돌 벽에 기대어 연속극을 봅니다. 따뜻한 아랫목 이불에 다리를 묻고 한참 보다가 TV에서 나오는 소리를 벗 삼아 자장가 삼아 잠이 듭니다. 그렇게 또 하루가 마무리됩니다.

새벽닭 우는 소리에 일어나 부엌 아궁이에 군불을 지핍니다. 하루가 똑같이 아무리 피곤해도 일이 없어도 수십 년 반복된 생활이라 그냥 눈이 떠집니다. 하루가 또 똑같은 생활이 반복됩니다. 눈이 쌓인 날에는 길이 미끄럽고 위험해서 그냥 방안에 앉아 있습니다. 무료하고 지루하기 짝이 없습니다. 그러다가 눈이 녹은 오후가 되면 이웃집에 홀로 사는 할머니 집을 방문합니다. 그러나 처지는 이 할머니나 그 할머니나 마찬가지입니다. 심심하여 보고 싶은 마음에 찾아갔지만 두 할머니는 어색하기 그지없습니다. 반가운 마음에 맞이한 다른 할머니는 더 년노(年老)하신 분이라 말벗도 안 되고, 한 말 또 하고 또 하여 반복적인 대화만 오고 갑니다. 한마디라도 한자씩 큰소리를 질러야 알아듣습니다. 그나마 동문서답하기 일쑤고 대화는 서로 큰소리쳐야 들립니다. 난청 또한 노인의 심각하고 고질적인 어려움입니다. 청력의 어려움은 관계 단절의 큰 문제입니다. 전문가들은 초고령자들의 청력저하는 결국 사람들과의 대화 단절을 가져오고 자신들이 대화에 참여하지 못하는 자신감마저 상실하게 된다고 합니다. 그러면 청력저하 노인은 자신감을 잃고 소심해집니다. 어떤 대화를 주고받아도 서로 알아듣지 못하니 말이 안 통하고 말이 안 통하니 대화는 단절됩니다. 그러면 얼마 안 되어 할머니는 다시 집으로 돌아옵니다. 삐걱거리는 대문을 열고 들어와 방 문지방을 넘는 순간 적막과 고독은 또 다른 분위기를 줍니다. 이렇게 살아서 무엇하나 하다가도 그래도 목숨이 있는 한 살아야지 하면서 한숨으로 집안을 채웁니다. 그나마 할 일이 없으니 공연히 앉았다가 일어나기를 여러 번 반복해도 마디마다 아파 앓는 소리가 지붕을 타고 올라갑니다.

많은 자식은 제 갈 길 찾아 떠나 생활하고 할머니의 외로움을 아는지 모르는지 그 자식들은 각자 만든 둥지에서 오순도순 살아갑니다. 세월도 무심하게 늙고 허약해진 할머니는 대답 없는 전화기를 들고 이 자식, 저 자식의 목소리라도 들으려 하나 반기지 않는 자식들은 할 말만 하고 끊습니다. 서운한 여운이 역력한 할머니는 수화기라도 더 들고 이야기 하고 싶지만 이미 끊긴 전화는 수화기 너머 들리는 끊긴 통화음 소리만 길게 이어집니다. 그러다 보면 저녁 밤공기에 밥 한술 뜨면 또 하루가 마무리됩니다. 겨울밤이 깊어가면 TV 소리 자장가 삼아 잠을 청하지만 쉽게 잠이 오지 않습니다. 밤이면 찾아오는 무릎 통증과 허리 통증에 앓는 소리가 천장을 뚫습니다. 많은 자식에 호통치며 키우던 그 강했던 여인은 이젠 말할 힘조차 없습니다. 그냥 살다가 아프지 말고 조용히 가고 싶은 마음이지만 어찌 그게 사람 마음대로 되겠습니까.

다음날 이번에는 할머니가 며칠 밖 출입을 안 하니 궁금했던지 이웃 할머니들이 찾아 왔습니다. 반가운 마음에 몸은 안 움직이고 마음이 대문 앞으로 마중 나가 반깁니다. 그러나 마루에 걸터앉은 할머니들은 단 5분의 대화도 이어가지 못합니다. 혼자 생활하는 습관에 젖어있어 대화하는 방법도 사람을 맞이하는 방법도 잊어갑니다. 또 바람 앞에 침묵만 흘러갑니다. 다과가 있어도 몸이 말을 듣지 않으니 맛난 것도 대접하지 못합니다. 재미가 없으니 얼마 안 되어 이웃 할머니들은 자리를 뜹니다. 또 혼자여야 하는 할머니는 너무 두렵고 너무 서운해서 일어서서 돌아가는 할머니들을 붙잡아 보기도 하지만 어떤 할머니도 재미가 없습니다. 할머니들이 떠난 자리는 쓸쓸함이 더 가해집니다. 안 오니 만 못하게 온 집안 곳곳이 이루 말할 수 없이 냉랭하고 찬 기운이 돕니다. 또 혼자가 됩니다.

그렇다면 자식과 함께 사는 노인은 어떨까요. 같은 마을에 사는 88세 할머니는 큰아들과 함께 삽니다. 처음부터 같이 산 것이 아니라 합가한 지 얼마 되지 않았습니다. 처음에는 여전히 집안 살림에 할머니가 주도권을 쥐고 있었으나 시간이 갈수록 점점 주도권이 자연스럽게 며느리에게 옮겨 갑니다. 사소하고 작은 것 같지만 하루에도 몇 번씩 살림에 대한 주도권 다툼이 은연중에 벌어집니다. 이젠 반찬 한 가지에도 할머니의 어떤 잔소리도 안 먹히고 어떠한 의견이나 조언 또한 받아들여지지 않습니다. 할머니는 속으로 화가 나도 겉으로 내색하지 않습니다. 결국은 자식 앞에서 할머니는 자신이 살아있다는 것을 보여주기나 하듯이 자꾸 움직이고 무언가 일을 만들고 손을 놀립니다. 아들과 며느리는 어떠한 말도 하지 않았는데 할머니는 이렇게 자꾸 눈칫밥만 늘어갑니다. 특히 며느리 눈치를 살피며 자신이 먹은 식기 그릇을 씻어 놓거나 깨끗한 방바닥도 닦거나 신발도 정리하고 마른빨래도 개키고 잘 정돈된 집안 정리도 만들어서 합니다. 그래야 밥값을 한다고 생각하기 때문입니다. 할머니의 답답한 마음을 위로해 주는 것은 일거리입니다. 즉, 자신의 존재감을 인정받기를 원하기 때문이고 자신의 존재를 다른 사람에게 알리기 위한 욕구 때문이라고 합니다. 심리전문가들은 이것을 인정욕구라고 하며, 인간은 평생을 거쳐 인정받기 위해 투쟁을 벌인다고 합니다. 그래서 할머니는 일거리를 만들고 일을 하는 것이 존재감을 드러내는 것입니다. 존재감을 확인하기 위해 할머니는 마지막 순간까지 손에서 일을 놓지 않을 것입니다. 함께 살아도 노인의 외로움과 소외는 마찬가지입니다. 눈칫밥을 먹더라도 남몰래 홀로 일을 해서 함께 사는 가족들에게 인정받기를 원합니다.

할머니가 거주하고 있는 집으로 합가는 그나마 괜찮지만, 자식 집으로 들어가는 것은 또 다릅니다. 굽은 허리로 짐을 싸 들고 자식 집으로 들어가는 발걸음은 천근만근입니다. 현관문을 열고 들어서는 순간 마음은 오그라들고 몸은 긴장되고 눈치를 안 주어도 눈치를 보게 되고 눈칫밥을 먹습니다. 식탁에 둘러앉아 함께 밥을 먹어도 밥알이 어디로 들어가는지 모릅니다. 어떤 대화에도 끼지 못하고 타인 아닌 타인이 됩니다. 같은 혈육이어도 한 가정에 가장인 아들의 눈치뿐 아니라 며느리 눈치에 더 부담이 갑니다. 아들은 또 며느리 심기를 건드리지 않으려고 애쓰는 것이 보입니다. 그러면 할머니는 또 마음이 불편합니다. 할머니는 이리 가나 저리 가나 짐더미처럼 느껴집니다. 할머니는 그렇게 애지중지 키웠지만 자식은 당연하다 합니다. 아침 식사 후 맞벌이 자식 부부는 출근하고 아이들은 학교에 가면 또 혼자입니다. 하루가 다 가도록 대화할 사람이 없습니다. 혼자 할 일이 없으니 문 닫고 방에 들어가서 또 TV만 봅니다. 배움이 모자라니 여가를 즐길 줄도 모르고 책을 읽고 이해하는 방법도 부족합니다. 노인정이라도 가면 외지에서 온 처지라 서먹하고 불편하여 말이라도 걸어 보지만 처지가 비슷하니 서로 알아듣지 못하여 어디를 가나 재미가 없습니다. 다시 집으로 돌아온 할머니는 또 혼자입니다. 거실이나 안방, 부엌을 서성이며 자식 귀가하기만 기다립니다. 그러나 모두 한밤중이나 되어서 귀가를 합니다. 할머니는 적적하고 쓸쓸하고 외롭기는 마찬가지입니다.

혼자 있거나 자식이 들어 와 합가를 하거나 할머니가 자식 집으로 들어가 합가를 하거나 별반 차이가 없습니다. 따라서 노인들은 혼자 살거나 함께 살거나 소외되기는 마찬가지이고 외롭기는 마찬가지입니다. 초고령자들은 자신이 살아 숨 쉬는 것조차 타인에게 해를 끼치지 않나 조바심이 납니다. 살아있어도 아무 쓸모 없는 존재이고 식구들에게 부담과 폐만 끼친다고 생각합니다. 누구나 늙어 고령자가 됩니다. 우리도 마찬가지입니다. 영원히 청춘은 없듯이 청춘도 늙습니다. 이러한 세대 없이 현재 우리는 없습니다. 이 노인들의 삶을 보며 앞으로 100세 시대 우리가 살아갈 노인의 방법과 정의는 무엇일까요?

# 아가

아가의 토라짐은 그야말로 눈앞의 예술이다. 곧고 곱게 빚어 놓은 밤톨처럼 가장 가까운 엄마의 손길에 따라서 까까머리였다가 곱슬머리였다가 장발이었다가 나날이 새로워지는 아가의 모습은 예술품의 극치이다. 둥근 어깨 옆으로 고개 떨군 뒷모습, 꼭 다문 입술 위 부풀어 차오르는 볼, 양옆으로 흘기는 눈동자, 벌름벌름 콧방울, 실룩샐룩 입술 위 흘리는 침방울, 두 다리 앞으로 쭉, 팔짱 낀 양팔 끝에 움직이는 열 손가락, 반쯤 내려간 내복 밑으로 기저귀조차 곱다. 이리 달래고 저리 얼러도 움직이지 않는 왕자님, 잠시 한 발 뒤로 물러나 내 아가의 태도를 응시한다. 어찌 저리도 이쁜가. 토라진 아가의 모습, 뾰로통한 그 모습마저 사랑스럽다. 어찌 저리 이쁜가. 대체 어디에서 왔는가. 하늘에서 떨어졌나 땅에서 솟았나.

살짝 모르는 척 뒤로 다가가 닿을 듯 닿지 않고 잡힐 듯 잡히지 않는 깔깔대는 웃음을 감추려 해도 머리에서 발 끝까지 너무 웃음이 나 결국 들켜 버린다. 한쪽으로 흘기는 눈동자에 엄마의 입술을 꾹 다물지만 자꾸 터져 나오는 입가의 웃음은 고개 숙여 웃음 한 번 삼키고 나서도 목구멍에 웃음이 걸려 어찌할 바 모른다. 엄지손가락과 검지손가락 끝으로 아가 웃옷 자락을 잡아당겨 눈웃음으로 마주치자 획 토라지는 그 모습에 또 웃음을 삼킨다. 한바탕 아가의 토라짐이 타이르고 어르니 해결되자 엄마는 너무 귀엽고 이뻐 웃겨 죽는다.

아기 치아 2개로 밥 먹을 때 오물거리는 입술은 너무 귀엽다. 다 먹고 입을 크게 벌려 더 달라고 하는 모습은 둥지 안에 아기새 같다. 엄마가 잠시 한눈을 팔 때면 밥상 위 밥과 반찬은 순식간에 범벅이 되지만 그조차도 너무 곱다. 식사 후 흘린 음식에 웃옷을 벗기면 배가 볼록 나와 마치 팽귄 같아 또 웃는다. 일단 벗겨서 씻기면 옷도 안 입고 온 방을 뛰어다닌다. 엄마는 옷 입히려고 잡으러 뛰어다니고 아가는 안 잡히려고 숨바꼭질을 한다. 엄마는 지쳐 늘어지는데 아가는 여전히 힘이 넘친다. 하루의 일과는 아가와 놀아주는 것으로 끝난다. 엄마는 힘든 줄도 모르고 하루하루 소중하다.

아가와 엄마 둘 사이는 예술과 예술 사이다. 인간이 인위적으로 빚어도 안 되는 그야말로 자연의 미이다. 아가 앞의 엄마는 그야말로 마술사이며 재주꾼이다. 엄마 앞의 아가는 엄마의 행동에 대한 반응으로 응답한다. 아가의 웃음은 환희이며 기쁨이다. 깔깔대는 웃음소리는 모든 피로를 씻어주며 입가에 맴도는 웃음기는 미래의 희망이다. 하루가 다르게 자라는 아가는 인생의 결실이 될 것이다. 아가는 엄마 자신과 그 가문과 그 나라의 미래의 자산이며 행복이다. 그래서 엄마와 사회는 모든 노력과 힘을 다하여 아가를 잘 보살피고 키워야 한다. 이것은 엄마의 책임이고 사회의 책무이다.

아가는 이 세상에 가장 큰 행복을 안겨다 준 보석보다 찬란하고 별보다 더 빛나는 보물이다. 이 세상 어떤 것도 아가만큼 행복한 것은 없다. 아가는 행복이며, 희망이며, 나의 미래이다.

# 사각 위의 예술

관객이 들어찬 공연장에 사각 위에 조명이 켜지면 무대 뒤에 연주자들이 자리하고 그 앞에 주인공을 돋보이게 하며 선율과 율동이 있는 코로스가 등장한다. 화려한 조명 아래 움직이는 예술의 조화와 조합이 사각 위를 움직이며 예술의 극치를 이룬다. 주인공인 가수가 등장하자 관객의 환호와 박수가 쏟아진다. 어깨에 짊어진 기타와 손가락 끝으로 연주하며 중 · 저음의 소리로 가수의 절제된 동작이 이내 관객들의 마음을 사로잡는다.

주인공의 애잔한 눈빛에 관객의 심금을 울리는 음성이 저음에서 중음으로 서서히 이동하니 들을수록 깊숙이 빠져든다. 세상에 있는 그 누구도 범접할 수 없는 그 가수만의 독특한 매혹적인 자태가 음악과 가사와 버무려져 소리로 절정을 이룬다. 사람마다 좋아하는 가수에 열광하고 소리치며 이내 공연장은 환상적인 분위기가 된다. 가수의 노래는 각자 겪었던 자신의 경험이나 겪고 있는 자신들의 사연이자 마음이기에 이별 노래는 이별의 아픔 속에서 사랑의 깊이를 알게 되고, 그 이별로 깊숙이 묻어둔 눈물과 아픔을 삭혀 영혼을 풀어낸 진정한 인간의 진수로 차라리 몽상적인 느낌이 든다.

절정에 치닫자 가수의 소리는 선율을 타고 끝내 마음속에서 울림이 된다. 관객 각자의 감흥과 감동은 육체에서 쥐어짠 수분의 결정체인 눈물로 솟아 사람의 마음을 정화한다. 무대 위 가수는 이별 노래에 대한 어떠한 몸짓도 어떠한 말도 없는 미소에 궁금한 관객은 알면 알수록 비밀을 뒤집어쓴 알 수 없는 공간이 된다. 너무 좋아 꽃을 들고 다가갈 수도 없고 영원히 범접할 수도 없는 마음속에 우상을 가두고 비밀 노트에 행복을 새겨 핏대 솟은 가수의 목덜미에 덮어씌운다. 저음으로 울리는 저 깊은 곳에서 온 힘을 다해 영혼을 끌어모아 맺힌 소리를 토해내면 할 일을 다 했다는 자세로 무대 아래로 내려가나 그냥 그대로 보낼 수 없는 관객은 박수로 다시 부른다.

가수의 노래는 가사에 혼을 담고 곡으로 영을 풀어 완성된 예술품이다. 사연이 어떻든 누구의 사연이든 상관없다. 관객 각자의 마음을 움직이고 감동하면 그것이면 되는 것이다. 다시 무대로 올라온 가수는 다른 곡으로 또 다른 분위기를 관객 앞에 연출한다. 비오고 낙엽 지는 가을, 이 공연에 가수 멜로디의 기교는 향 연기가 춤을 추듯 부드러우나 휘지 않고, 곧게 뻗은 난초처럼 강하나 꺾이지 않는 절제된 음악이다. 가을 낙엽은 지고 쓸쓸한 외로움에 기타 선율에 맞춰 터져 나오는 사랑 노래야말로 그냥 주저앉아 울고 싶은 사람들이 많을 것이다. 그 마음을 알기나 하듯 뿜어내는 가수의 핏대 솟은 목 줄기는 터질 듯 불룩하게 솟아 피를 토하듯 내뿜는다. 그 목소리에 마법같이 이끌려 마음이 너무 가버릴까 두려운 이 밤에 이지적인 연민에 빠져도 어떻게 노래만 좋아하랴. 스스로 만든 그 무엇에 마음이 심히 서러워지고 눈물 한 번 더 쏟고 싶어진다. 젊었던 시절은 아니어도 시간이 지나도 빛이 나는 그 가수, 중년의 중후한 멋을 달고 목소리에 향기를 얹어 관객이랑 함께 이대로 늙어간다.

관객은 노래에 대한 감사로 무한 박수로 그 가수를 보낸다. 그 무대가 끝나니 감동이 긴 여운으로 남는다. 다른 가수가 올라오자 또 다른 분위기에 젖는다. 연주자의 건반 위에서 춤추는 손가락과 가수의 어깨에 매달린 기타는 더 환상적이다. 손가락 끝에서 전해지는 기타 소리가 세상 밖으로 울려 퍼진다. 소리가 울림으로 다가와 살아 움직이는 유기체가 춤추듯 곱고 아름답다. 저 깊은 곳에서부터 올라오는 심오한 울림, 살갗이 붉어지는 만큼 어렵고 힘든 절정에서도 그 느낌을 전하고픈 소리의 열망에 가수는 관객의 박수와 환호로 위로받는다. 특히 검은색 기타에 전해지는 순간, 저 발끝에서 꿈틀대던 전율이 이내 머리끝까지 솟구친다. 가수의 사연인 듯 그 노래에 실린 가사를 운율을 끌어모아 기타에 엮어 한 가락 한 가락 풀어헤치니 이건 필시 천재의 장단이더라.

이렇게 감동과 감흥을 느끼며 긴 여운을 남기니 관객 개개인이 열광하는 것이 아니겠는가. 가수는 흥행만 좇아 그 시기 반짝 일어나 감동을 주지 않고 상업성만 챙긴다면 이러한 감흥은 느끼지 못하고 사람들 기억 속에서 사라지게 된다. 가수는 사각 위의 예술이다. 그 예술은 무대 아래 관객을 움직이는데 큰 영향력이 있다. 힘들고 지친 사람들을 달래주고 얼러주는 예술의 해결사이다. 아무리 먼 곳이라도 보고 싶어 찾아가는 사람이 있다는 것은 누구든지 그 인생은 참 잘 살아온 것이다.

# 피겨, 차준환

여자 아닌데 여자인 듯 남자인 그 이름 차준환. 휘어질 듯 휘어지지 않는 허리선은 남자 김연아를 보는 듯 아름답다. 어찌 남자가 이토록 선이 고울 수가 있는가. 또렷한 이목구비와 청초한 분위기로 감탄을 자아낸다. 너무 과하지 않지만 소년의 구슬땀에서 남자 향기가 풍긴다. 그의 몸짓은 마치 어둠 속에서 보이는 한 줄기 빛 같은 존재로 반짝인다. 그의 연기에 한 번 매료되면 블랙홀에 갇힌 듯 빠져나올 수 없다. 하늘 높이 아주 힘차게 날아올라 몸을 휘감으며 공중에서 팽이처럼 돌다가 빙판 위에 나비처럼 사뿐히 내려앉는다. 소름 돋는 극강의 아름다움을 가진 겨울 왕자. 음악과 몸의 조화로 우아하고 격조 높은 아름다움의 선율이 몸짓에서 예술을 품어 춤을 추고 손끝에서 애절한 손짓으로 흘러내린다. 관객은 머리에서 발 끝까지 소름이 돋아 전율이 흐른다. 선택된 그 음악 이외엔 다시는 못 볼 숨 막히는 아름다움이 요소마다 관객을 유혹한다. 순정만화를 뚫고 방금 튀어나온 주인공 같은 외모에 잡티 없는 무결점 피부로 팬들에게 꿀 떨어지는 눈빛과 심쿵 손 인사로 앙증맞은 볼 하트까지 감사의 마음을 전하자 꽃다발이 쏟아진다. 꽃을 든 예술가, 꽃인지 사람인지 분간할 수가 없다.

몸이 기억하는 아름다운 부드러움으로 정열을 태워 점프로 힘든 여정을 휘감고 스핀으로 모든 열정을 쏟아붓는다. 머리에서 발끝까지 선이 아름다운 감동은 손가락 끝까지 뿜어져 나오는 열정과 정열로 얼굴에 그윽한 표정에 그려지고 짙은 눈썹과 큰 눈에 맑은 눈동자로 시선이 가는 곳마다 시선이 머무는 곳마다 여심을 녹인다. 도톰한 입술 사이로 살며시 번지는 섹시한 미소는 움직이는 예술품이다. 슬픈 음악 속 바람에 흩날리는 장발 머리카락조차 아픈 사랑의 이별을 잘 표현해 주어 마치 보는 이가 직접 겪고 경험하는 듯하다. 스케이트 날은 빙판 위에 있는데 빙판 위를 나는 한 마리 새 같기도 하고 반짝이를 빙판에 뿌려가며 움직이는 것 같기도 하다.

그의 타고난 표현력은 다양한 CF 모델과 아역 배우로 활동하며 우유 광고, 전통사극에도 출연한 경험에서 나온 것 같다. 김연아가 여자 싱글을 지배하던 시절 차준환은 불모지와 다름없던 한국 피겨 남자 부문에 혜성같이 등장했다. 아역 배우 출신인 차준환은 초등학교 시절 스케이트에 입문한 뒤 눈에 띄는 성장세를 보였다. 초등학교 때부터 트리플(3회전) 점프를 포함해 각종 점프 기술을 뛰었다. 또 2015년부터 쿼드러플(4회전) 점프를 구사하며 국제대회에서도 두각을 나타냈다. 차준환은 열 살이던 2011년, SBS 피겨 예능 프로그램 키스&크라이에 나와 피겨를 취미로 배우다가 너무 재밌어서 계속 탔다. 연아 누나 같은 선수가 되고 싶다고 말한 적이 있다. 그때의 꼬마 선수가 지금은 과거 피겨 퀸 김연아와 호흡을 맞췄던 캐나다 브라이언 오서 코치 지도를 받는 세계적 선수로 성장했다.

한국에서 아이돌 못지않은 인기를 끌고 있는 차준환은 2001년생으로 올해 20살이다. 2022년 2월 10일 중국 베이징 캐피털 실내경기장에서 열린 2022 베이징동계올림픽 피겨스케이팅 남자 싱글 프리스케이팅에서 기술점수(TES) 93.59점, 예술점수(PCS) 90.28점, 감점 1점으로 총점 182.87점을 받았다. 2월 8일 열린 쇼트프로그램에서 기술점수(TES) 54.30점에 예술점수(PCS) 45.21점으로 99.51점을 기록하며 개인 최고 점수로 4위에 올랐던 차준환은 프리에서 검은색 상 · 하의를 입고 오페라 투란도트의 곡에 맞춰 선율이 흐르는 가운데 연기가 시작됐다. 첫 점프부터 흔들렸다. 차준환은 연기 앞 부분에 4회전 점프를 두 개 배치했다. 하지만 첫 점프인 쿼드러플 토루프 착지 과정에서 미끄러지며 엉덩방아를 찧었다. 이어진 연기에서는 실수가 없었다. 쿼드러플 살코를 처리한 차준환은 트리플 러츠+트리플 루프, 플라이 카멜 스핀, 스텝 시퀀스를 펼친 뒤 두 차례 3회전 점프(트리플 악셀+더블 토루프, 트리플 악셀)도 실수 없이 소화했다. 트리플 러츠+싱글 오일러+트리플 살코, 트리플 플립, 코레오 시퀀스, 체인지 풋 싯 스핀, 체인지 풋 콤비네이션 스핀까지 수행하며 연기를 마쳤다. 이나바우어에서는 소름이 돋을 정도로 환상적이었다. 특히 이번 연기에서 더 돋보였던 것은 요소와 요소 사이를 이어주는 연결 동작이 매우 매끄러워 요소들이 각각 나눠진 게 아니라 하나의 구성단위로 보인다는 점이다. 차준환의 프리스케이팅 개인 최고점(종전 175.06점)이었으나 이날 프리스케이팅 182.87점을 받았다. 2월 8일 치른 쇼트프로그램 점수(99.51점)를 더한 총점은 282.38점으로 5위를 기록했다. 차준환(20 · 고려대)이 한국 남자 피겨 올림픽 역사를 새로 썼다. 사상 처음으로 톱 5에 진입하는 쾌거를 이뤄냈다. 모든 한국 사람들이 눈시울을 적셨고 뜨거운 박수와 환호를 받았다. 한국 선수가 올림픽 피겨에서 5위 이내에 이름을 올린 건 김연아 이후 처음이다. 문 대통령은 사회관계망서비스(SNS)에 경이로운 연기를 펼친 차준환 선수에게 각별한 격려를 보낸다며 평창에서의 앳된 소년이 어느덧 단단한 청년이 돼 우리에게 여운이 긴 특별한 감동을 줬다며 메달 이상의 아름다운 도전이 아닐 수 없다고 적었고, 차 선수와 브라이언 오서 코치를 비롯해 관계자들에게 감사를 전했다. 차준환은 연기를 지켜본 전 세계인들에게 인기가 폭발했고 외국 해설자들은 깔끔한 기술요소로 만나보기 어려운 아름다운 연기를 빙판 위에 반짝이를 뿌려가며 움직이는 것 같다고 극찬을 아끼지 않았다.

올림픽을 마치고 기자 인터뷰에서 점프에 유리한 몸을 유지하기 위해서 엄격한 식단 관리를 하며 치킨도 좋아하지만 자주 먹지 못한다고 웃음을 지었다. 그러나 피겨 이야기가 나오자 곧바로 진지해지며 더 노력하고 발전하겠다고 다짐을 했다. 아직 20대 초반인 그는 베이징에서 혼신의 힘을 다해 빼어난 연기를 펼쳐 다시 한 번 가능성을 보였다. 차준환은 4년 뒤 이탈리아 밀라노－코르티나 담페초에서 겨울 올림픽 메달을 겨냥한다.

한국 피겨 남자 선수 최초로 동계올림픽 톱5에 오른 차준환(21 · 고려대)은 운동 실력 외에 잘 생긴 외모와 날렵한 몸매(178cm, 60kg)로 유명하다. 그런 그가 체중관리를 위해 몇 년간 식단 관리에 공을 들인 것으로 알려졌다. 피겨선수들은 체중이 가벼울수록 점프와 스핀, 턴 등을 하기 쉽다. 따라서 혹독한 체중관리를 하는 경우가 대부분이다. 체중이 많이 나가면 넘어졌을 때 부상으로 이어질 위험이 있다. 대부분 피겨선수는 하체 근육을 키우기 위해 육류 등 단백질 음식을 먹되 철저한 체중조절로 힘든 기간을 보낸다고 한다. 차준환은 한 언론 인터뷰에서 시합 땐 식사를 하지 않고 에너지바로 버텼다고도 했다. 차준환은 남자 피겨도 이젠 성장해야 하기에 책임감도 커졌다. 소위 차준환 키즈를 만드는 것이다. 계속 발전하고 성장해 나가는 선수가 되어야 하고 차준환을 보고 꿈을 키우고 운동하는 선수가 있다면 역시 연습을 통해 더 좋은 에너지를 줄 수 있는 선수가 되어야 롤 모델로써 가치를 키우게 되는 것이다. 누구든 그렇겠지만 힘들었던 시간도 주먹 불끈 쥐며 일어서고, 떨려 안정이 안 되었던 시간도 용감하게 다시 일어나야 한다. 차준환도 빙판 위에 스케이트로 아름다운 추억 많이 그려내며 날마다 은반 위에 새 역사를 쓰기 바란다.

# 각도의 미학

사각 위 무대에 그토록 보고 싶던 가수가 오른다. 세월 따라 팬과 같이 나이가 들어 중후한 모습에 빛나는 우월한 존재감, 말이 없어도 아우라의 위엄이 가득하고, 따스한 미소 속에 숨겨진 포근함은 덤이다. 얼굴 한가득 행복한 무대는 관객의 시선을 싹쓸이하고 관객은 설렌 가슴이 뛴다. 한 가수가 무대 위로 오른다. 그 무대 위 다시 잡은 마이크와 뜨거운 입맞춤, 홀로 오른 화려한 외출은 꽃이 만개하기 전 수줍은 꽃망울처럼 잔뜩 움츠려 있다. 살며시 감은 선글라스 안의 눈빛은 패션 잡지에 뜬 표지 화보 같고, 중년이어도 찢어진 청바지 위 재킷의 젊음은 당당한 자신감이 가득한 낭만적인 청춘의 속삭임 같다.

다시 불러내 앵콜이 이어지면 내게 전해지는 그 가수의 음파는 고요하고 잔잔한 바닷물에 원래 음을 변형한 듯 참을 수 없을 만큼 새로운 음으로 목소리 파형을 이룬다. 내 몸이 아닌 내 속에 나를 위로하며 서글픈 마음을 위안으로 삼는 밤, 내려가는 뒷모습이 아름다운 그 가수는 무대 위 카리스마는 어디 가고 의도를 알 수 없는 쓸쓸한 모습만 내 시야에 머물러 긴 여운으로 남아있다.

스카프 하나로 여심을 녹이고 몸짓으로 팬심을 사로잡는 그 가수, 그대는 그대를 쫓아서 보고 싶어 찾아온 진정한 팬의 우상이다. 사실과 다르게 예리한 시선, 날카롭게 뾰족한 말투 속에 찌르면 피가 아닌 진이 나올 것 같다. 가까이 다가가 말 한마디조차 두렵고 무서운 존재, 범접할 수 없는 그 꼿꼿한 자태, 그 뜨거운 가슴엔 대체 무엇이 웅크리고 있는가. 꾹 눌려있는 심장에선 대체 무엇을 갈구하나. 끊기고 건너뛴 세월만큼 농축되고 응축된 열정이 맑은 물 위에 한 방울씩 떨어지면서 빨간 열정의 핏기가 사방으로 흩어진다.

그대 노래가 내 영혼을 두드리는 이 순간, 잔잔한 음악에 애타는 가사, 화음은 세련되어 합창단마저 여울진 좁은 강처럼 힘차게 움직이며 음악을 몸으로 해석하고 음악과 멜로디에 움직이는 무용단마저 환상적이다. 시선이 하늘을 향할 땐 위로 보내는 신호가 보는 이 눈물을 쏟게 한다. 잊을래야 잊히지 않는 가수의 눈빛에 두 손을 모으게 하는 처절한 절규는 한 마리 포효하는 사자 같다. 마치 감성에 얹어진 저음의 섹시함을 보며 휘몰아치는 감정을 추슬러 큰소리에 섞는 것 같다. 이런 게 노래다. 이것이 음악이다. 애절한 그대 목소리에 감정을 절제할 의지를 잃은 관객은 인내의 한계에 다달아 견디지 못하고 공연장 문을 박차고 나가버렸다.

미(美)는 각자 어느 각도에서 보느냐에 따라 다르다. 화려한 조명 아래 멋진 사각 위 무대에서 그 시기 가장 인기 있는 가수의 팬으로 관람석에 앉아 그 가수의 노래와 음악에 감동하고 환호로 호응하며 박수로 화답한다는 것은 정말 환상적인 일이다. 그냥 그 자리, 그 무대에 그 가수가 있으면 된다. 각자 좋아하는 음악 성향이 있듯이 각자 좋아하는 대중음악과 대중 가수가 있다. 가끔 열리는 콘서트에 참가해서 일에 지친 몸의 피로를 풀고 마음의 안식을 찾아 즐겨보는 것이다. 거기에 자신이 좋아하는 사람이 주인공으로 나오면 더 좋다. 마음껏 소리치며 쌓인 스트레스도 풀어보는 것이다. 그리고 같은 가수를 좋아하는 팬끼리 그 가수나 인기인에 대한 서로의 의견도 공유하며 그 가수의 정보도 교환하는 것이다. 그리고 돌아와 또 내일 더 열심히 일하는 것이다.

사람들은 각자 좋아하는 마음속 우상인 가수를 가지고 있다. 음악은 젊은 사람만 즐기란 법은 없다. 늙었다고 숨어서 감상할 필요도 없다. 늙어도 가슴이 있고 감상하고 느낄 수 있는 마음도 있다. 나이 들어 늙는다고 감정까지 무뎌지지는 않는다. 그 음악과 가사로, 멜로디와 가수의 음성으로 슬픔을 위로받고 이별의 상처를 달래고, 기쁜 일에는 환호하며 흥겨운 노래로 흥을 돋우고 즐기면 된다. 또 그 시대 우상이었던 인기인이 함께 늙어가 중년이 되었다고 젊은 사람들이 중년 팬이나 중년의 마음속 우상을 무시해서도 안 된다. 또 오래 살아서 경험이 많고 지식이 풍부하다고 젊은 세대의 음악 세계를 폄하와 폄훼해서도 안 된다. 서로 바라보는 위치나 각도에서 차이가 있다고 하더라도 각자의 시선에서 음악과 예술를 보아야 한다. 어느 시대 어떤 예술이 더 우수하다고 결론 내릴 수는 없다. 그 시대 그 사람들에게 인기를 얻고 유행을 따르며 즐기고 행복하면 되는 것이다. 미(美)의 각도는 남녀노소 사람마다 보는 각도가 달라 무엇이 위대하고 무엇이 덜 위대하다고 말할 수 없다. 남녀노소 어떤 시기, 어느 각도로 어떤 시선으로 감상하든 서로 이해하고 배려하고 존중해야 한다.

# 3

# 인생

## 가난했어도 행복했고 부자지만 어떠한가?

그 옛날 가난했지만 행복했다. 부자지만 지금은 어떠한가? 가난하다고 해서 불행하고 늘 불만만 있으란 법은 없고 부자라고 해서 늘 행복하고 웃음만 가득한 것도 아니다.

옛날은 가난했지만 행복했다. 가난은 불행이 아니고 단지 불편한 것이다. 가진 것이 없다고 해서 행복하지 않은 것은 아니다. 삶을 영위하고 누리는데 불편할 뿐이다. 없으니 더 움직여야 하고 녹록하지 못하니 부지런해야 한다. 그러면 잡생각은 안 들고 몸은 더 건강해지고 마음은 편하다. 없는 집안은 형제간 갈등 없이 우애 있게 오랫동안 잘 지낸다.

지금 부자지만 어떠한가? 행복한가? 다 가졌다고 해서 행복한 것만도 아니다. 부자는 모든 것들을 손에 다 움켜쥐었어도 가진 자는 자신도 모르게 더 가지려고 악을 쓴다. 그래서 짠 간장처럼 살아 이렇게 큰 부자가 되었어도 자신이 부자인 것을 인지하지 못하고 왕소금으로 살아가는 것이다. 인간적이지 못하고 자신만 살려고 하는 이기심에 주위에 어려운 이웃은 눈에 보이지 않는다. 자기가 벌어서 자기가 먹고 사는데 다른 누군가가 무슨 참견을 하느냐고 훈계하겠지만 속내를 들여다보면, 있는 사람들은 형제들끼리 재산 싸움이 심하고 다투어 결국 의절하는 사태까지 발생한다. 부자들 모두 그런 것은 아니지만 대부분 부모와 자식, 형제나 자매지간 사랑이나 우애는 찾아볼 수가 없다. 과연 부자로 행복한 것인지 의문이다.

없다고 고개 숙이지 말며, 좀 남보다 있다고 거만하게 어울리지 않게 으쓱거리고 뽐내며 으스대지 말아야 한다. 가난한 자와 부자인 자는 각자 자신의 처지를 자각해야 한다. 가진 것이 없으니 하고 싶은 것들은 절제해야 하고, 갖고 싶은 소유를 삼가야 하며, 누리고 싶다는 마음을 참고 인내해야 한다. 가진 것은 쥐뿔도 없으면서 있는 사람 흉내를 낸다면 그것보다 꼴 본견은 없다. 없는 사람이 100원 있으면 90원 먼저 저축하고 10원 소비하는 것이다. 없으면서 100원 가지고 200원을 소비하려고 하니 늘 100원이 적자인 것이다. 없으면 없는 대로 자신의 처지에 맞게 살아야 가진 자 근처에 어느 정도 가까이 갈 수 있다. 있다고 보통보다 심하여 아끼지 않고 너무 소비해서도 안 된다. 재물은 모으기는 힘들어도 소비하는 것은 순식간이기 때문이다. 수십 년 뼈 빠지게 벌어서 한순간에 써버리는 어리석은 행동은 삼가야 한다. 가난한 자가 부자 근처까지는 갈 수 없어도 없는 자가 하나 덜 쓰고 하나 덜 가지면 많이 가진 자가 더 쓰고 더 가진 것과 같은 이론이 된다.

어른들이 말씀하듯이 높은 곳만 올려다보지 말고 옆도 뒤도 보고 살라고 했다. 나보다 더 잘나고 더 부자인 사람만 쳐다보며 부모를 원망하며 처지를 비관하고 불만만 가득한 삶을 살지 말고 내 밑에 나보다 더 어려운 사람이 많다는 것을 알아야 행복하다. 우리는 몸이 건강하면 무엇이든지 다 할 수 있다. 없다고 절대 고개 숙이며 용기 잃지 말고 좀 있다고 거만하며 건방지지 말아야 한다. 가난하면 불편하고 행복하지 않은 것도 있다. 힘들고 어렵고 가족 간에 형제지간에 하고 싶은 것을 못하니 서로 많은 갈등이 있는 것도 사실이다. 그러나 부자라고 지금 행복한지 묻고 싶다. 가난과 부자는 행복이라는 개념에 모순을 담고 있는 것 같다.

# 산다는 것

인간은 자신이 태어나고 싶어 나온 것이 아니며 내 의지가 아닌 어떻게 하다 보니 세상에 나와 인간이 되었고, 어떻게 살다 보니 여기까지 왔고, 결혼해 보니 당신이다. 산다는 것은 참 어렵고 힘들다. 내 입 하나를 채우는 것도 부모가 되어 가족의 입을 책임진다는 것도 모두 무겁고 버거운 일이다. 그저 인간으로 태어났으니 대충 살다 가기엔 숨 쉬는 공간이 너무 아름다워 미안하고, 남보다 앞서 가려 먹고 사느라 발버둥 치며 힘들게 발광하니 참말로 꼴값이다. 어찌 살든 주어진 삶에 최선을 다하는 것이다. 왜냐하면 후회라는 아프고 어려운 단어가 우리의 삶에 늘 녹아있기 때문이다.

자고로 남자는 '사내 남(男)'이다. '입 구(口)' 안에 '열 십(十)'이 있고 그 밑에 '힘 력(力)'이 바치고 있다. 이것은 '남자는 한 집안에서 열 명의 식구를 먹여 살릴 능력이 있어야 한다'는 말이다. 어려운 시절에 농사만 지어 열 명을 먹여 살리는 것은 학교 교육을 제외하면 먹고만 살았기에 삶의 질은 떨어지고 풍족하지 않지만 그래도 어느 정도 가능했을 것이다. 그냥 최소한의 목구멍만 채우고 살았다고 보아야 한다. 그러나 지금은 핵가족인데도 한 집안에 남자 혼자 벌어서는 살 수 없다. 그나마 맞벌이 가정은 좀 여유가 있다. 물가 상승, 집값 폭등 등 이유가 많겠지만 이것은 자식들의 학교 교육의 중요성을 알기 때문에 교육비 지출이 상당하기 때문이다.

발달 된 현대 사회에 우리는 어떻게 살아야 후회하지 않는 현명한 삶을 영위하는 것일까? 열심히 살아도 대충대충 살아도 훗날 후회하는 것은 마찬가지이다. 그러나 그 후회의 질과 양에서 차이가 있을 것이다. 아주 유능하고 갑부인 사람을 제외하고, 평범한 보통 사람들은 과거처럼 남자 혼자 벌어서 그 수입으로는 살 수 없다. 그렇다고 물려주거나 물려받을 재산이 없는데 부모에게 불평하고 자꾸 손 벌릴 수도 없는 노릇이다. 첫째, 가장 좋은 방법은 여자가 움직이는 맞벌이다. 한 가정에 수입이 두 배로 증가하니 이젠 좀 여유가 있다. 그렇다고 수입보다 지출이 많아서는 안 된다. 우선 한 명 수입은 무조건 저축을 해야 한다. 그래야 여유가 생긴다. 그리고 사교육으로 자식을 몰지 말고 다 배운 부모들이니 전공대로 한 과목씩 맡아 집에서 가르치는 것이다. 부모가 가르칠 수 없는 과목은 최소한 사교육으로 타인의 도움을 받아도 된다. 그러면 많이 절약될 수 있다.

둘째, 절약하는 것이다. 먹고 산다는 것은 정말 힘든 일이다. 하고 싶은 대로 다 하고 먹고 싶은 대로 다 먹고 사고 싶은 대로 다 사면 남는 것은 하나도 없다. 남들이 뭐라 해도 내 분수에 맞고 내 처지에 맞는 소비를 해야 한다. 주위에 지인들이 아무리 명품만 걸치고 치장하고 다닌다고 하더라도 부러워하거나 시기하고 질투하며 똑같은 행동을 해서는 안 되며, 어려운 시절 과거를 절대로 잊어서는 안 된다. 그런 지인이 있다면 자신과 어울리지 않는 사람으로 빨리 판단하고 멀리하고 상대를 하지 말며 스스로 배척해야 한다. 궁상맞게 산다며 타인이 아무리 뒤에서 험담을 늘어놓는다고 하더라도 자신이 난처해지면 도움을 주는 사람은 아무도 없다는 것을 알아야 한다.

셋째, 여유가 생기면 보람 있는 일을 하는 것이다. 살다 보면 어느 순간 마음에 여유가 생긴다. 그러면 자기의 개발에 시간을 투자하고 물질적인 여유가 생기면 어려운 이웃이나 힘든 사람들에게 손을 내미는 것이다. 그것은 보람되고 가슴이 뿌듯하여 마음이 넓어지는 일이다. 천천히 자신을 돌아보는 계기가 되고 앞만 보지 말고 뒤도 옆도 보며 자신보다 힘들고 어려운 이웃의 눈물도 닦아주는 여유를 가지면 좋다.

넷째, 나이가 들면 마무리 정리를 잘 해야 한다. 절약해 놓은 것은 묶어놓지 말고 자식에게 물려 줄 것은 물려주고 베풀 것은 베풀고 정리할 것은 정리하고 마무리를 해야 한다. 기억이 있을 때 신세진 사람들에게는 갚고 고마운 사람들에게는 감사의 인사를 해야 한다. 재산은 정리해서 자식들에게 분배해 주고 인생의 마무리를 정리해야 한다. 마무리한다는 것은 슬픈 일이지만 기억이 있을 때 깨끗하고 말끔하게 일을 처리하는 것이 무엇보다 소중하다. 그래야 훗날 자손들끼리도 갈등의 골을 없애는 것이다.

살아온 인생을 돌이켜 잘잘못을 반성하고 최소한의 후회를 하지 않는 삶을 산다는 것 또한 힘들고 어렵다. 그러나 뒤늦은 참회로 아픈 마음을 영원히 간직한다면 그것보다 슬픈 후회는 없을 것이다. 태어나서 산다는 것은 참 어려운 일이다. 세상을 어떻게 참다운 인생을 살았냐는 평가는 타인의 객관적인 평가도 중요 하지만 자신의 주관적인 후회 없는 삶도 중요하다. 남에게 해를 주지 않는 한 뭐든지 다 해 본다고 하지만 일을 하다 보면 또 살다 보면 알게 모르게 타인에게 상처를 주고 해를 입힐 수도 있다. 그러면 더 나이 많은 사람들에게 유익한 조언이나 의미 있는 충고를 받아 잘못된 행동은 수정하고 그릇된 습관은 고쳐야 한다. 그 조언이 때로는 기분이 상하거나 마음에 상처를 받을 수도 있지만 자신에게 더 많은 도움이 된다는 것을 알아야 한다. 또 그 경험이 풍부한 지혜에서 나온 충고가 다소 어리석다는 기분이 들더라도 금쪽같은 충고이기에 헛되게 들어 그냥 넘겨서는 안 된다. 그래서 사는 동안 더 이상의 후회는 하지 않도록 노력하는 것이다.

## 성격이 급한 사람과 느린 사람

성격이 급하고 완벽주의자인 한 여자와 느리고 대충대충 하는 한 남자가 있다. 여자는 모든 일을 빨리빨리 완벽(完璧)하게 해내야 한다고 생각하는 사람이다. 남들은 어떻게 보일지 모르나 이 여자는 뭐든 반듯해야 한다.

여자의 배우자인 한 남자는 융통성이 없다. 행동이나 일 처리가 느리고 일하기 싫어하는 버릇이나 성미를 가지고 있어서 늘 답답하다. 그것을 지켜보는 순간 여자는 욱했다가 사그라들기를 수십 번, 이내 감정이 폭발해 버린다. 이 여자는 결점이나 오점을 찾아보기 힘들다. 그러한 것들이 이 여자 앞에 펼쳐지면 불같은 여자의 감정을 피하기 어렵다.

성격이 급한 기질을 가진 이 여자는 항상 뭐든 빨리빨리 하고 얼른 후딱 해버리는 성격이다. 반면에 이 여자의 배우자는 오늘 할 일은 내일로 미루는 스타일이다. 그래서 서로 부딪치고 맞지 않는다. 이 여자는 남편인 배우자와 등산할 때나 길을 같이 걸을 때도 걸음이 더 빠르다. 길을 걸을 때도 앞서가고 빨리 성급하게 걷는다. 느린 것은 이 여자 성격상 용납이 안 된다. 느리고 천천히 걷는 남편을 보면 답답하고 속이 터진다. 이렇게 빨리 걷는 이유는 먼저 이 여자가 원하는 목적지에 도달하고 싶다는 심리가 있다. 이러한 빠른 심리가 의식적으로 자리 잡고 있어서 여가에도 여기저기 신경 쓰고 참견하며 오지랖을 펴느라 별로 휴식을 취하지 못한다.

성격이 급한 여자는 무슨 일할 때도 결론을 서둘러 내는 버릇이 있다. 어떤 일이든 남편과 상의하지 않고 서둘러 빠르게 이 여자가 마음먹은 대로 기어코 해야 직성이 풀린다. 이런 결과는 오류도 발생하지만 대부분 이 여자가 생각한 그대로 일이 이루어진다. 이러한 행동은 이 여자의 생각을 먼저 내고 여자 혼자 결정하여 답답하고 느린 배우자를 기다리지 못하는 데서 온다. 그래서 배우자의 말을 끝까지 듣지 않거나 말을 덮어씌우거나 먼저 재촉하여 배우자인 한 남자가 불쾌감을 느껴 자주 다투게 되는 근거가 된다. 급한 성격의 여자의 빠른 결론으로 손해를 보거나 일을 그르칠 때도 분명히 있다. 그렇다고 느리고 천천히 결정하는 남편의 결론이 다 옳은 것도 아니다. 일 처리가 느리든 빠르든 둘 다 후회하고 반성한다고 해도 이미 늦어버린다. 이렇게 두 성격에도 장 · 단점이 존재한다.

급한 성격을 가진 여자는 한 가지 일만 못 하고 여러 가지 일을 동시에 진행한다. 설거지하면서 빨래 널고, 빨래 널면서 칫솔질하고, 칫솔질하면서 가전제품 위 먼지를 닦는다. 쫓기듯 한꺼번에 합리적으로 여러 가지 일을 한다. 일을 합리적으로 해야 한다는 성급한 심리 때문인 것 같다. 이러한 심리로 여자 본인의 신세를 볶고 심신을 피곤하게 하여 결국 아프게 만든다. 느리고 게으른 남자는 더 느려지고 어떻게 돼가나 방관하며 한 발짝 뒤로 물러나서 응시해 본다. 그러면 여자는 그런 남자를 다그치며 악을 쓰며 소리치고 쥐잡듯한다. 이후 자존심이 상한 남자는 토라지고 화가나 갈등이 촉발된다. 여자의 급한 성격에 남자는 숨이 막힌다. 그러나 여자 또한 느긋하고 느려터지고 게으른 이 남자 때문에 속에서 열불이 난다. 서로 한보 양보하면서 살아가자고 화해하나 어느 순간 또 똑같은 그 성격이 나오면 또 갈등은 반복된다. 이런 성격의 차이는 쉽게 고쳐지지 않는다. 평생 굳혀진 성격과 습관은 둘이 함께하는 날까지 평생 이대로 갈 수도 있다.

그렇다면 이렇게 성격이 대조적인 사람이 만나면 어떻게 해야 하는가? 그냥 급한 여자 성격에 남자가 균형을 맞춰야 하는지, 아니면 느긋하고 느린 남자 성격에 여자가 같이 따라가야 하는지. 만약 급한 여자 성격에 남자가 동조하여 생활한다면 일 처리는 빠르고 더 합리적으로 살아갈 수는 있겠지만 느린 사람이 보는 것을 놓칠 수가 있다. 성격이 급한 사람은 빨리빨리 하는 심리상태 때문에 일을 세심하고 세밀하게 처리하지 못하여 손해를 볼 때가 많다. 특히 물건을 사고 돈 계산을 할 때도 그냥 빨리 거스름 돈을 달라고 하고 확인조차 하지 않고 집으로 돌아와 버려 뒤늦게 지갑을 열어보고 덜 받았다는 것을 알 때는 이미 늦다. 그렇다고 다시 받으러 가기엔 거리가 너무 멀고 시간이 너무 걸려 합리적 심리상태가 장점만 있는 것은 아니다. 그렇다면 느리고 느긋한 남자의 성격에 균형을 맞춘다고 하자. 집안이 어떻게 되겠는가? 퇴근 후 할 일은 태산인데 서로 쉬었다 하자고 하고 그냥 피곤하여 지쳐 잠들어 일어나면 아침이다. 어제 할 일을 하지 못하니 오늘 바쁘고 엉망인 하루의 일과가 되는 것이다. 그렇게 시작된 일과는 밖에서도 하루 종일 일이 풀리지 않고 꼬인다. 그렇게 귀가한 집안의 풍경은 어떠한가. 맞벌이 부부의 전쟁은 이제부터 시작이다. 애들 씻기고, 여기저기 쌓여 있는 빨래며, 흩어져 있는 물건, 저녁 식사준비로 복잡한 부엌 등 오늘 못하면 내일 하자는 느리고 느긋한 성격은 더 큰 불화와 갈등을 야기한다. 옛날처럼 여자 혼자만 가사 일을 독박 쓸 수는 없다. 그렇다고 여자처럼 남자가 알아서 집안일은 하는 것도 아니다. 시키는 일만 하고 가만히 있는다. 어떤 날에는 시키는 일도 제대로 하지 못하고 마음이 틀어지면 그나마 안 한다. 이때 갈등과 싸움이 또 시작된다. 시키느니 치사하고 더러워 여자 혼자 그냥 해버린다. 여자 몸은 쇠붙이가 아니기에 그러다 보면 여자 몸과 팔다리는 아프고 쑤시고 고통스럽다.

급한 성격과 느긋한 성격을 가진 두 남녀가 살아가는 것도 같은 성격을 가진 남녀가 살아가는 것도 어떻게든 다 살아가는 것이다.

성격은 성격대로 그냥 내버려 두고 그 성격을 인정하면서 배려하고 좀 더 신경을 써서 순간순간 지혜롭게 대처하는 것이 중요하다. 성격이 급하다고 모두 합리적인 것이 아니며, 성격이 느긋하고 느리다고 다 답답한 것도 아니다. 때론 서로 그 성격을 이해하고 그런 성격을 만난 것도 본인의 운명이고 숙명이라 생각하고 상대방의 성격을 존중하는 수밖에 올바른 태도는 없는 것 같다.

급한 성격을 가진 여자나 남자는 너무 빨리 결승점에 도달해 결과를 내는 것보다 심신에 여유와 평안을 가져야 멀리 오래 계속 일을 할 수 있다. 느린 성격을 가진 여자나 남자도 이젠 너무 여유가 넘쳐 혹여 게으름의 표상이 되어 세월이 늙어감에 더 나태해지고 느긋하여 더 느려지지 않도록 좀 더 부지런한 몸놀림이 필요하다.

# 기억 저편에

굽이굽이 돌고 돌아 깊고 깊게 들어가면 삼봉산이 병풍처럼 펼쳐지고 논과 밭이 한 폭의 동양화같이 죽 펼쳐진 새터마을이 있다. 당신의 딸 옆에 살고파 새터마을에 터를 잡고 버텨 온 지 80년, 아는 사람 하나 없는 이 낯선 곳에 그대로 그 세월을 묻고 견딜 수 있었던 것은 고된 노동에도 자식들을 굶지 않게 해준 자연과 하루의 고단함을 잊게 하는 할아버지의 아주 낡은 초가집이다. 볏짚을 썰어 진흙과 이겨 벽돌을 만들어 지은 초가집은 그 어느 기와 대궐 집보다 할아버지에겐 더 소중하다. 소나무 서까래를 대고 그 위에 진흙으로 처발라 고정한 후 짚으로 이엉을 엮어 얹은 지붕은 그야말로 예술이다. 아름답게 휜 노송으로 집안의 대들보를 얹고 곧게 뻗은 노송으로 기둥을 세워 놓아 긴 세월 풍파에도 집을 지탱하여 할

아버지 가족의 편안한 휴식처를 제공한다.

할아버지의 초가집은 겨울이 동화이다. 노을이 탁 넘어가는 끝자락에 어둠이 슬며시 스며들면 하늘 아래 첫 동네는 굴뚝마다 솔솔 연기가 피어난다. 매운 연기 눈 비비며 솔가지 태우는 아궁이엔 밥알이 익어간다. 사랑방에도 군불 때느라 겨울엔 아궁이와 굴뚝이 식을 줄 모르고 초가집 지붕 및 처마에 매달린 고드름 따먹는 것은 얼마나 재미있게요. 아궁이 장작불 타고 남은 재로 고구마와 감자 묻어 놓고 저녁 식사 후 긴 밤 출출할 때 꺼내 먹는 간식은 어느 갑부 부럽지 않게 맛나다. 뜨거운 고구마 호호 불며 담소 섞어 먹는 동치미 한 사발에 고구마 한 입, 인생의 행복이란 이런 것이지. 삶의 아름다움이란 이런 것이지. 그렇게 오순도순 아랫목 이불 속에 가족들의 다리를 묻고 웃고 즐기다 보면 할머니 할아버지의 품 안에서 아이들의 이쁜 웃음과 사랑스러운 미소는 이내 행복과 사랑이 가득하다. 겨울밤 세찬 바람이 찢어진 문풍지 사이로 들어와 겨울잠을 재촉하여도 할아버지 가족의 이야기는 밤새는 줄 모른다.

초가집 처마 아래 돌 사이에 진흙으로 발라 놓은 뜰은 비나 눈이 내리면 무너지고 흘러내려 보수하느라 할아버지 손은 거칠고 투박해져도 가족의 편안함을 위해 그런 수고도 마다하지 않습니다. 집주변을 싸고 있는 흙벽돌 담장 옆에 닭과 염소 우리가 옹기종기 지어져 있고 그 위 닭들의 놀이터로 늘 오물과 배설물이 즐비해도 행복은 북적거리는 살아있는 생물들의 아우성 거리는 움직임에서 느껴집니다. 밤새 내린 마당에 하얀 눈 위에 바둑이 발자국과 새 발자국들은 어떤 인위적인 힘으로도 그런 아름다움은 만들 수 없다. 순간 불어오는 겨울 세찬 바람은 가을 낙엽 진 앙상한 나뭇가지 위 눈들을 털어낸다. 그 밑에서 눈에 날벼락 맞은 바둑이는 묻은 눈을 털어내느라 털을 곧 세워 온몸을 흔들어 댄다. 바둑이 흔들어 대는 바람에 지나가던 암탉이 놀라 꼬꼬댁댄다. 꼬꼬댁대는 소리에 뭔 일인가 풀 먹던 염소마저 야금야금 씹던 주둥이를 멈추고 흘깃한다. 그것을 지켜본 가족들은 한바탕 웃음바다가 된다. 마당에는 눈 치우다 말고 아이들끼리 하는 눈싸움의 묘미도 눈사람 만들며 즐기는 소리도 재미있다. 오후가 되면 초가집 지붕 위에 눈이 녹으면서 떨어지는 물방울은 먹이 찾아 몰려드는 새소리와 장단을 맞춘다.

산에 눈이 쌓여 있으니 오랜만에 할아버지는 윗방에서 짚으로 가마니를 짠다. 하나씩 짚과 짚 사이로 새끼줄 뭉치 더미를 위아래로 움직이니 새끼줄 실을 엮으며 가마니가 짜진다. 하나씩 움직이는 새끼줄이 할아버지가 짚을 훑어 얹는 소리와 가마니를 짜는 기계 소리가 하모니를 이룬다. 종일 움직여도 가마니 한 개도 못 만들면서 할아버지는 뭐가 좋은지 흥얼거린다. 윗방은 온통 지푸라기와 먼지로 가득해도 다음 해 농사 재료로 사용해야 하므로 할머니도 뒤치다꺼리하며 불평을 하지 않는다. 힘든 노동에도 점심의 식사는 찐 고구마에 동치미 한 사발이면 된다. 할아버지는 반찬이 부실하다고 어떠한 불평이나 타박도 없다. 모두 할아버지의 녹록하지 않은 살림살이 때문이라 늘 할머니에게 미안해한다.

설날이 되니 친척들이 모여든다. 할아버지는 아껴두었던 벼를 찧어 떡을 만들도록 준비한다. 1년 내내 농사지은 콩이며 팥이며 고추 등 광과 곳간에서 곡식들을 다 꺼내 놓고 친척들에게 나눠준다. 다 퍼주어도 또 이듬해 농사지어 다시 채워 놓으면 된다. 할아버지는 초가집처럼 진실 되다. 할아버지의 초가집은 남루하고 초라해도 꽉 들어찬 수확으로 언제나 따뜻하다.

그 초가집은 할아버지와 할머니와 함께 사라졌다. 그 집터에는 오래된 감나무와 고염나무만 하늘을 향해 있다. 이미 사라진 초가집 터에는 낯선 사람의 발자국이 나 있고, 북적거리던 행복한 웃음과 아우성은 집터 밑에 콕 박혀있다. 할머니가 사용하던 절구나 맷돌마저 떠돌이 장사꾼들이 가져가고 초가집 뜰을 바치던 주춧돌만 터 가장자리에 내팽개쳐 있다. 그러나 그 초가집은 할아버지와 할머니 품처럼 언제나 그 누군가의 마음속에서 푸근하고 포근한 고향 집 같은 향수로, 기억 저편에, 추억 저 너머에 그리움으로 남아있다.

## 작고나미 사람들

가장 힘든 시기에 태어나 전쟁을 겪어 허물어지고 파괴된 시기에 배곯이를 하며 살아야 했던 작고나미 사람들, 나라 전체가 힘들고 어려운 시기지만 내가 본 가장 아름다운 희생과 가장 가여운 사람들이 모여 산 마을이다. 전쟁의 후유증으로 평생 고생을 안 고 살아가는 사람들이 있다. 그 후유증으로 밤마다 고통스러워 잠을 못 이루거나 정신적 고통으로 다소 과한 행동을 하는 사람도 있다. 모두 전쟁으로 얼룩진 아픈 상처들이다. 난 이곳 사람들만 보고 자랐기 때문에 이 사람들이 소중하고 가장 안타깝게 느껴진다. 작고나미에서 태어난 사람도 이곳에 인연이 닿아 들어 온 사람도 이 구렁에 사는 사람들은 고생을 달고 산다. 소가족이든 대가족이든 없는 것은 마찬가지고 일하는 것도 마찬가지이다. 없어서 서로 나누는 정도 두텁고 슬프면 함께 눈물 흘려 주는 것도 슬픔을 덜어 주는 정이다. 이들의 살아가는 여정은 다 비슷하다.

봄이면 앞산에 진달래꽃이 만개한다. 얼마나 급한지 잎보다 꽃이 먼저 나와 세상에 봄의 계절을 알린다. 분홍 진달래꽃 앞에 설레는 마음이 살랑이는 봄바람에 여인들의 마음마저 들뜬다. 복사꽃 같은 여인의 살갗이 덩달아 피어오르고 봄볕 아래 아지랑이 피어오르니 노곤한 여인의 낮잠을 유혹한다. 집 울타리에 핀 노란 개나리가 여인의 외출을 재촉하고 밭 끄트머리에 핀 복사꽃이 여인의 마음을 들뜨게 부채질한다. 우물터에 겨우내 묵었던 옷가지들을 싸 들고 삼삼오오 모여 여인네들의 입담과 웃음이 벅적댄다. 목 언저리에 살짝살짝 보이는 뽀얀 속살이 여인의 향기를 풍기며 빨래 헹군 물과 대조를 이룬다. 밝은 웃음에 곁들인 폭소에 하얀 잇몸 만개하며 여인들의 얼굴이 환하게 핀다. 양지바른 언덕에 소쿠리 들고 올라 냉이와 달래 캐어 가족들 된장국에 넣으면 그 향기가 잃었던 입맛을 돋운다. 마당에는 며칠 전 태어난 햇병아리들이 어미 닭을 따라 줄줄이 나란히 다니고 그 뒤로 막 태어난 새끼강아지가 뒤따른다. 농부는 또 농사 준비에 바쁜데 여인네들의 봄바람은 성숙한 여인의 향기가 되어 더 분다.

여름이 되니 초록의 향기가 대지를 뒤덮는다. 내리쬐는 태양 아래 구슬땀 흘리며 논과 밭에서 허리 펼 새 없이 부지런하게 움직이는 농부들은 파 놓은 시원한 우물로 마른 목을 채우며 배고픈 줄 모르고 자라나는 식물과 벗 삼아 대화하다 보면 어느새 저녁노을이 발길을 재촉한다. 해 질 녘 집으로 돌아오는 농촌의 풍경은 우아하다. 길옆에 빨갛게 익은 산딸기 한 줌 따서 암소 한 마리 앞세우고 지게 지고 작대기 잡고 소쿠리에 소먹이 풀 얹고 천천히 움직이는 농부는 집에서 기다리는 아이들의 재잘대는 환대에 하루의 고단한 여정이 녹는다. 여인네의 구수한 된장찌개 냄새가 마당에 가득하면 흙먼지 대충 씻고 마루에 걸터앉아 오순도순 보리밥 한 사발 뚝딱이다. 마당에 모깃불 펴놓고 찐 옥수수와 감자를 먹어 가며 모기장 안에서 바라보는 밤하늘의 별은 참 무수히 많다. 어린아이들은 그 별을 가슴에 품고 먼 훗날 무엇이 되어있을지 모르나 꿈은 창대하고 위대하게 갖는다. 지금 이 순간 마당에 멍석을 깔고 밤하늘을 바라보며 무슨 생각을 하는지 서로 비밀로 간직하고 부단히 그 꿈을 향해 나아가는 것이다. 가다 보면 돌부리에 걸려 넘어질 때도 있고 나무 그루터기에 걸려 고꾸라질 때도 있을 것이다. 넘어지면 일어나서 걷고 걷다가 다리를 다치면 나무껍질로 묶고 다시 걷는 것이다. 여름의 초록 향기가 듬뿍 들어간 청춘은 젊음이 있기에 푸르고 젊어서 아프고 젊기에 슬픈 것이다. 고통 없이 얻어지는 것은 아무것도 없다. 여름의 더위가 꿈을 방해하고 넘어진 다리가 고통을 준다고 해도 그런 어려운 극복 없이 얻어지는 것은 아무것도 없다.

작고나미 사람들이 가장 힘들어하는 담배 농사는 손도 많이 가지만 묘 파종부터 가꾸고 담뱃잎 따서 말려 담배 조리까지 해야 하니 일이 많다. 그야말로 중노동이다. 8월 초까지 모든 담뱃잎을 말리면 9월부터 담배 조리를 시작한다. 담배 농사철에는 사람이 사람 같지 않아 사람 꼴이 안 난다. 담배에서 나오는 담뱃진 때문에 손이며 살갗이 검게 변하고, 얼굴은 여름 태양에 그을려 검게 타고, 옷을 입어도 그저 누더기 노숙자 같다. 남자들은 말할 것도 없고 여인들도 긴 머리는 땀에 절고 일 바지는 흙먼지와 담뱃진에 서로 붙어 여자라기보다는 일하는 일꾼이다. 하루 일이 끝나면 긴 한숨으로 하루의 일과를 정리하나 내일 더 버거운 일이 기다리고 있다. 그렇게 여름은 그 향기만큼 향기롭지 않고 여름의 진한 땀 냄새만 풍긴다.

작고나미도 어김없이 가을이 왔다. 자연은 오색 물감을 흩뿌려 놓은 듯 화려하다. 화려한 만큼 사람들의 얼굴엔 근심과 걱정과 기쁨이 다양하다. 농사가 잘된 집은 걱정이 없지만 농사가 안된 집은 울상이다. 일 년 열두 달 허리 펴지 않고 논과 밭에서 살아도 손에 쥔 것은 겨우 식량뿐이다. 남는 것도 저축할 것도 없다. 늘 그 해가 그 해인 그날이 그 날인 것이다. 그나마 제일 힘든 담배 농사를 해야 돈푼이나 만져 볼 수 있지만 작고나미 사람들은 이 농사를 농사 중에 제일 어려워한다. 황금 들녘에 펼쳐진 가을은 수채화 그림 같다. 여길 보아도 저길 보아도 어딜 보아도 감탄이다. 녹록하지 않는 형편에 자연이 주는 기쁨마저 없다면 작고나미 사람들은 무엇으로 위로를 받아야 하는가. 굽어진 등에 아무리 무거운 지게를 짊어져도 일어날 때 작대기가 바쳐주니 덜 힘들 것이다. 햇빛을 피하려 미간을 찌푸려도 가을이 주는 풍성한 수확에 한 번 웃으면 되는 것이다. 일 년에 수백 번 굽이진 고개를 올라다니느라 굳어지고 터진 발바닥이라도 자식이라는 희망의 싹이 자라고 있으니 무엇을 더 바라겠는가. 쌀밥이 아니라 구황작물만 먹어도 남에게 해를 끼치지 않고 또 남에게 손 벌리지 않고 살아가면 그것이면 되는 것이다. 가을 수확에 남은 것이라고는 자식들 교육 때문에 고작 고구마 몇 자루만 남았다고 하더라도 그것조차 없으면 얼마나 고달프겠는가. 작고나미 사람들의 긴 한숨이 집 집마다 굴뚝 연기에 섞여 교향곡이 되어 하늘로 흩어진다.

여유와 낭만이 있는 작고나미에 사람을 그리워하며 부르는 겨울 연가의 계절이다. 없어서 떠난 사람도 아프고 없어서 남아있는 사람도 아프다. 떠난 사람은 일터에서 부모와 시대를 원망하고, 남아있는 사람은 또 현실에 처한 상황에 대처하느라 그 무엇에 원망스럽다. 그 원망의 대상은 꼭 부모이다. 그러나 그 부모는 그러고 싶어서 그랬겠는가. 어찌하다 보니 여기까지 왔고 이러 저러하다 보니 그렇게 된 것이다. 누굴 탓하거나 원망하지 말고 주어진 환경에 적응하며 그 환경에서 탈피하도록 해야 한다. 겨울 농한기에도 쉬지 않고 노력하는 자만이 이 어려운 상황을 이겨낼 수 있다. 가만히 있으면 늘 제자리고 원망만 하면 원망이 더 커져 부정적인 감정만 쌓이게 된다. 어려운데 자꾸 불평하고 현실을 비판하며 세상을 부정하면 또 그 자리인 것이다. 그냥 내 처지와 환경을 인지하고 받아들여 다시는 뒤로 후퇴하지 않는 것이다. 힘들다고 술에 의지하고 타락하여 가정의 불화와 갈등을 유발하고 가족에게 공포를 조성하는 것이야말로 불행의 씨앗이 되는 것이다. 작고나미 사람들은 어려운 환경에서 힘들고 고단하게 살아온 사람들이다. 누구 한 사람 고생하지 않은 사람이 없다. 내가 본 내 앞에 있던 작고나미 사람들은 힘들어도 참고 슬퍼도 눈물 삼키며 고된 하루를 견뎌낸 사람들이다. 지금은 어느 곳에서 무엇이 되어 살아가고 있는지 모르지만 그 시대 그 사람들은 위대하고 훌륭하다. 난 그분들을 영원히 잊지 못할 것이다.

# 연화

연화는 어릴 적 고향 친구다. 나에게 사람이 소중함을 알게 해주고 나에게 밤이면 집에 들어가 잠자고 해가 뜨면 다시 또 그 집과 내 집을 오가며 우정을 알게 한 친구다. 내가 가장 처음 만나 가장 좋아한 내 친구다. 연화는 내가 7살 되던 해 나한테 인사도 없이 청주로 떠났다. 시골 한구석에서 친구를 떠나 보낸 나는 연화가 그리워 매일 그녀가 살던 집을 서성이며 슬퍼서 눈물을 흘린 적이 많았다. 연화가 떠난 그해는 정말 어린 마음에도 슬픔이 가시지 않고 몇 년 동안 힘들었다. 밥 먹기도 싫고 누구랑 대화하기도 싫어 매일 이불 속에 누워서 울었다. 엄마는 연화 때문에 그러는 나를 타이르고 어르고 달래며 다음에 만나면 된다고 위로했다. 그러나 어떠한 위로도 나에게는 연화만큼 중요하지 않았다. 너무 보고픈 날에는 아무도 몰래 연화네 집 앞까지 뛰어갔다가 오고 연화랑 그림 그려놓은 도화지를 꺼내 눈물을 흘리기도 했다. 때로는 연화네 집 뒤에 있는 미루나무 꼭대기에 걸려있는 연줄을 보며 겨울에 날리며 놀던 그때가 자꾸 생각이 났다. 가을이면 연화네 집 오래된 감나무에 열린 고봉 감을 보며 감빛을 닮은 연화의 얼굴이 떠올랐다. 청주에 가본 적 없는 나는 청주가 어디에 있는지 얼마나 먼지 알 수가 없었다. 그녀가 달구지 타고 떠난 주막집 골목만 끊임없이 바라보며 그녀의 발자취를 상상했다. 그렇게 10년이 흘렀다.

고등학교 입학하고 연화를 찾아 나섰다. 연화가 사는 곳은 내 힘으로는 찾을 수 없었다. 나는 지인의 도움을 받아 연화를 어렵게 찾았다. 어릴 적 모습은 온데간데 없고 어떤 낯선 여인이 내 앞에 나타났다. 어려운 형편에 야간 학교에 다니며 직장 생활을 하느라 나보다 더 나이 들어 보였다. 나는 연화라는 것을 확인하고 너무 반가워 와락 안아버렸다. 연화도 나를 알아보고 반가워했다. 연화네 집에 가서 할머니께 인사 올리고 오순도순 이야기하다가 집으로 돌아왔다. 꿈같은 시간이었지만 마음 한구석이 무거웠다. 가정 형편이 어려워 주경야독하니 이젠 만날 수 없게 되었다. 나는 연화랑 만나면 다시는 헤어지지 않겠다고 다짐도 했지만 연화는 나를 자꾸 피하는 듯 보였다. 나는 또 다른 그리움을 안고 살아가야 했다.

수십 년이 흘렀다. 연화도 나도 이젠 중년이다. 이젠 모든 자존심을 내려놓고 친구로 옛 고향 꼬맹이 동무로 남고 싶다. 그러나 찾을 수가 없다. 같은 하늘 아래서 다른 꿈을 꾸고 살아가고 있지만 연화를 생각하는 내 마음은 어린 시절이나 지금이나 변함이 없다. 연화는 지금 어디서 무엇을 하며 무슨 생각을 하고 살아가고 있을까? 내가 연화를 좋아하며 그리워하는 것만큼 연화도 나를 그리워하려나. 연화가 나를 그리워하든 안 하든 상관없다. 내가 좋아하고 그리워하며 내 마음속에 연화를 가두고 나만 행복하면 된다. 연화가 어디에 살든 어디서 무엇을 하든 난 연화가 좋고 만나고 싶다. 세월이 병들어 신음하여 연화를 기억조차 하기 어려워지면 더 아프고 슬플테니까... 연화는 내 인생에 그리움이자 내 마음속 사랑이며 내 기억과 추억 속 진정한 동무이다.

# 눈물

눈물은 신체에서 쥐어짠 가장 아름다운 결정체이다. 눈물은 다양한 사연이나 다양한 원인으로 나올 수 있다. 눈물이 없는 사람은 매정한 사람으로 단정하기도 하고 눈물이 많은 사람은 수도꼭지 같다는 말도 한다. 사랑하는 사람 앞에서 흘리는 눈물은 이슬처럼 맑고 영롱하다. 눈물은 슬프거나 매우 기쁠 때 흘러나오며 방울이나 줄기가 세는 단위이다. 눈물은 때로는 무기도 되었다가 강자 앞에 나약한 패배의 그림자가 드리우면 그것을 대신하기도 한다. 보는 사람이나 당하는 입장에서 보면 어떤 눈물은 아름답기도 하고 어떤 눈물은 초라하여 비참하기도 하다. 기뻐서 흘리는 눈물은 이쁘나 슬퍼서 흘리는 눈물은 아프고, 심하게 고통스러워 흘리는 눈물은 안쓰럽다. 너무 고통스러워 흘리는 눈물은 아픔을 참지 못하고 눈가를 찡그려 고통을 짜낸 최후의 몸속 수분이다. 너무 슬플 때 흘리는 눈물은 뒤늦은 참회가 후회와 미련으로 뒤섞여 반성하고자 하는 자기 합리화 물질이다. 너무 즐거워 무의식적으로 나오는 눈물은 눈물이 아니며 그냥 눈의 땀이다.

억울하여 쉴 새 없이 흘러내리는 눈물을 인위적으로 막고 거두면 헐떡거리는 목 울음이 목구멍을 막아 분노에 얽힌 서러움은 이내 심장에서 벌름댄다. 더 쏟아내고 더 큰 소리로 울부짖으며 눈물이라도 펑펑 쏟아내야 그 분노와 서러움은 풀린다. 그래도 분노와 서러움이 안 풀리면 이내 소리치며 뭐든 집어 던져야 그 서러움과 분노가 사그라지고 수그러진다. 그러나 그 분노의 잔재는 심장과 가슴의 헐떡임으로 여전히 남아있다.

슬퍼 흘리는 눈물은 소리 없이 흘러내리는 이슬과도 같다. 너무 슬프면 눈물조차 나지 않고 기가 막혀 멍하게 된다. 부모님과 영원한 이별 앞에 못다 한 불효만큼 더 큰 슬픔이 어디 있겠는가. 부모님의 자식으로 태어난 것조차 죄스러운 것을 무슨 할 말이 있나. 부모님의 자식이 아니었다면 애태울 일도, 미간을 찌푸리고 속상해 마음 아프고, 소리 없이 흘러내리는 눈물로 뒤늦은 참회로 눈물 흘리지 않겠지.

이별 뒤에 흐르는 눈물은 너무 아프다. 누구의 잘잘못을 떠나서 헤어진 연인에 대한 그리움의 이별은 마음이 너무 가버린 사람이 더 아프다. 마음이 별로 없는 상대는 그냥 잊어버리고 살겠지만 그렇지 않은 상대는 이미 몸보다 마음이 너무 가버려 뒤돌아 오는 거리만큼 눈물을 흘려야 하니 더 아픈 것이다. 사랑하는데 안 아플 만큼만 사랑해야지 계산하며 사랑하는 사람은 없다. 시간과 사람과 환경과 공기가 사람을 사랑하도록 만들며, 그런 것들 때문에 이별도 만들어져 결국 더 깊이 사랑한 사람이 눈물을 흘리게 된다. 이것은 자신의 의지와 노력으로만 그 눈물을 닦을 수 있다.

화와 짜증이 나서 흘리는 눈물은 뜨겁고 무섭다. 눈 안에 들끓는 화가 불덩이처럼 타올라 눈물도 뜨겁다. 이것은 분노와 다르다. 무슨 일이 안 풀리거나 타인에 의해 발생하는 스트레스로 짜증과 화는 끝내 한바탕 쏟고 나서야 풀린다. 이것은 옆에서 말려서도 안 되고 달래서도 안 된다. 그냥 내버려 두어야 한다. 그렇게 한바탕 쏟고 나면 마음이 진정되고 카타르시스를 느끼게 된다. 그런 다음에 다음 단계의 일을 처리하게 되어 일의 능률을 올릴 수 있다. 그러나 이러한 눈물이 반복되면 몸이 아플 수 있으니 조심해야 한다.

계절을 타며 공연히 흐르는 눈물이 있다. 이것은 아름답고 인생을 돌이켜 볼 수 있는 자신만의 감정이입에서 나타나는 눈물이다. 특히 가을에 하늘은 높고 맑은데 길가에 낙엽은 지고 쓸쓸한 공기마저 온몸을 휘감을 때 자신도 모르게 고독을 씹으며 눈물까지 흘리게 된다. 인생의 의미를 깨닫고 인생의 의문을 자기 스스로 질문을 던지며 허무함을 느끼기도 하는 가치 있는 눈물이다. 이러한 눈물은 자주 흘릴수록 더 깊은 생각을 하게 되고 우울증의 원인이 되기도 하여 이런 경우 사람을 만나 대화하고 산책을 즐기는 것도 도움이 된다.

눈물은 때로는 필요하다. 바늘로 찔러도 피 한 방울 나오지 않는 매정한 사람도 겉으로 드러나지 않는 것이지 마음속으로 눈물을 삼킬 수도 있다. 눈물은 자신이나 타인이 보기에 고운 것일 수도 보기 흉할 수도 있다. 눈물은 때나 장소에 따라 의미가 다르며, 때로는 아무도 없는 곳에서 어둠 속에서 자신만 있는 공간에 들어가 눈물을 펑펑 쏟고 싶을 때도 있을 것이다. 어떤 경우에는 추하고 비참하게 보일 수도 있다. 어떤 눈물이든 어디서든 눈물을 쏟고 나면 마음에 정화도 되고 더 발전할 수 있는 계기나 다짐이 생기기도 한다. 그러나 어떤 눈물이든 한 번 흘린 눈물은 다시는 같은 오류를 반복하지 않겠다는 후회의 눈물이 되지 않도록 다짐해야 한다.

# 앞산에 핀 진달래

우리 집 앞산에 핀 진달래. 해마다 같은 장소에 피는 진달래는 무슨 생각을 하고 있는 것일까? 쌀쌀한 날씨와 찬바람은 겨울을 놓아주지 않는데 꽃은 피려고 진달래 꽃망울이 벌써 맺혔네. 빼어난 몸을 뽐내며 성격이 급해 잎보다 꽃이 먼저 얼굴을 불쑥 내민다. 너무 진하지도 흐리지도 않은 분홍빛 꽃물을 머금고 연분홍 꽃잎을 매달고 지나가는 사람을 유혹하는구나. 앞산 중턱에 옹기종기 모여 있는 진달래가 능선을 타고 타오른다. 산마다 만발한 진달래가 분홍빛으로 붉게 물들어있다. 이쪽 산등성이에는 군락이 유난히 맑은 연분홍빛을 띠고, 그늘진 저쪽 산등성이 진달래 군락은 더 진한 홍색을 띠고 있다.

여리게 홍조 띤 내 집 앞산 진달래야말로 한겨울 모진 풍파를 겪고 성장한 억척스러운 결과물이 아닐 수 없다. 모든 험난한 인생을 극복하고 활짝 핀 인간의 멋진 모습처럼 고난 속에 피어 더 곱고 추운 겨울을 이기고 버텼기에 더 아름답다. 비 온 뒤 하늘 아래 산등성이에 핀 진달래꽃은 더욱 붉다. 험한 산에 애처롭게 매달려 피어있는 진달래는 그건 그대로 곱지만 낮은 야산에 핀 진달래는 수줍듯 소나무 뒤 바위틈에 숨어있다. 듬성듬성 흩어져 있는 꽃도 촘촘하게 군락을 이루고 피어 숲을 이루고 있는 꽃도 어찌 겨울 세찬 바람을 견디지 않았으랴. 고통 없이 얻어지는 것이 없듯이 아름다운 모습을 절정에 터뜨리기 위해서 홀로 보이지 않게 얼마나 많은 노력을 했을까. 그 색과 존재와 노고에 고개가 저절로 숙여진다.

붉은 진달래 숲길을 걷다 보면 마치 분홍색 카펫을 걷는 듯 신선이 사는 세상에 와 있는 듯하다. 너무 황홀하여 혹여 스치는 발걸음에 꽃잎이라도 해가 갈까 조심조심 열 발가락 곧 세워 걷는다. 자연에 감사하고 숨 쉬는 공간에 은혜로운 이 땅에서 하늘을 받치고 있는 삼봉산 아래 작은 오두막에서 앞산에 핀 진달래를 보며 아침에 일어나 감탄하고, 여유로운 오후에 황홀감에 빠져 저녁노을에 진달래를 맡기고 잠자리에 들기 전 내일 재회를 약속하며 말려 놓은 은은한 진달래꽃 차 한 잔 마신다.

바쁜 아침에 흘깃 앞산의 진달래꽃을 보고 일과를 시작하려 하지만 곱고 아름다운 진달래꽃의 유혹에 일은 손에 안 잡히고 시선이 자꾸 앞산으로 간다. 잎보다 꽃이 먼저 나온 진달래꽃 뒤로 푸른 소나무가 대비되어 더 고운 빛을 발산하고 있다. 이산 저산에 따로 또 함께 군락을 이루며 벌어진 깔대기형 모양을 하고 홍색과 자홍색을 띠며 애틋한 사랑의 꽃말을 담고 봄의 상징적인 꽃으로 서 있다. 너무 진하지도 너무 약하지도 않은 꽃 물색을 담고 닥쳐오는 풍파를 온몸으로 막고 견디며 살아온 인내의 산물 같아 꽃보다 못한 인간이기에 너무 부끄럽다. 곱고 고운 진달래꽃이 지면 진달래꽃 흉내를 내며 으스대는 철쭉이 등장하나 깊은 몸에 독을 숨기고 있으니 아무리 더 진한 색을 담고 있다고 해도 그 꽃과는 비교 대상이 아니며, 어떤 진한 독 향기를 품고 유혹한다고 해도 절대 끌리거나 넘어가지 않는다.

우리 집 앞산에 핀 진달래꽃은 바라보는 사람의 마음을 잘 안다. 바라보는 사람이 무슨 생각을 하고 있는지, 꽃을 꺾고 자신을 해치러 온 사람인지, 아니면 자신을 바라보며 은은한 모습으로 미소 띠며 고운 말을 해줄 것인지, 또는 너무 슬퍼 꽃을 보며 위로를 받으려고 왔는지, 무엇이 그리워 하소연하러 온 것인지 다 알고 있다. 진달래꽃은 앞산에서 작은 오두막집 소녀와 같이 살아왔고 소녀가 성장하는 모든 모습을 다 봤다. 그래서 그 꽃은 한 인간의 모습이며, 인간의 삶과 인간의 인생으로 산 중턱에 버젓이 자리 잡고 서 있다.

# 이슬

아침 햇살에 맑은 이슬이 풀잎 끝에 매달려 있다. 햇살이 나오기 전 살랑이는 미풍에 또르르 물방울을 털어낸다. 임이 그리워 밤새 지새운 어느 여인의 마음의 눈물인지, 새벽녘 여인의 눈에서 떨군 눈물인지 하나씩 흘러내린다. 청초한 물방울이 여인의 마음을 아는지 모르는지 아랑곳하지 않고 녹색 풀잎 위에서 이리저리 춤추더니 곡선의 풀잎을 타고 움직인다. 휘어 비틀어진 잎사귀 위 이슬이 비를 맞은 듯 흠뻑 젖어 옷을 말리려고 햇살을 기다리고 있다. 아침 이슬 몰래 훔쳐먹고 안 먹은 듯 숨죽이고 있는 나팔꽃은 미동도 없이 방긋 웃으며 햇살 아래 혼자만 당당하게 꼿꼿하다. 이슬 덕분에 모든 식물이 목을 축이니 맑은 이슬방울은 영원히 혼자만 빛나고 영롱하여 부러움을 한껏 몸에 받고 자만에 가득 차고 교만하고 태만하며 욕망과 욕심이 하늘을 찌르고 있다.

하늘은 너무 맑아 대지에 수일째 비가 내리지 않는다. 밤새 차가워진 대지 위에 그래도 식물들은 새벽에 맺힌 이슬로 목을 축인다. 밤새 자연이 빚어 놓은 수많은 이슬이 영롱하게 신비롭게 아름답다. 손가락을 대면 톡 터질 것만 같은 투명하고 맑은 이슬이 이 잎새 저 잎새에 동글동글 맺혀있다. 어떤 이슬 물방울은 잎새 끝에 매달려 약을 올리는 듯하고, 어떤 물방울은 잎새 위에 올라가 잘난 척 뽐내기도 하지만 햇살만 나타나면 모두 쥐죽은 듯 조용하다. 촉촉한 이슬을 뒤집어쓴 식물은 맘껏 목을 축이고 햇살 아래 남은 옷을 말리려고 서로 몸을 내밀고 있다. 아는 듯 모르는 듯 실수로 풀숲에 들어간 바둑이는 털을 흠뻑 적셔 묻은 물방울을 털어내느라 가관이다. 부지런한 닭들은 모이 주워 먹으러 풀숲에 드나들다가 깃털마저 젖어 물방울 털어내느라 후다닥거린다.

비록 자연 현상으로 발생하는 아주 작은 이슬이 뭉쳐진 물방울이라 하더라도 그 이슬 물방울로 인해 연달아 일어나는 자연과 생물들이 주는 즐거움은 생각하며 살아가는 인간들에게 기쁨과 살아있다는 의미를 부여해 주는 자극을 준다. 인간이 이슬처럼 맑고 영롱하고 신비롭게 살아간다면 세상은 깨끗하고 아름다울 것이다. 그러나 너무 아름다운 것만 존재한다면 그 아름다운 정도를 모르기에 좀 덜 아름다운 것도 좀 더 추한 것도 세상에 함께 존재하는 것 같다.

맑은 날씨에 수일째 비가 내리지 않는 대지의 식물은 아침 이슬

먹고 힘찬 하루를 준비한다. 그렇게 풀잎 끝에 매달려 잘난 척 뽐내던 이슬방울도 이내 햇살 아래 지워진다. 영원히 빛날 줄만 알았던 영롱하고 신비로운 아침 이슬은 햇살 뒤에 그 흔적도 없이 사라진다. 햇살에 순식간에 이슬이 마르는 것처럼 인간의 인생도 풀잎에 맺힌 초로(草露)와 같다. 그 찰나의 순간을 살다 가면서 수천 년을 살 것처럼 교만과 욕심과 태만과 자만으로 가득 차 있다. 이젠 모든 것들을 햇빛 아래 이슬처럼 다 지우고 힘들고 어려워도 오늘을 잘 살아내고 또 다음날 그저 편안하게 웃으면 된다.

# 송년회의 추억

한 편의 파노라마 같다. 하얀 눈이 온 세상을 뒤덮은 저녁, 옷맵시를 뽐내며 각자 자신이 이 자리에서 제일 소중하고 중요한 사람으로 모두 다 주인공이 되어 등장하자 1년 동안의 삶의 활동이 파노라마처럼 펼쳐진다. 사실적인 그림을 그려 넣은 듯 실제의 느낌을 주듯 그 사연들의 우여곡절이 담긴 연속적이고 연이은 광경들, 시야에 들어오지 않을 만큼 좌우로 둘러앉은 사람들, 술잔을 주고받으며 회포를 푼다. 아직도 생생한 그 날의 기억, 아우성 거리며 각자 살아온 자기만이 알고 있는 그 영상과 모습을 엿보는 나는 왜 자꾸 안쓰러워 보일까. 잘 살아냈다. 건강하니 이 자리에도 올 수 있고 어려운 그 시간을 잘 버텨낸 지금 나도 동창도 각자 서로 참 고맙고 감사하다.

초등학교는 한 해를 보내는 송년회로 동창회와 겸해서 한다. 어릴 때부터 함께 자라 더 정이 도탑고 사이도 가깝고 친할수록 더 예의를 지켜야 하지만 너무 편해 예의는 없고 너무 친해 가리는 것이 없다. 신사 숙녀로 하나씩 멋지고 꼿꼿하고 멀쩡하게 들어왔다가 이내 여기저기 돌리는 술잔에 얼굴이 붉고 몸은 비틀대며 나간다고 해도 오늘만큼은 그냥 좋다. 취기가 올라야 더 편하게 대화할 수 있고 못다 한 이야기보따리를 풀어낼 수 있다. 그래, 한 잔 더 해보는 거다. 마셔라, 부어라, 따라라, 신들이 나서 식당이 떠나가도록 웅성댄다. 한구석에서는 쓴 술잔 기울이며 인생을 논하자니 깊은 한숨이 나기도 한다. 술이 이기는지 각자 자신이 이기는지 세상과는 싸우지 못하고 술에 취해 술 힘으로 세상을 자기 마음대로 휘둘러 본다. 술기운을 빌어 그 옛날 풋사랑에 동정도 받아보고 친구들의 눈길도 받으며 어리광도 떨어 본다. 술에 취한 벌건 얼굴들이 중년의 붉음으로 휘청거린다. 깊어가는 겨울밤, 취기에 비틀거리는 중년의 아름다운 몸짓이 낮에 내려 얼어붙은 아스팔트 위 눈 얼음처럼 차갑다. 이젠 각자 집으로 돌아가 다음 송년회에 또 건강하게 만나 회포나 풀어보면 되는 것이다. 인생 뭐 별 것 있는가. 잘난 사람도 못난 사람도 같은 하늘 아래 함께 숨 쉬며 살아가며 가끔 만나 막걸리 한잔할 여유면 되는 것이다.

고등학교 동창회는 어느 정도 수준이 비슷하여 말조심하고 서로 눈치를 보며 다소 부정적이거나 각자 본인에게 약간의 약점이 간다면 우회적으로 그 주제를 피한다. 학창시절 경쟁 상대여야 했기에 여전히 그 경쟁의 뿌리가 알게 모르게 마음과 뇌리에 남아서 서로 의식하게 되어 쉽게 마음을 열거나 쉽게 다가가지 못한다. 청소년에 만나 중년이 되어도 그 자존심은 마찬가지이다. 중년이 된 지금 중한 게 뭣이 있다고 그렇게 도도하고 위엄있게 서로 자존심을 세우고 알량한 자존감을 높이려 하는가. 중년의 고등학교 동창들은 자신의 위치와 경제적 상태를 비교하며 자신보다 더 잘난 친구에게는 시선조차 주지 않고 자존심에 상처를 입고 그나마 다음 동창회에는 참가하지도 않는다. 연락마저 끊고 자기가 우월하다고 판단되는 동창끼리만 만남을 유지한다. 본인 위주의 판단이 옳고 그른 것의 기준으로 삼고 그 기준으로 다른 동창을 결정하는 이기적이고 주관적인 고등학교 동창회는 일단 잘나야 한다. 그리고 절대 한 발도 물러서지 말고 절대 휘지도 말고 단단하고 꼿꼿해야 한다.

대학교 동창회는 그 만남의 이유와 대화의 정도가 다르다. 일단 주제부터 정치나 사회에 대한 폭넓은 주관적인 사고방식으로 각자 본인이 치우친 정당 성향의 비판과 찬양이 자기중심적이다. 본인의 정당에 맞는 친구는 긍정적으로 대하고 상대편 진영에게는 목소리부터 커진다. 그것은 본인의 직장 위치에 따라 친구들을 부하나 상사 대하듯 하고 본인의 직장대로 동창들을 처우하는 버릇이 있다. 그것은 모임을 지속하기 위해서 반드시 고쳐야 할 습관이며 태도이다. 중년이 된 지금 대학 동기는 이혼이나 이별한 친구들이 있다. 자신의 처지가 그러한 환경에 처해 있으면 동창회에는 나오지 않는다. 나오더라도 기가 한풀 꺾여 있고 기분도 별로 안 좋아 보인다. 차라리 안 나오는 것이 더 편하다. 그래도 보고 싶으니 나오면 동창들은 그 친구의 처지나 상황 등 해당이 되는 말은 삼가해야 한다. 말이 잘못 나오면 어김없이 안색이 변한다. 이혼으로 자식과 이별한 친구 앞에서는 남편이나 자식 이야기도 하지 말아야 한다. 생활이 어려운 동창 앞에서는 사적인 경제나 재정에 관한 어떠한 주제도 꺼내지 말아야 한다. 자칫 오해를 살 소지가 있다. 이것저것 삼가고 가려서 해야 할 말들이 너무 많아진다. 또 현재 직장이나 출세의 정도에 따라 근엄하고 예의 치레를 하는 경우도 많다. 그러면 어디 어려워서 동창회라는 모임에 그 친구를 초대할 수 있겠는가.

석 · 박사 모임은 그야말로 끝판왕이다. 고고하고 도도하여 정치, 경제, 사회, 문화, 국제정세까지 모든 것을 초월한 깊고 높은 학문을 바탕에 깔고 이야기가 시작된다. 뭐든 하나 걸리면 논문 주제가 되고, 뭐든 하나만 오류가 발생하면 득달같이 달라붙어서 파고 또 파 비판하고 비평한다. 그저 술 한잔하기가 이렇게 어려운가. 차 한잔하기가 이렇게 힘든 것인지 다음 모임이 주저하고 망설여진다. 때론 더럽고 치사하여 더 열심히 연구해야 하고, 때론 아니꼽고 가잖아서 모임이라는 것을 지우고 덮고 시선조차 피하게 되지만 서로 필요하니 또 얼굴을 보아야 한다.

동창회 모임도 그 자체만 의미를 두려고 하지만 동창회마다 등급이 있는 것 같다. 동창회 모임은 학창시절 동등한 위치에 있던 그 시절을 추억하는 것이다. 잘나고 못난 정도나 위치를 가리는 것이 아니다. 잘났으면 좋고 못났어도 괜찮다. 동창들이 서로 이해하고 동등하게 인식해야 그 모임은 지속이 되는 것이다. 이젠 우리는 더 이상 젊어지지 않고 더 늙어간다. 가장 값지고 소중한 존재가 친구라는 것도 모르며 산다는 것은 어리석고 슬픈 일이다. 동창회 모임에서 친구들마저 만나지 못하고 혼자 방안에 앉아 답답하고 지루한 하루를 보내며 더 늙어감에 초라하고 초췌하게 세월과 같이 병들어 갈 것인지 생각해 보아야 한다. 동창회는 학교를 졸업하고 학창시절을 추억하고 싶은 친구들이 그 시절을 대변하고자 하는 욕망이다. 다른 동창보다 더 돋보이려고 하는 어떠한 장식품과 전리품도 필요 없다. 얼굴만 서로 알아보고 반갑게 맞이하면 그것이면 되는 것이다. 동창회는 세월 따라 늙어가는 친구들의 웃음과 이야기와 우정을 확인하는 더 늙은 학창시절이다.

# 혀

혀는 양날의 칼보다 무섭다. 세 치도 안 되는 짧은 혀로 허위와 위선을 뒤집어쓰고 온갖 사탕발림으로 사람을 유혹한다. 내뱉는 말끝마다 거짓과 위선이고 자기 자신의 주제 파악도 못 하면서 남을 가르치려 한다. 더러워 피하지 무서워 피하지 않는다. 그래도 영원히 침묵하면 그것이 곧 진실로 둔갑해 버리는 이상한 세상이 된다. 그렇다고 상종하다간 똑같이 무식한 사람이 된다. 그냥 똥을 밟은 것이다. 살면서 다시는 겪지 말아야 할 인생의 교훈이다.

혀를 잘못 놀리고 내두르면 무고한 사람이 피해를 입는다. 그 피해는 때로는 화가 나기도 하고 아프기도 하다. 기분이 나쁘고 마음이 상하여 화가 나는 것은 나에게 중요하지 않은 사람에게 들은 말이라 그렇다. 그 말은 그냥 한 귀로 듣고 한 귀로 흘려보내면 된다.

그냥 화가 난다는 것은 개가 짖어대는 것이다. 그것은 하나도 이득이 되지 않으며 허공에 대고 떠드는 짖음에 불과하다. 그래서 화가 나는 것이다. 그것에 화는 나더라도 절대로 상처를 받지 않는다. 왜냐하면 나에게 아무 상관도 없고 기분만 나쁜 지나치는 개의 짖음에 불과하기 때문이다.

혀는 조언과 충고가 될 수도 있다. 소중하고 중요한 사람의 말이 나에게 상처나 아픔이 된다면 그것은 조언이고 충고이다. 이 충고는 많이 아프고 상처가 깊다. 그리고 반복된 잘못이나 오류를 범하지 않도록 중요한 사람이 나에게 내리는 따끔한 말이기 때문에 아프고 상처를 받는다. 그러나 아프고 상처를 받았다고 해서 그것을 아니꼽게 받아들이고 무시한다면 상당한 손해를 입을 것이다. 내가 발전하고 더 올곧은 삶을 살아가도록 웃어른이나 지인이 주는 보약이므로 반드시 마음에 새겨들어야 하고 받아들여서 내 것으로 만들어야 하는 것이다. 그것은 내가 발전하는데 큰 바탕이 되고 근원이 되며 원천이 된다. 그것은 곧 나의 자산이고 내가 살아가는데 큰 버팀목이 된다는 것을 알아야 한다.

혀는 함부로 내둘러서 남에게 오해를 사면 안 된다. 특히 당사자가 없는 곳에서 뒤에서 험담하거나 흉을 봐서도 안 된다. 그것은 진정한 지인이 아니며 진실한 이웃이 아니다. 하고 싶은 말이 있으면 당사자에게 직접 말해서 고치도록 하는 것이 좋은 친구를 만드는 방법이다. 잘못 던진 돌로 연못에 개구리는 다칠 수가 있다. 사람도 잘못 놀린 혀로 애매한 사람이 상처를 받을 수가 있다. 혀는 좋은 말만 하고 좋은 소리만 하라고 만들었을 것이다. 이왕 세상을 살아가면서 좋은 말만 하고 좋은 소리 들으며 살면 더 아름다운 세상이 될 것이다.

# Australia 기행

태평양과 인도양 사이에 있는 Australia는 한국 면적의 77배 정도로 넓고 그 대륙의 절반 이상이 서부 고원 지대이다. 국민의 대부분은 영국계와 아일랜드계가 차지하며 원주민은 전체인구의 약 1/5 정도에 불과하다. 영국의 식민지였다가 1901년 독립하여 영연방에 통합되어 공용어로 영국영어를 사용한다. 석탄, 석유, 우라늄 등 광물 자원이 풍부하며 광물과 금속 생산은 세계적이며, 주요 부존자원도 풍부하며 금융업, 제조업, 무역업이 발달 되어있다. 세계 양의 14%를 소유하고 있으며 양고기와 세계 양털 생산량의 약 30%를 수출하고 있다. 우리나라도 호주에서 수입되는 광물 자원이 많다.

2014년 1월 5일 한국날씨는 영하권 강추위였다. 나는 아들과 함께 14박 여정으로 호주 여행길에 올랐다. 인천 공항에서 비행기 타고 약 10시간 이상 이동해서 브리즈번(Brisbane) 공항에 도착하니 29도의 무더위였다. 호주의 여름은 11월에서 2월로 한국과 정반대이다. 새벽에 도착했는데도 벌써 등줄기에서 땀이 흘러내렸다. 아침 식사로 이동한 레스토랑에서 몇몇 현지인들이 모여 식사를 하는데 갑자기 더운 날씨에 새해 인사를 하는 것이다. 추운 날씨에 새해 인사하는 것에 익숙해져 있는 우리와 달리 뜨거운 날씨에 서로 새해 인사를 주고받는 광경에 나도 모르게 너무 낯설어 고개를 돌려 웃었다. 처음 접한 브리즈번은 퀸즐랜드에서 가장 인구가 많은 도시이자 주도로 호주에서 가장 여유로운 도시로 보였다. 브지즈번은 연중 300일 이상 맑은 날씨고 한겨울에도 평균 20도의 기온을 유지하며 쾌적하고 아름다워 호주 사람들이 가장 살고 싶은 도시로 꼽을 정도라고 한다. 멋진 야경과 카페와 레스토랑에서 내려다보이는 노을이 내려앉은 저녁에 시내 북쪽 브리즈번 강가는 화려하고 역동적인 모습으로 변신하여 너무 황홀했다. 안작 스퀘어의 고풍스러운 건물과 현대적 건물이 인상적으로 조화를 이루며 우뚝 솟아 있었다.

이튿날 브리즈번에서 차로 약 1시간 거리에 위치한 해변인 골드코스트로 이동한 일행은 아름다운 경치와 고운 모래에 놀랐다. 이 아름다운 금빛 해변은 그 길이가 약 70km에 이르며 약 20개가 넘는 서핑 비치가 있다. 77층 스카이 포인트 전망대에서 바라본 골드코스트 최고의 전망을 감상하니 부럽기도 했다. 하늘과 맞닿아 있는 듯 77층에 위치한 통유리 형태로 되어있는 전망대에서 도시 전체를 360도 파노라마 뷰로 아름다운 풍경을 감상할 수 있다. 그 각도와 위치에 따라 도시와 바다의 모습이 천차만별이다. 더 자세히 감상하고 싶어 헬기를 타고 해안과 시내 전경을 둘러보니 깨끗한 도시와 맑은 하늘, 그리고 끝없이 펼쳐진 바다가 멋졌다. 이곳은 내가 여행한 나라 중에서 제일 멋진 곳이다. 골드코스트에서 와인 전문점 등 6일간의 다양한 체험을 하고 우리 일행은 2시간을 비행해서 시드니에 도착했다.

호주의 수도는 캔버라지만 오페라 하우스와 하버 브리지, 개척시대의 모습을 간직한 오래된 골목과 카페, 거리 공연이 선사하는 넉넉한 여유와 낭만이 가득한 도시이다. 시드니는 다른 도시와 달리 대비와 공존이 매력적으로 존재하는 곳이다. 옛 고풍스러운 골목과 세련된 현대식 빌딩 지대가 서로 공존하고 있다. 아름다운 야경이 있는 달링 하버와 킹스 크로스, 태평양의 하얀 파도가 부서지는 서빙 족들의 천국 본다이 비치가 있어 낭만을 더한다. 많은 사람들이 서핑을 즐기고 개인 보트를 소유하고 있다는 말에 이들의 풍족하고 여유로운 삶을 엿볼 수 있다. 밤에 활기찬 우리나라와 달리 시내 상점들은 저녁 7시 전에 거의 문을 닫아 한산하다. 야생동물원과 시드니 동물원을 둘러보고 블루 마운틴 가는 과정에 페더데일 동물원에서 많은 동물을 구경했다. 블루 마운틴은 유네스코 세계 자연 유산으로 지정되었다. 이곳에는 유칼립투스 나무의 성분으로 인하여 푸른빛이 은은하게 퍼져 그 모습으로 신비롭고 웅장한 모습을 하고 있다. 가장 신비롭고 아름다운 호주의 그랜드 캐년이라 불리는 에코포인트에서 블루 마운틴의 전경을 감상할 수 있었다. 그 전경이 거대하고 웅장하며 자연 그대로 보존하고 보호하는 것은 배워야 할 점이다. 5박을 하고 우리 일행은 다시 멜버른으로 출발하기로 했으나 나는 배탈이 났다. 음식이 체했는지 토하고 엉망이었다. 다른 여행 일정을 잡지 못하고 3일간 호텔에 머물렀다. 그리고 인천행 비행기를 타고 한국으로 돌아왔다.

호주는 내가 세계 여행을 한 나라 중 가장 맑고 깨끗한 나라다. 지하자원과 광산이 풍부하여 사람들이 살아가는 삶의 여유와 낭만이 있는 나라다. 세상 어느 곳이든 장점과 단점이 있다. 그러나 본래부터 광물이 풍성하여 여유롭고 낭만이 가득하여 너무 부럽다. 자원이 부족하여 수입에 의존하는 우리나라는 이런 나라들과 경쟁하려면 더 근면 성실하게 일해야 했고 더 많이 더 높은 교육을 받아야만 했다는 정의를 깨달았다.

## 20살의 청춘

아침 햇살처럼 영롱하고 이슬처럼 신비롭고 가냘팠던 20살의 청춘, 꿈을 품고 피어나자던 자신만의 약속은 녹록지 않은 현실에 그저 주저앉고 말았지. 떨어지는 낙엽에도 슬퍼하고 너무 고운 꽃잎에도 눈물 나 눈가에 이슬처럼 맺힌 그 눈물방울, 손으로 콕 찌르면 금방이라도 쏟아질 것 같던 청명한 가을 하늘처럼 그저 맑을 줄만 알았지. 변화무쌍한 뭉게구름 따라 무지개 언덕을 넘어 잡힐 듯 잡히지 않는 허상을 쫓았던 젊은 날의 청춘아, 그 시절이 어떠했든 다시는 오지 않을 가장 아름답던 그 청춘, 마음속에서 꿈이 되고 기억 속에서 추억이 되어 이리 같이 늙어간다.

그땐 너무 버겁고 고단하여 파란 꿈 품고 앞으로 나아가고자 하나 힘은 없고, 위로 높이 솟아 날고자 하나 날개가 없었지. 별을 품고 하얀 꿈 꾸며 무지개를 따라 아지랑이 피어오르는 에덴동산에 올라가 보니 손에 쥔 건 결국 청춘이 주고 간 젊음의 아픈 방황뿐이었지. 하루의 열정으로 불태운 아름다운 학대는 치유할 여유조차 허락하지 않고, 또 젊다는 이유로 몸을 혹사하고 사서 고생해도 된다는 그릇된 인식이 불안정한 미래를 사는 청춘의 덫에 거린 청년들을 옭아매기도 했었지. 순수한 사랑마저 사치로 여기며 절제하고 욕망과 야망을 위해 정열을 태워 열정을 쏟고 애태우며 단 한 순간도 허비하지 않는 값진 노력을 끊임없이 지속해도 닿을 듯 닿지 않고 잡힐 듯 잡히지 않는 승리란 놈은 늘 풀잎 저 끄트머리에 매달려 청춘들을 조롱하며 비웃고 있었다.

포기하지 않고 달려가고 자 하나 능력은 부족하고 포기하고자 하나 이미 너무 멀리 와 버려 뒤돌아 갈 수도 없다. 그래서 결국 끝내 승리 길이 아니더라도 후회하지 않으려면 가던 길로 죽 가보는 것이다. 가다 보면 무슨 길이든 나타날 것이고, 죽 뻗은 대로변이 아니더라도 고불고불한 샛길이면 어떠한가. 각자 주어진 길이 있으니 그 길로 끝까지 가보는 것이다. 가다가 돌부리에 넘어지면 툭 털고 일어나 다시 걷고, 걷다가 가시에 찔리면 가시를 뽑고, 가시에 찔려 상처 난 곳은 침 한번 퉤 뱉어 문지르고 다시 걷는 것이다.

청춘은 너무 곱고 아름다워 무슨 일이든 다 가능하다고 생각했지만 가도 가도 알 수 없는 길이 펼쳐지고 오늘 잘 견디면 불완전한 내일은 더 두려웠던 것이 사실이다. 20살 청춘에 이젠 무엇을 해야 하며, 어디로 가야 하는지, 알 수 없는 미래가 더 초조하게 가슴과

머리를 옥죈다. 뒤를 돌아보면 청소년기의 방황이었고, 옆을 보면 그 청춘을 위해 희생한 부모님이 웅크리고 있고, 앞을 보면 지금 서 있는 곳보다 더 안갯속 같은 청춘의 미래가 보인다. 바람이 떨어진 풀잎을 휘감아 도는 마당 한가운데 꼿꼿하게 서서 입을 꼭 다물고 파랗게 새싹 돋는 나무 잎새를 응시한다. 말 못 하는 저기 저 식물도 봄이면 제구실을 하는데 하물며 가장 푸르름을 갖은 청춘의 20대가 방황하며 고개를 떨구어야 하는가. 입술 꽉 물고 하늘 한 번 올려다보고 주먹 힘껏 쥐고 용감하게 걷고 뜰에 올라가 신발 탁 벗어 던지고 다시 책상머리에 앉아 책을 편다. 두 눈을 부릅뜨고 다리가 저리도록 앉아 책을 파고 또 파고 끝까지 파보는 것이다. 그리고 열정과 정열을 뒤집어쓴 20대 청춘이라는 말이 부끄럽지 않도록 젊음의 일기를 써 내려 가는 것이다. 20대 청춘은 나날이 발전하여 아주 먼 훗날 무엇이 되어있을 것인지 아무도 모른다. 그것은 청춘들이 각자 딱딱하고 모질고 모난 노력이라는 아주 아프고 힘든 것을 부드럽고 둥글게 얼마나 많이 갈고 닦아 닳도록 하느냐에 달려 있다.

그렇게 20살 청춘을 아쉽게 보냈다. 머지않아 이젠 60대 청춘을 맞이해야지. 이 청춘에는 먼저 보낸 청춘의 오류를 반복하지 않으려 시야에 접한 잘못은 수정하고, 숨어 내재 된 문제는 교정하여 80대 청춘이 되더라도 후회하지 않아야지.

# 카인콤플렉스

카인콤플렉스의 의미는 무엇이며, 왜 생기며, 그것을 극복하는 방법은 무엇인가? 카인콤플렉스는 부모의 사랑을 독차지하기 위해 형제간에 나타나는 심리적 갈등이나 적대감, 시기, 질투, 경쟁심을 말한다. 아담과 하와의 아들인 카인이 그의 동생 아벨을 시기하여 죽인 데서 유래하였다. 자신과 가장 비슷하고 가장 가까운 처지에 있는 형제자매를 미워하는 심리로 같은 보모에서 자란 형제자매를 질투하고 시기하여 적대감을 갖는 콤플렉스이다. 이 콤플렉스는 열등감과 같은 의미로 사용하기도 하지만 이는 엄연히 다르다.

어느 날 갑자기 동생이 생긴 어린아이는 평소와 달리 대소변을 못 가리거나 칭얼거리며 반항적으로 변하거나 동생을 미워하기도 한다. 어린아이는 평소 하지 않던 행동을 하는 등 다양한 변화가 일어난다. 이것은 태어난 동생과 더불어 어린아이도 부모로부터 도움을 받아야 하는 시기가 비슷해 불가피하게 동생과 경쟁 상태에 놓이기 때문이다. 이것은 경쟁자이긴 하나 자신과 가까운 형제자매에게 과도하게 작용하는 것이 문제가 된다. 그만큼 질투나 시기심은 원초적이고 제어가 어렵다. 이외에도 인간은 마음속 깊은 곳에 자리 잡고 있는 감정이지만 이 감정이 원시적으로 표출되면 각종 범죄의 원동력으로 작용해 사회 질서 유지에 큰 위협이 된다. 그래서 인류는 오래전부터 법과 제도, 도덕, 양심, 윤리 심지어 종교 등을 이용하여 이 감정을 다스려 왔다고 볼 수 있다.

카인콤플렉스의 원인은 정당한 내 몫을 같은 부모에서 태어난 형제자매가 나로부터 빼앗아 갔다고 여기는 데서 시작된다. 이런 카인콤플렉스에 감정이 끓어오르는 형제자매는 왜 자신만 미워하고 왜 자신만 궂은일을 시키면서 다른 형제자매는 안 시키고, 동생만 예뻐한다든지, 언니만 위한다든지 오빠만 최고라든지 하는 말을 자주 한다. 이것은 같은 부모에서 태어나 자라니 서로 능력도 자격도 사랑의 몫도 동등해야 한다는 것에서 갖는 심리작용이다. 부모도 인간이라 같은 자식이라도 더 이쁘게 행동하는 자식에게 관심이 가고 마음에 들기 마련이다. 그러면 안 되는데 부모는 예뻐하는 마음과 관심과 사랑이 그 자식에게 더 기울기도 한다. 특히 비슷한 나이인 형제자매는 보이지 않는 라이벌 관계이다. 알게 모르게 서로 경쟁하는 영원한 라이벌로 어떻게 해서든 무엇을 해서든 승리하고 이겨서 부모에게 따뜻한 말과 눈길을 받으려고 한다. 어려도 알 건 다 안다는 말이 있듯이 자식들도 항상 가장 자주 만나는 형제와의 관계에서 뒤 쳐지지 않기 위해 끊임없이 싸움한다. 형제는 성별도 다르고 나이도 다르지만 부모의 사랑을 독차지하고자 하는 마음에서 바라보았을 때 서로 똑같은 얼굴과 똑같은 능력을 타고난 나의 판박이들로밖에는 보이지 않는다. 그럼에도 불구하고 비슷한 시기 비슷한 나이에 관심과 보살핌, 사랑에서 자신이 배제된다고 느꼈을 때 극도로 분노한다. 이러한 분노는 같은 부모에서 태어났다고 하더라도 나이 차이가 많은 형제자매보다 특히 비슷한 나이인 형제자매에서 두드러지게 나타난다. 나이 차이가 별로 없는 형제자매는 자신과 뭐든 동등하게 취급받기를 바라는 마음이 있다. 비슷한 나이에 있는 형제는 형제끼리, 자매는 자매끼리 자신이 그 형제자매와 쌍둥이처럼 또는 판박이로 생각하여 거의 부모에게 동등하게 대접받아야 한다고 생각한다. 부모에게 이쁨받는 형제자매는 일도 안 시키는 것 같고, 옷을 사줘도 좋게 보이고, 먹을 것을 주어도 더 많이 주는 것처럼 보인다. 부모의 이쁨을 받지 못하는 자신은 부모에게 관심과 사랑과 보살핌을 받으려고 끊임없이 노력하고 고군분투 하지만 부모에게 따뜻한 눈길조차 받지 못한다고 느낀다. 그러면 그 자식은 분노하며 화를 낸다. 그 분노의 대상은 이쁨받는 형제자매에게 화풀이로 간다. 그러면 집안은 한바탕 전쟁으로 차가워진다. 이 분노는 열등감에서 생겨나는 것과는 다르다. 이것은 스스로 비교하며 미움에서 싹튼 증오로 시기나 질투가 적대감으로 일어나는 심리적 갈등이다.

카인콤플렉스는 사회에서도 나타난다. 학생 시절 똑같은 학생임에도 불구하고 선생님께 유독 이쁨받는 친구를 질투하거나 시기하여 적대감을 쌓는다. 직장 생활 속 유달리 선임들에게 촉망받는 동기를 미워하기도 한다. 이는 동등한 위치에 있다고 여겨지는 사람이 선생님으로부터 나보다 나은 대우나 관심을 받는다는 생각이 들 때 시작된다. 학창시절에 그러한 미움으로 인하여 질투나 시기가 깊어지면 그 친구의 모든 행동이 얄밉게 보이고 그 친구를 예뻐하는 그 선생님에 대한 증오심만 커져서 배움의 산실인 그 학교마저 싫어지게 되는 최악의 상황이 올지도 모른다. 그러면 그 친구를 멸시하고 경멸하고 말 거는 것조차 싫어지고, 그 선생님의 지도는 외면하고 신뢰와 믿음도 없어지게 된다. 나아가 그 선생님 때문에 대접받지 못한 당사자는 다시는 기억하고 추억하고 싶지 않은 악몽 같은 시절로 자리 잡게 되어 오랫동안 기억 속에서 별로 안 좋은 흔적으로 남아 지워지지 않는다. 세월이 가도 늘 그 자리에 남아있는 학교 건물조차 보기 싫어질 것이다. 이것은 친구에게 느끼는 열등감에서 나타나는 것이 아니라 질투나 시기가 적대감으로 쌓여 경쟁심으로 일어나는 심리적 작용이다. 같은 실력으로 같은 위치에서 같은 학력과 경력으로 같은 시기 직장에 입사했지만 유독 그 동기만 선임들에게 인정받으면 질투와 시기가 생겨 그 동기는 미워지고 일은 안 되고 능률은 떨어져 끝내 회사마저 가기가 싫어지게 된다. 이것은 동기보다 실력이 부족하다는 열등감이 아니라 선임에게 인정받는 그 동기에 대한 시기와 질투에서 유발된 경쟁심과 적대감의 심리작용이다.

카인콤플렉스에서 벗어나는 유일한 방법은 상대를 내가 아닌 다른 사람으로 인정하는 것이다. 상대를 나의 연장 선상이나 나와 동등한 사람으로 생각하는 사람은 상대와의 질투나 시기에서 벗어날 수 없다. 나와 상대 사이에 원천적으로 다르다는 것을 받아들여야 한다. 같은 부모에서 태어났다고 하더라도 형제자매는 부모한테 나와 똑같은 자식이 아니다. 천덕꾸러기라고 느끼는 자식은 부모가 나를 차별한다고 생각하지만 부모는 전혀 그렇게 생각하지 않는다. 이런 생각을 하는 자식은 똑같은 자식인데 나만 구박하고 차별한다고 생각하고 부모에게 인정받기 위해서 열심히 노력하여 어떤 일을 성취해도 부모의 따듯한 격려나 칭찬이 없다면 행복하지 않고 자존심만 높고 자존감은 떨어져 상처만 더 커지게 된다. 그러면 증오심에 가까운 질투로 카인콤플렉스는 마음속에서 더 타오른다. 이 콤플렉스를 빨리 극복하고 해결해야 한다. 이것은 아무리 사랑이나 관심의 정도가 다르다고 하더라도 부모에게 나와 형제자매는 근본적으로 다름이 있다고 생각하고 받아들이는 것이 극복하는 좋은 방법이다.

같은 시기 같은 나이에 같은 학교에 다니면서 나보다 다른 친구가 선생님에게 관심과 사랑을 받는다고 하더라도 그 선생님에게 나와 그 친구는 똑같은 제자가 아니다. 그 선생님이 그 친구를 더 이뻐하는 것은 나에게 없는 다른 그 무언가가 그 친구에게는 있어서 선생님 눈과 마음에 이쁘게 보이는 것이라고 보아야 한다. 그 선생님은 많은 제자 앞에서 그 친구만 칭찬하거나 이쁨을 준다고 생각하지 않는다. 나와 그 친구는 같은 나이 같은 학년 같은 학생이지만 그 친구와 나는 서로 다른 무언가가 바탕에 있다는 것을 알아야 한다. 차별은 사랑을 받는 사람보다 시기와 질투를 하는 사람이 느끼는 것이다. 따라서 나에게는 눈길조차 주지 않고 오로지 그 친구만 유난히 이뻐한다고 그것을 차별이라고 생각하지 말고 그 친구에게 없는 나만의 다른 그 무엇인가를 찾아보고 발견하여 개발하고 공부하여 더 발전하는 것도 극복하는 방법이다.

같은 시기에 입사하여 같은 부서에서 경쟁자로 일하면서 상사의 눈에 그 동기가 선택되었다면 아마 누구든 카인콤플렉스는 활활 타오르게 될 것이다. 그러나 그 동기는 자신과 다른 무엇인가 있다고 생각해야 한다. 그 동기와 나를 동일시하고 똑같은 이쁨을 경쟁적으로 구하기보다는 그 동기의 장점과 내가 가진 장점이 서로 다르고, 그 동기와 자신이 서로 다른 차이점이 있다는 것을 인정하고 자신의 장점을 드러내어 성장하고 인정을 받는 것도 극복하는 방법일 것이다.

형제자매나 직장 동기도 서로 비슷할 수는 있으나 동등하게 같을 수는 없다는 것을 인정해야 한다. 같은 부모에서 태어나 비슷한 시기에 자랄지라도 무엇이든 똑같을 수는 없다. 부모가 동생을 편애해서 이뻐하면 '동생은 동생이고 나는 나다'라고 생각하고 이해하면 된다. 직장에서 상사가 다른 동료를 간택하여 이쁨을 받는다고 하더라도 그 동료와 나는 서로 달라서 '그 동료가 무언가를 잘해서 그런가 보다'라고 생각하고 그 동료에게 없는 그 무언가가 나에게는 있으니 나는 그것을 열심히 해서 인정받아야겠다고 생각하면 되는 것이다. 따라서 아무리 같은 부모에게서 태어나 자라는 형제자매든, 같은 시기 같은 학교에 다니는 친구든, 같은 시기 함께 입사한 직장 동료든 나를 기준으로 같은 연장 선상에서 나와 똑같은 쌍둥이나 나의 분신으로 보아서는 안 된다. 그들은 각자 나와 다른 하나의 다른 인격체이며 나와 다른 또 다른 사람으로 각자 다름이 있다는 것을 인식해야 한다. 결론적으로 카인콤플렉스는 가장 가까운 사람 간에 무의식적으로 적의를 품는 것을 이르는 말로 열등감과는 다르며 상대방이 잘못되기를 바라는 감정도 아니다. 카인콤플렉스를 극복하기 위해서는 나와 상대방을 같은 선상에서 동등하게 생각하지 말고 서로 다른 점들이 있다는 것을 알아야 한다.

## 놀

고독한 그대는 해 질 녘 노을이 아름다운가, 슬픈가. 빨강 주황 노랑 화려한 자주가 혼합된 그라데이션. 잔잔한 수평선은 빨갛고 뜨거운 해를 통째로 삼키고 누가 볼세라 입이 타듯 참고 있다. 저녁 하늘에 퍼지는 놀, 황홀함과 경이로움이 뭉쳐져 흥분을 일으켜 마음을 동요시키고, 때론 처연함으로 눈과 마음과 심장을 붙잡아 둔다. 인간의 마음이 아픈지, 슬픈지, 기쁜지 상관없이 먼지가 많을수록 더욱 붉게 빛을 발하는 놀, 파장이 긴 붉은 색만 끈질기게 버텨 하루의 작별을 고한다.

바쁜 하루의 아우성이 가고 밝은 힘찬 세상이 왔다. 새벽이슬이 풀잎 끝에 내려앉아 영롱한 물방울 자태를 취하고 있다. 일출이 되니 붉게 물든 수평선, 파란빛 하늘, 조금씩 드러내는 빨간빛 태양,

붉은 장엄함에 구름 뚫고 나와 바라만 보아도 가슴 벅차오른다. 각자 빌고 빌은 소원과 꿈은 희망을 담아 떠오르는 태양처럼 빛나게 될 것이다. 하루의 지루한 태양이 떨구고 간 조각이 붉은빛으로 서쪽 하늘을 물들이며 아직 마음은 즐겁게 여리고 수수한데 잔잔한 마음에 붉은빛 노을이 마음을 흥분시키며 유혹한다. 언덕길 꼭대기에 흙먼지 뒤집어쓴 대나무 바구니에 호미 한 자루 든 내 모습과는 다른 내 곁에서 너무 화려한 노을은 차마 너무 환상적이어서 더 슬프다. 처음엔 온 세상을 금빛으로 물들이더니 해 질 녘 석양이 노을 진 허공에 따스한 주홍빛을 쏟아낸다. 내 눈으로 본 붉은 노을, 생애 가장 아름다운 모습이다. 태양이 남긴 여운, 보람찬 하루 끝에 느낄 수 있는 잔잔한 되새김, 행복과 불행처럼 인간의 모순된 감정을 동시에 보여준다.

이별 끝에 선 두 연인이 노을 앞에 섰다. 홍채에 반사된 붉은 노을빛이 더욱 슬퍼 보인다. 가슴 깊은 곳에 상대를 품고 살다가 이 시간 지나서 가슴 한쪽이 닫히면 아픈 가슴만 남게 된다. 사랑, 그 이름만 기억하며 붉은 노을 속에 시선을 돌린다. 노을 속에 사라진 연인의 모습을 서로 정말 잊을 수가 없다. 상대가 가버린 후 연인은 가벼운 미소조차 잊은 지 오래고, 마음과 달리 하늘엔 감당할 수 없는 햇살이 눈 부시고 햇살이 간 자리에 주홍빛 노을마저 몸과 마음을 휩쓸어버린다. 오래도록 뒤에서 지켜준다던 연인은 먼저 그렇게 가버리고 이젠 말할 수 있는 아픈 비밀이 되어 살아가는 동안 몸은 성숙해지고 감정은 농익어 가도 저녁마다 유혹하는 노을 앞에 마음은 또 무너질 것이다. 그래도 가버린 시간은 그 시간대로 노을 속에 묻고, 남겨진 사람은 남겨진 사람대로 그때 그 모습으론 다시는 돌아가지 말아야 한다. 늙어감에 순응하고, 과거에 연연하지 않으며, 다가올 미래에 당당히 맞서야 한다. 추억이 아련하게 떠올라 슬프면 옅게, 행복하면 깊게 미소지으면 되는 것이다. 살아온 대로 살아가면 그게 정의로운 것이고, 노래가 슬프게 해도 그것으로 위로받으며 살면 되는 것이다. 아무리 고운 노을이 마음을 슬프게 하고 너무 아름답다고 그 황홀함에 빠져 허우적대도 안된다. 노을이 지면 밤이 오고 또 새벽이슬을 만나면 햇살이 나오고 인생도 또 그렇게 살면 되는 것이다.

노을의 황홀함과 화려함은 한순간이다. 그 화려함 속에는 얼마나 많은 노력이 세상을 붉고 화려하게 물들이겠는가. 또 얼마나 많은 작용으로 그 빛을 발산하겠는가. 노을은 다시 돌아오지 않을 오늘이 세상에 보내는 작별인사이다. 또 노을을 그리는 인간에게 오늘이 고하는 이별 인사이기도 하다. 인간으로 태어나 이젠 살아온 세월보다 살아갈 세월이 적은데 여전히 후회뿐 각성도 없이 인생의 수레바퀴는 쉼 없이 돌아간다. 세상에 모든 것들이 자기 보존과 자아 영속을 위해 끊임없이 살아가듯, 인간으로 생각하는 물건으로 세상에 단 한 번 태어났으니 태양처럼 뜨겁고 열정적으로, 노을처럼 붉고 화려하게, 이슬처럼 맑고 영롱하게 살아보는 것이다. 헤어진 연인과 같이 있는 듯한 착각에 휩싸여 노을 속 황홀함에 빠지거나 그 유혹에 이끌려 흥분해서는 안 된다. 인간이 오늘의 생각을 노을에 알리고 스스로 해답을 찾고 밝은 미래를 맞이하듯, 노을은 오늘이 세상에 살아 움직이는 모든 것들에 보내는 작별인사로 내일 밝은 햇살을 맞이하라는 것이다.

# 역병을 거두어 주세요

하늘이시여! 너무 잘못했습니다. 인간으로 태어나 자연을 외면하고 앞만 보고 살았습니다. 한 번도 겪어보지 못한 역병의 역습 앞에 어리석은 인간들은 겨우 1년 만에 속수무책으로 무너지고 생활은 침묵하고 조용해졌습니다. 허리띠 졸라매고 배고팠던 몇십 년 전의 고난은 잊은 채 날뛰고 발광했습니다. 갑자기 두둑해진 주머니에 시끄럽게 흥청망청 치솟으며 넘치는 여유와 허영과 허세로 인간이기에 욕심도 부렸습니다. 배고파 밀어 넣던 구운 구황작물 한 덩어리에도 감사했던 그 어려운 시절에도 고개 숙이며 이 세상에 존재하는 모든 것들에 고마워하며 살았는데, 이젠 쌀독에 곡식이 가득 차고 넘쳐 나 둘 곳조차 없어도 감사함은 사라지고 마구 먹고 마시고 낭비하며 소비하고 버리고 묵히고 썩였습니다. 감사와 고마움을 모르고 미쳐 날뛰며 술로 휘청거리고 음식으로 낭비했습니다. 다가올 자연의 재앙을 미리 예측하지 못한 어리석은 인간을 용서해 주세요.

꾸준히 내려준 햇볕은 그냥 거저 내려주는 줄 알았습니다. 바람 불고 고단한 인생은 잊은 채 포근하고 따뜻한 태양 아래서 노래하고 춤추며 먹고 마시고 때론 기분 상해 분노하며 싸우고 다투고 갈등이 일었습니다. 춥고 바람불던 겨울의 얼어 버린 땅 위를 거닐던 것도 잊고 따뜻한 햇볕에서 마구 뛰놀고 날뛰며 흥에 겨워 난리쳤습니다.

지구 반대편은 먹을 것이 없어 죽어가는데 지구 한편은 너무 풍족하여 풍요롭고 풍부한 세상에서 물건 소중한 줄 모르고 한 번 사용한 물건은 냅다 쓰레기통에 버리기 일쑤였습니다. 닦거나 청소하기 귀찮아 한번 쓰고 버리는 일회용품 사용이 산더미처럼 늘었습니다. 버릴 때 어떠한 양심도 어떠한 가책도 느끼지 못하고 역습한 역병에 당황하고 불안하여 세상을 원망만 하고, 사회를 탓하며, 타인을 배려하지 않았습니다. 그 결과 역병은 다른 변이를 낳고 또 다른 변이로 변화하여 인간에게 더 큰 재앙으로 다가와 있습니다. 그래도 정신 못 차린 인간들은 서로 다투고 서로 정부 탓, 상대 탓만 하고 있습니다.

풍요로움을 주는 비는 따뜻한 계절이라서 내리는 줄 알았습니다. 지구 온난화로 이상기온 현상이 세계 곳곳에서 발생합니다. 이상기온 현상은 한 곳에 너무 많은 비를 내리게 하거나 비정상적인 온도로 눈도 내리게 했습니다. 그 결과 많은 인명피해를 발생하게 하고 자연에 순응하며 살아가는 생물들의 목숨마저 위태롭게 했습니다. 그런 생물들의 인간에 대한 역습은 역병으로 더 무섭고 강하게 다가왔습니다. 그렇게 당하고도 아직도 어리석은 인간은 자연 훼손을 개발이라는 말로 포장하고 덧씌워 인간만 더 안락하고 편안하게만 살아가려 합니다. 얼마나 더 큰 고통을 겪어야 이기적인 인간의 마음을 진정시킬 수 있을까요.

내 손 안에 두둑하게 움켜쥐었는데도 남의 것에 눈길이 가고 이기주의가 팽배해 이웃 간 전쟁으로 많은 고귀한 생명을 빼앗기고 뺏었습니다. 내 땅 안에서 내가 일구고 가꾸어 거둔 것만 먹고 살면 되는데, 남의 것을 탐하여 강제로 빼앗으려 하니 희생과 대가가 고귀한 생명을 앗아가며 결말을 냅니다. 조금 더 강하다고 더 약한 자의 소유물을 훔치고 빼앗고, 약한 자는 희생되고 피를 흘렸습니다. 그렇다고 악한 행동을 한 악한 자는 어떠한 처벌을 받지 않고 너무 당당하게 잘살고 있습니다. 이것이 불공평하다고 악한 자가 약자가 되었을 때 보복이나 복수를 하면 희생자는 더 커집니다. 강한 자는 무엇이든 빼앗으려고 침략하려 할 것이고 약한 자는 자기 것을 지키고자 수비와 방어를 하다가 힘에 부치고 어려우면 또 희생됩니다. 이러한 어리석은 전쟁의 반복은 코로나의 역병 속에서도 일어나고 있습니다. 얼마나 더 고통을 받아야 어리석은 인간이 정신을 차릴지 여전히 한탄이 나옵니다. 다수의 잘못도 있고 소수의 올바른 행동도 있습니다. 정말 잘못했습니다. 다시는 어리석은 행동일삼지 않고 자연에 순응하며 살겠습니다. 이젠 고통스러운 역병을 거두시고 평안한 지구를 주십시오.

## 24시간의 감촉

하루는 24시간이다. 이것은 시간적 배경으로 인간이 세상을 살아가는 찰라의 순간과 순간이 연결되어 하루의 삶이 되는 시간이자, 큰 틀에서 보면 한평생 길게 늘어선 인생의 하루이며 한 부분이기도 하다. 고통과 고난의 시간도 인간 삶의 일부분이고, 행복한 시간도 마찬가지이다. 시간적 배경은 눈에 보이지 않고 자연적인 현상으로 그 시간을 알 수 있다. 그렇다면 시간이 인간의 손으로 만져진다면 1시부터 24시까지의 촉감과 감촉은 어떤 느낌인지 궁금해진다. 그 시작은 오후 1시일까, 아니면 인간이 잠에서 깨어나 활동하는 아침이 시작일까, 잠자러 들어가는 시간이 시작일까, 새벽 1시가 시작일까.

나는 인간이 일과를 마치고 푹 쉬고 깊은 잠에서 깨어나 하루를 시작하는 아침 6시를 시간의 처음 시작으로 보도록 한다. 사계절(四季節), 특히 추운 겨울은 더 심하겠지만 아침에 따뜻한 이불 속에서 일어나면 인간은 약간 추위를 느낀다. 살갗에 돋는 추위의 표시는 자연스러운 닭살의 신체 반응이다. 순간적으로 피부가 오돌토돌하게 만져지고 털도 곤두서는 느낌이 드는 이러한 일시적인 현상이 일어나는데 자극에 의해 교감신경이 활성화되면서 순간적으로 두드러지게 나타난다. 본능적으로 위험을 느끼거나, 추위를 느낄 때 오싹한 느낌으로 일정 시간이 지나고 이를 유발한 자극이 사라지면서 원래의 피부로 회복되는 양상을 보인다. 그래서 아침 6시의 감촉은 상큼한 공기와 더불어 상쾌하고 몸은 오톨도톨한 촉감이다.

아침 식사를 마친 7시 30분은 배가 부르고 체온이 상승하여 기분도 좋아진다. 집안일 하고 깨끗하게 씻고 8시가 되니 출근 준비로 분주하다. 어떠한 느낌도 생각도 가질 여유가 없다. 길게 늘어선 도로 위 교통체증은 하루의 일과를 짜증 나게 한다. 직장에 늦을까 조바심이 커지면 벌써 등줄기에 식은땀부터 난다. 그래서 이 시간의 촉감은 몸은 초조하고 마음이 애가 타서 뜨겁다.

9시에 직장에 도착하면 제시간에 출근했다는 안도감은 잠시 일과에 바쁘고 정신이 없다. 상사 눈치와 사무실 환경의 눈치, 중요한 일 처리에 긴장과 부담감으로 몸은 경직이 되어 딱딱하다.

12시 30분 점심시간이 되니 잠시 바쁜 일정 쉬어가며 식사를 한다. 좀 싼 음식 찾아 식사하고자 하나 직장인들의 주머니가 그렇듯

식당 안은 만원이다. 겨우 찌개에 밥 먹고 나와 인스턴트 커피 한 잔의 여유를 즐기며 휴게실에서 담소를 나눈다. 이 시간의 촉감은 잠시나마 여유를 만끽하는 황금 같은 시간으로 약간 부드럽다.

2시에 오후 일과 시작으로 이완되었던 어깨는 긴장되어 다시 경직되고 상사 눈치에 부하 직원 일 처리 미흡으로 스트레스가 극에 차오른다. 중간에 낀 위치는 모든 잘못을 뒤집어쓰고 풍파를 몸으로 막는다. 그렇다고 자신이 상사에게 겪은 경험을 부하 직원에게 똑같이 할 수는 없는 일이다. 참고 인내하니 그것은 병으로 나타나게 마련이다. 오후 내내 이 일 저 일 해결하고 나면 스트레스가 쌓이고 속은 쓰리고 아프다. 그렇게 오후 내내 직장 스트레스로 몸은 천근만근 지쳐서 늘어진다. 시간이 어떻게 흘렀는지 모르게 벌써 오후 5시다. 늘어진 몸, 스트레스로 얼룩진 마음, 화기(火氣)를 품은 눈, 화가 나 있는 미간(眉間), 꾹 다문 입술, 가쁜 숨 몰아쉬는 가슴, 반복적인 기약 없는 내일, 늘 비어있는 주머니, 불안한 미래에 대한 불신감(不信感) 등이 한숨 속에 다 드러난다. 그래서 이 시간의 촉감과 감촉은 차갑고 냉철하다.

오후 6시, 퇴근 시간이다. 낮의 고난과 고단한 생활은 퇴근 시간이 있기에 버티는 것이고 이 시간이 있기에 직장 생활의 활력소를 찾는 것이다. 얼른 마무리하고 길이 밀리든 말든 너무 흥분되고 아름다운 날이다. 얼른 들어가 가족들이랑 식사하며 오순도순 이야기하는 기분이 좋은 저녁이다. 서산에 해는 지고 노을은 주홍빛으로 물들며 내일의 희망을 주는 빛으로 삼으며 마음속 다짐을 한다.

부지런한 하루의 일은 퇴근으로 마무리하며 직장의 내일 일은 내일 생각하는 것이다. 이 시간은 기분이 참 좋다. 가족 만남에 흥분되고 너무 좋다. 즐거움과 편안함이 공존하니 이때 근육도 많이 이완되고 평안하며 촉감은 미지근하다.

집에 도착하면 저녁 7시 20분이다. 밥 준비해서 가족들이랑 식사하니 너무 좋다. 고기반찬은 아니어도 좋다. 내게 내 앞에 가족만 있으면 된다. 행복이 가득한 밥상머리 교육도 하고 각자 하루의 희노애락(喜怒哀樂)을 늘어놓는다. 아무리 힘든 사연이라도 직장에서 겪은 것보다 더 고통스럽겠는가. 이 시간은 가족들 사연 모두에 포용하는 성인군자(聖人君子)가 된다. 이 시간이 있기에 돈도 벌고 재산도 축적(蓄積)하는 것이 아니겠는가. 가장 행복한 이 시간의 느낌과 감촉은 세상 다 얻은 듯하여 마음은 평안하고 사랑과 축복과 행복이 가득한 기분이고 촉감은 가장 부드럽다.

식사 후 거실에서 다과를 즐기며 TV를 시청한다. 어떤 예의나 예절을 지키지 않아도 된다. 다리 펴고 앉거나 소파에 누워 편한 자세를 취해도 괜찮다. 좋아하는 프로그램을 시청하며 비판도 하고 비평하기도 하며 또 호응도 해가며 각자 생각을 말하거나 마음에 우러나는 언행을 해도 무관하다. 편안한 내 집에서 내 가족과 즐기는 이 여유가 직장을 다니며 돈을 벌어야 하는 이유이다. 번듯한 집이 아니어도 주머니가 두둑하지 않아도 이런 행복과 웃음만 있으면 된다. 남에게 해를 주지 않고 이렇게 소박하고 검소하게 살아가는 것은 인간이 욕심(欲心)과 욕망(欲望)만 가득 차 있는 것만은 아니라는 증거이다. 숨 쉬며 대화하고 웃음과 행복을 나누는 이 시간은 타인(他人)이 절대로 가져다줄 수 없는 자신이 자신의 가족에게 주는 최고의 선물이다. 행복한 웃음으로 입이 커지고 화목하고 평안한 집에서 편안한 삶을 영위하니 촉감은 이완되어 늘어지고 감촉은 행복함과 평안함이 가득 차 마음이 넓어진다.

오후 11시 잠자리에 들 시간이다. 하루의 노고는 잠을 취하면서 푸는 것이다. 새벽에 잠깐 푸른 꿈을 꿀 수도 있고 악몽을 꾸어 꿈의 반대 해석으로 내일을 창조하려고도 한다. 고된 일과에 응축(凝縮)되고 긴장되어 단단하게 수축이 된 근육을 이완시키고 푹 쉬었다가 내일을 준비하는 것이다. 낮에 있었던 모든 스트레스는 밤의 적막 속에 파묻고 새로운 생각과 새로운 기분으로 내일을 맞는 것이다. 어제의 고단한 생활(生活)은 이렇게 긴 잠으로 삭히고 마음과 육체(肉體)를 편안히 하여 가장 늘어진 피부로 가장 편안한 마음으로 태양을 맞는 것이다. 이불 속에서 피부는 이완되어 늘어지고 따뜻하며, 마음은 평안하고 온화하며, 몸은 편안하고 안락하다.

아침 새소리에 눈을 뜨면 인간이 가족이나 다른 어떤 것에서 행복을 찾듯이 아무도 몰래 새벽에 내린 영롱한 아침 이슬은 잎새 끝에 매달려 자신을 말려 줄 햇빛을 기다린다. 그렇게 인생도 자연도 시간에 따라가는 것이다. 아주 평안하고 이완된 마음과 육체는 또 아침 6시를 맞이하며 긴장으로 수축이 되고 평안한 생활로 이완을 반복할 것이다. 이렇게 24시간의 촉감과 감촉은 사람이 가진 직업

마다 다르겠지만 거의 비슷하다. 어떻게 그 시간을 느끼고 어떻게 극복하며 살아가느냐에 따라 행복과 고통(苦痛)의 차이가 나는 것이다.

# 27회 동무, 동선이

초등학교 동창생 동선이는 윗말에 산다. 가끔 어쩌다 만나도 너무 스스럼없는 친구라 편하다. 外貌나 性格만 가지고 사람의 됨됨이를 평가할 수는 없지만 그 동무의 品性이나 인격이 그의 됨됨이를 반영하고 있어 이런 이성 동무를 내 삶의 지인으로 알고 지내니 난 행복한 사람이다. 선하고 어진 마음이 마치 聖人 같다. 남자다운 마음이 꿋꿋하고 올곧아 어질고, 自身의 이익보다는 他人을 먼저 생각하고, 親舊之間의 義理가 있으며, 兄弟間 友愛가 깊은 것은 본받을 만하다. 가까울수록 최소한의 禮儀나 etiquette을 지켜야 하지만 이상하게 이 동무에게는 자꾸 弄談만 하고 싶다. 그런데 이 동무에게는 아무 말이나 해도 다 받아준다. 때론 술기운에 비틀 대지만 그 모습조차 밉지가 않다. 모임에서 만나고 나면 또 보고 싶고, 헤어지면 모든 게 궁금해지는 그런 동무이다.

아주 먼 옛날 그 동무도 나도 20대 때 어느 날이었다. 난 버스에서 내려 캄캄한 시골길을 걷는데 내 앞에 별처럼 빛나는 낯익은 실루엣의 한 남자를 보았다. 실수할까 봐 곁눈으로 보다가 고개 돌려 빤히 바라보았는데 바로 동선이었다. 푸른 靑春에 꽃처럼 화려한 그는 도회지에서 직장 생활을 한 탓인지 옷매무새가 너무 멋져 있었다. 나는 너무 반가워서 얼른 다가가 인사를 건네고 몇 마디 말을 걸었다. 부산에서 방금 올라오는 중이라고 했다. 난 학생이고 그 동무는 모든 면이 완벽하여 벌써 멋진 직장인이 되어 있었다. 너무 반가워서 큰 길가에 앉아 도란도란 이야기하고 있는데 아버지가 지나가면서 얼른 가자고 하셨다. 동무랑 더 이야기하고 싶어서 아버지 먼저 보내고 큰길 위에 앉아 계속 이런저런 이야기를 했다. 모내기가 끝난 時期라 논에는 개구리들 合唱이 귓가를 어지럽게 했다. 하늘에는 별이 총총 떠 있고 길가에 낡은 가로등은 깜빡거리고 있었다. 오랜만에 본 이 동무는 많이 成熟돼 있었다. 내가 이 동무를 친구로 본 모습 중 가장 멋지고 아름다웠다. 난 이 동무의 그때 그 순수하고 깨끗한 모습을 절대 잊을 수가 없다. 男子가 이토록 별처럼 빛나고 아름다울 수 있는지 난 生前 처음 느꼈다. 너무 아름다워서 내 追憶 속 記憶에 몰래 貯藏해 놓고 싶었다. 우리는 서로 作別을 하고 각자 집으로 향했다.

수년이 흘러 우리 동무들은 모두 婚期가 찼다. 각자 배우자를 아내로 남편으로 맞아 가정을 꾸렸다. 동무들 자신을 닮은 2세는 신비할 정도로 닮아 있었다. 부모만 가진 특징이 자식에게 그대로 전해지는 遺傳의 힘은 정말 경이롭고 위대하다. 처음 본 이 동무의 배우자는 정말 복사꽃 빛 같은 살결을 가진 고운 여자였다. 양손에 아들과 딸 손 잡고 매달고 걸어 다니는 것조차 너무 아름다웠다. 코흘리개 어린 시절이 문득 스쳐 지나갔다. 같은 마을에서 다른 부모로부터 태어나 자라고 성장하여 제 갈 길 가는 것이 자연스러운 순리인데 너무 감사한 세월에 마음이 넓어지고 가슴이 뭉클했다.

수십 년이 지났다. 이젠 우리는 중년이다. 청춘에 아름답던 모습은 이제는 없다. 그러나 열심히 살아가는 직장인의 모습은 아직 우리가 젊음이 남아있다는 證據이다. 우리가 삶을 영위하는 오늘이 어제보다는 늙었지만 내일보다는 오늘이 더 젊다. 우리는 이젠 더 젊어지지 않고 오늘이 우리 生涯 가장 젊은 날이다. 늙음을 당연하듯 받아들이고 세월이 병들어 육신은 허약해지고 초라해지더라도 우리 추억 속에 하얀 별 보며 품었던 꿈들을 간직하며 건강하면 되는 것이다. 동선이도 나도 우리 동무들 모두 60세를 바라보고 있다. 만나도 서로 이성이라는 感情이나 느낌은 없지만 그래도 난 이 동무가 참 좋다. 내가 사는 동안 이 동무를 이성이 아닌 지인으로, 친구로, 동무로 의리를 지키고 싶다. 이 동무의 건강과 행복을 바란다.

# 孤獨

고독,

무섭고 두렵다

인생의 무료한 하루가 침묵 속에 묻혀 있다

입안에 곰팡이가 피어 쓴 내가 나도

귀에 먼지가 끼어 먹먹해도

눈에 거미줄이 치어 시야가 흐려져도

누구 하나 위로하는 사람 없다

나도 청춘에 입에 단내가 나도록 바쁘고

발이 닳도록 뛰어다녔는데

머리카락 하얘지니

등 떠밀려 골방 신세 되더라

쓸쓸한 공기가 거실 전체를 뒤덮으니
외로움이 몸 구석구석 빼곡하게 들어찬다
마음대로 할 수 없는 노인의 고독이 파도처럼 밀려온다

세월이 병들어 신음하니 덩달아 나도 장단 맞춰
딛고 일어설 잡고 일어설 그 무엇이 있어도
이젠 힘이 없다

그 어떤 존재가 어르고 달래도 소용없다
이젠 편안한 내 삶에 기대어 살고 싶다
느리고 가진 것이 없어도 괜찮다
안 보이고 안 들려도 괜찮다

무섭고 두려운 건 없는데
세월이 두고 간 고독 때문에
내 약해진 의지가 안타까워
긴 하루에 신음 섞인 한숨만
거실 천장을 뚫고 있을 뿐이다

우리는 어제보다 오늘이 더 늙었고 오늘보다 내일이 더 늙어 갈 것이다. 이젠 소리도 희미하게 들리고 멋진 세상도 더 흐릿하게 보일 것이다. 입은 있으나 말수도 적어지고 힘이 없어 말도 잘못하게 될 것이다. 더 날고 더 뛰고 싶어도 육신은 마음대로 되지 않을 것이고, 못다 이룬 꿈을 실현하고자 하나 이젠 주책 떨고 꼴값 떤다 할 것이다. 씻고 또 씻어도 젊은 사람들은 냄새가 난다고 피할 것이고, 칭찬이라 할라치면 귀찮다고 밀치게 될 것이다. 옳고 그른 것을 지적하면 노인네라 비웃음이라도 안 사면 다행이다. 세상이 세월이 너무 원망스러워 한탄해도 나 개인 스스로 이 나라를 위해서 해준 것이 없으니 무얼 그리 바라겠는가. 세월을 이기고 세상을 정복했어도 타인에게 인정받지 못하면 그건 자만과 오만에 불과한 것이다. 이제 와 미련을 남긴들 후회한들 무슨 소용이 있겠는가.

이 세상에 두려운 것은 없는데 홀로 할 세월이 두렵고 무서운 것이다. 같이 살아도 따로 살아도 늙어서 오래 산다는 것 자체가 젊은 사람들에게 부담을 주지나 않을까 노심초사다. 그렇다고 숨죽이며 바람처럼 살 수는 없다. 노인이라도 나 자신의 존재를 알리고자 내가 살아있다는 것을 알리고자 몸은 느려도 자꾸 움직여야 한다. 눈치를 보더라도 먹은 그릇은 설거지해놓고 깨끗한 바닥이라고 걸레질해야 하며, 티끌 하나 없는 마당이라도 자꾸 쓸면서 움직여야 한다. 내 존재를 알리고 나도 아직 안 죽었다는 것을 세상과 자식과 사람들에게 알려야 한다. 그래야 무시당하지 않는 것이다. 자식이나 누군가가 가져다주는 것 가만히 앉아서 받아먹고 잔소리나 해대면 더 우습게 보고 무시당한다.

젊은 시절 자상한 사람으로 아랫사람에게 존경받고 산 사람도 나이가 들면 별 차이가 없지만 그래도 대접은 받는 경우가 있다. 그러나 과거에 잘못을 많이 저지른 사람일수록 더 바지런하게 움직여야 한다. 그 과거의 잘못이 원인이 되어 괄시받거나 무시당하는 일이 빈번하여 말년이 비참한 노인들이 상당히 많다. 그럴수록 더 적극적으로 대화에 참여하여 유대관계를 형성하는 것이 중요하다. 과거의 행동으로 미안해하고 죄스러워하는 마음을 전달하고 화해해야 한다. 그리고 주위 사람들을 더 사랑하고 더 아끼는 자세가 필요하다. 혼자 거주하는 노인도 움직일 수 있을 때 친구나 지인을 만나 서로 담소하고 여행하며 즐기는 것이 중요하다. 늙어가면서 마음을 터놓고 이야기하며 만날 친구가 없다는 것은 참 불행한 일이다. 그렇게 되지 않으려면 젊어서 친구나 지인을 진심으로 대해야 한다. 자신의 이익만을 위해 타인을 대하면 그 사람들로부터 외면당하게 된다.

우리는 모두 늙는다. 가장 무섭고 두려운 것은 외로움이다. 귀가 안 들리니 대화에도 낄 수 없고, 서로 못 알아들으면 대화도 단절되어 만나도 할 게 없으니 재미도 즐거움도 없다. 그러면 각자 집으로 돌아와 또 혼자가 된다. 집에 돌아와도 딱히 할 일이 없다. TV 앞에 앉아 있다 보면 밤이 되고 잠자고 일어나면 화면은 그대로 켜진 채 있다. 그렇다고 내일도 별반 달라질 것도 없다. 오늘도 내일도 똑같다. 자식들이 어쩌다가 찾아오면 그날은 즐겁고 재미있다. 고요한 적막만 흐르던 집안에 벅적대는 자식들로 웃음과 말소리가 시끌

벅적하다. 그러나 그것도 잠시, 떠나고 나면 적막하고 쓸쓸함이 두배로 더 커진다. 자식들 하나하나 떠나는 차만 쳐다보며 언제 또 오려나 기대를 하지만 각자 가정을 꾸린 그 자식들도 먹고사느라 바쁘다. 그러면 또 혼자가 된다. 그런 외로움과 고독과 쓸쓸함이 반복된다. 그것이 가장 큰 문제이다.

인간은 혼자 있으나 여럿이 있으나 늘 고독하다. 그 고독의 차이와 종류가 다를 뿐, 문득 드는 쓸쓸함에 몸서리를 친다. 외로움과 고독으로 너무 쓸쓸해서 생각만 해도 온몸이 덜덜 떨려올 정도로 끔찍하게 무섭거나 분통이 터지거나 몹시 지겨워서 정말로 싫은 마음이 든다. 남녀노소를 불문하고 다 느끼는 인간의 마음이다. 개인의 성격에 따라 극복하고 순간을 잘 견뎌내는 것이 다를 뿐이지, 외로움과 적적함은 혼자만의 고독이 되어 누구나 다 가지고 있는 두렵고 무서운 것이다.

# 남편의 라면 일기

입안에서 쫄깃한 입맛이 혀에서부터 입 전체로 번지나 보다. 얼른 양은 냄비에 라면의 감춰진 맛의 비밀 450cc의 물을 넣고 배란다 인덕션으로 향한다. 팔팔 끓기 전 자신만의 래시피(recipe)대로 요리사가 되어 입맛대로 고명을 준비한다.

물 팔팔
라면 사리 쏙
젓가락 휙휙
파 송송
계란 탁
긴 면발 후후 후후후

후루룩 쩝쩝 후루룩 쩝쩝

김치 팍

국물 벌컥 후루룩후루룩

쌀밥 쓱쓱 꿀꺽

꺼억 끄 어 억

라면 한 개랑 찬밥 한 덩어리 그리고 김치 한 접시면 충분하다. 쫄깃한 면발에 밥 한술 국물에 말아 먹으면 아주 배가 풍만해진다. 그 구수한 국물 한 사발 들이키니 뜨거운 운기가 몸에 쫙 퍼져 등에서 어깨까지 후끈하게 벌겋게 달아오른다. 먹은 그릇은 식기 싱크대에 넣고 소파에 앉으니 낮잠이 솔솔 오는가 보다. 이내 코골이로 TV에서 나오는 소리와 장단을 맞춘다. 축 늘어진 뱃살이 가죽 소파 바닥에서 들숨과 날숨에 위쪽은 들어가고 땅에 닿은 곳은 나오고 하여 비스듬히 들쑥날쑥하다. 목 주위는 숨을 쉬느라 여기저기 들어가고 나오고 고르지 않게 들쭉날쭉하다. 단 5분을 앉아 있지 못하고 누워버리는데 두손 두발 다 들었다. 어떻게 소화도 안 하고 그냥 그렇게 그 자리에 누워버릴 수 있는가. 참 위대한 위(胃)를 가진 사람이다.

저녁이 되자 콩나물밥을 해서 다진 소 불고기를 고명으로 얹고 참기름 넣은 달래 장을 얹어 주니 맛있게 쓱쓱 비벼 먹더니 또 소파로 간다. 움직이게 하려고 설거지를 맡겼더니 그릇을 식기 세척기에 넣고 다시 소파로 향한다. 뭐하나 싶어 봤더니 비스듬히 기대어 앉아 잠을 부르는 것 같았다. 그러더니 10분이 지나자 다시 잠에 곯아떨어졌다. 누가 업어가도 모를 정도로 깊은 잠을 자는가 싶더니 TV 볼륨 줄이고 끄는 소리에 벌떡 일어난다. 편하게 자라고 해도 TV 보는 중이라며 안 잤다고 항변하나 눈은 이미 충혈되어 어둡고 연하게 벌겋다. 그냥 웃고 만다.

저녁 먹은 지 몇 시간이 지나고 밤 10시가 넘으니 출출하다며 또 라면을 찾는다. 이미 집안 환기를 시키고 잠잘 준비를 했는데 라면 끓인 후 국물 냄새는 정말 참을 수가 없다. 라면 끓여 먹는 것은 누가 일부러 안 시켜도 스스로 알아서 잘한다. 한바탕 짜증 섞인 말이 오가고 베란다에서 끓여 먹는 것으로 타협을 보자 서늘한 베란다에서 또 쩝쩝댄다. 콧노래까지 흥얼거리며 먹는다.

아흐 어허허
후후 후후후
앗 뜨거워 컥컥
후루룩 쩝쩝 후루룩 쩝쩝
어흐, 시원하다
아흐, 좋다
꺼어억 꺽꺽
냄비 뚜껑 땡그랑
어? 아쿠쿠

라면이 그렇게 좋은지 왜 그렇게 좋아하는지 알 수가 없다. 식품 회사를 운영해서 그런지 다른 회사 신제품을 먹어 봐야 한다고 한다. 아마도 일종의 식품 기술이나 각각 제품에 첨가되는 식품에 따른 연구할 필요성을 점검하는 차원 같다. 그래도 라면을 너무 먹고 좋아해서 걱정이다. 이젠 좀 자제했으면 좋겠다.

# 부모님 前 上書

아버지, 엄니,

뭐가 그리 바쁘다고 뒤도 앞도 안 돌아보고 한마디 말도 안 하시고 가셨나요. 늙고 힘이 없어 살아가려니 세상이 너무 고달프고 고단하여 눈을 감으셨나요. 아니면 사는 것이 너무 팍팍하여 지저귀는 새소리조차 듣기 싫어 귀마저 닫으셨나요. 아버지, 엄니가 남기고 간 이 세상에서 가신 그 세상까지 이어진 어떠한 울림도 전달할 수 없습니다. 이젠 고개 들어 높은 하늘만 보고 고개 숙여 땅만 봅니다.

아버지, 엄니가 두고 간 이 세상은 또 어김없이 봄이 왔습니다. 고향 앞산에 진달래가 만발하고 다 헐린 흙벽돌 집 울타리에도 여전히 개나리꽃은 피었습니다. 함께 심어 놓은 향나무가 수도가 앞에서 푸르디푸른 자태만 뽐내고 있습니다. 낡은 냉장고 속을 열어 보니 밭에서 신던 운동화 몇 켤레가 가지런히 놓여있습니다. 순간 마음이 복받쳐 눈물이 쏟아집니다. 그렇게 힘들게 깔아놓은 굳건한 시멘트 마당에는 바닥을 뚫고 나온 끈질긴 아카시아가 울창하게 뒤덮여 있습니다. 발 디딜 틈도 없이 날카로운 아카시아 가시가 웅크리고 있습니다. 어느 곳 하나 성한 곳이 없습니다. 엄니가 종종걸음으로 거닐던 좁은 길은 이젠 잡초만 무성하고 엄니가 드나들던 문지방도 부엌도 이젠 다 허물어지고 없습니다. 아버지가 애지중지 키우던 소 외양간에는 흙벽돌만 쌓여 있습니다. 그렇게 모든 것들이 엄니랑 아버지와 함께 사라집니다.

어제는 산소에 들렀습니다. 산소 앞에 엎드려 통곡했습니다. 못다 한 효도에 뒤늦은 참회가 울분으로 폭발하여 잔디를 쥐어뜯으며 울부짖었습니다. 아무런 대답이 없는 두 분 앞에서 그냥 울고 싶었습니다. 늘 울타리였던 엄니마저 보내고 저는 반백 년에 고아가 되었습니다. 아무리 고단해도 칭얼대고 짜증을 부려도 다 받아주시던 엄니도 이 세상에는 없습니다. 약주를 좋아했지만 자상했던 아버지도 이 세상에는 없습니다. 다 깨달은 세상을 산다고 생각했는데 아버지, 엄니가 두고 간 세상은 늘 두렵기만 합니다.

내일 모래면 엄니가 육순이던 그때 그 나이로 저도 가고 있습니다. 한 둘도 힘든데 그렇게 많은 자식을 어깨에 매달고 얼마나 힘이 들고 버겁고 고단했습니까? 아버지는 평생 편찮으신 데가 없어서 늘 건강한 줄만 알았습니다. 병원도 안 가셔도 건강하셨고 한약을 안 드셔도 건강하셨습니다. 그래서 영원히 건강하게 사실 줄 알았습니다. 그런데 그게 아니었습니다. 세월이 병들어 신음하니 아버지의 몸도 마음도 나약해지고 허약해지셨네요. 늘 아파 힘들어하신 엄니는 지금 와 어떻게 위로해 드려야 하나요.

벚꽃이 만발한 어느 봄날에 긴 목을 길게 빼고 구부정한 허리에 뒷짐을 지고 비탈길을 올라가시는 아버지 모습이 그 길을 갈 때마다 저의 마음을 아프게 합니다. 잠시 신호등에 멈춰선 차 안에서 어떠한 안부 인사도 못 한 채 아버지 뒷모습만 응시하며 시야에서 멀어질 때까지 차 유리창으로 바라보기만 했습니다. 그 모습이 지금까지 그렇게 생생하고 선명하게 남아 가슴을 울립니다.

자식이 여럿이니 이 녀석 저 녀석 새벽밥에 도시락 챙겨주느라 분주했던 엄니, 일평생 부엌에서 손에 물 마를 날 없이 살갗이 트도록 허리가 휘도록 구부리고 엎드려 희생만 하고 간 가여운 여인입니다. 너무 미안해서 밥이라도 덜 먹으려고 수저를 놓으려면 눈치가 빠른 엄니는 얼른 배 든든하게 채우라고 하며 수저를 다시 손에 쥐어 주었지요. 그리고 엄니는 밥이 부족하면 몰래 숭늉에 물을 부어 마셨지요. 그러다가 자식들 몰래 너무 배가 고프면 우물가에 가서 물로 배를 채우기도 했지요. 엄니가 아궁이에 불을 지피고 아궁이 불꽃에 시선이 가 있으면, 가여운 엄니 옆에서 쪽파 다듬다가 어린 저는 안 본 것 같아도 못 본 것 같아도 엄니의 뜨거운 눈물을 여러 번 보았습니다. 엄니가 너무 슬퍼서 다른 생각 할까 봐, 또 너무 버겁고 어렵고 힘들어서 어디론가 사라질까 봐 저는 늘 곁눈으로 흠칫 보고 있었습니다. 어린 마음에 저는 엄니가 없는 세상은 생각조차 하기 싫었고 두렵고 무서웠습니다. 그래도 다른 마음 안 먹고 꿋꿋하게 버텨 이만큼 성장시켜 주셔서 감사합니다.

이젠 엄니랑 아버지는 이 세상에 없습니다. 다시는 볼 수도 없습니다. 모든 것이 후회스럽습니다. 다 소용없는 일이지만 이젠 그곳에서 평안 하십시오. 그리고 다음 세상이 있다면 두 분 다 멋진 인연 속에서 살아가시길 바랍니다.

4

# 언어와 문화, 그리고 문학

# 神

저 깊은 산 100년 된 나무는 나무가 아니라 신이다. 욕망과 허영에 찬 미물들에 의해 희생되는 순간, 큰 괴성과 폭음이 온 산을 뒤덮는다. 그 괴성은 함부로 건드려서는 안 된다는 나무가 보내는 마지막 경고다. 이 나무는 세상의 모든 풍파를 몸으로 막고 견디며 자연 세상에서 일어나는 일과 인간 세상에서 일어나는 모든 것들을 다 보았다. 이 나무는 모든 비밀을 다 알고 있다. 세월에 늘어나는 고통이 나이테에 촘촘히 박혀 커진 몸짓만큼 꽉 들어차 있다. 이 나무는 인간이 저지른 전쟁 같은 만행에 자연이 분노하여 화산으로 폭발하는 것을 경험했고, 좀 더 강하다고 터트린 폭탄에 깜짝 놀라 지축이 갈라져 지진으로 복수를 하는 것도 이 나무뿌리는 다 보았다. 인간의 끝없는 욕심으로 살림이 훼손되어 홍수로 무너지는 산

사태에도 이 나무는 꼿꼿했다. 이 나무는 어제도 앞으로도 인간 세상에 산 증인이고 살아있되 한자리에서 움직이지 않는 살아있는 신이다.

90세 넘은 노인은 사람이 아니라 지혜의 신이다. 모진 풍파를 견디며 이 세상에서 살아왔고, 어리석고 나약한 인간들이 수없이 반복되는 잘못을 경험과 지혜로 일깨우는 살아있는 신적인 존재이다. 그 무엇으로도, 어떤 가치로도 값을 매길 수 없는 작게는 가정에서 크게는 나라에 큰 재산이다. 그런 분들이 툭 내뱉는 하찮은 말이라도 귀담아들어야 한다. 다시는 반복되지 말아야 하는 오류와 잘못을 지적해 주고 충고와 조언의 지혜를 그냥 한 귀로 흘려보내면 안 된다. 수많은 세월 겪은 경험과 지혜를 바탕으로 젊은이들에게 올바른 가르침은 보이지 않지만 지혜롭고 경험에서 비롯된 엄중한 경고가 그 말씀 속에 있기 때문이다. 그분들이 세월이 병들어 약해졌다고 함부로 대해서도 안 되며, 늙었다고 무시하지 말며, 나이 들었다고 멸시하지 말고, 귀가 안 들린다고 함부로 지껄여서도 안 된다. 말을 안 해도 행동을 안 보아도 그분들의 직감과 시야는 젊은이들의 모든 면을 다 꿰뚫고 있으며 미래에 가능한 어떤 일이 일어날지 다 예측한다. 따라서 가정과 나라와 세상은 이분들의 지혜와 경험을 잘 활용해야 더 행복할 수 있다.

오래 사는 동물도 동물이 아닌 신이다. 말 못 하는 하찮은 미물이라고 함부로 건드려서는 안 된다. 그리고 함부로 살생해서도 안 된다. 세상에 존재하는 오래된 것들은 함부로 손대거나 함부로 훼손해서는 안 된다. 경험을 가진 것들이 오래 존재하는 것만으로도 인간이 이 세상에서 삶을 영위하는데 필요한 교훈과 지혜를 받기 때문이다. 그것들을 함부로 건드려서 화를 입거나 교훈이나 지혜를 받지 못하여 더 큰 위험에 직면할 수 있다는 것을 명심해야 한다.

# 세계는 왜 한류(韓流)에 열광하는가?

한국은 영감을 주는 나라다. 한국 전쟁의 폐허 속에서도 빠른 경제 발전으로 정치만 빼고 이젠 선진국이다. 모든 경제 분야에서도 세계를 앞선다. 자원이 부족함에도 이러한 빠른 성장과 높은 학력 수준이 국민 의식을 성장시키고 경제를 발전시키는데 대단한 역할을 한 것이 다른 나라에서 보기에 동경할 만하다. 한류에 열광하고 한국어를 배우려는 외국인들이 늘어나는 것은 단지 드라마나 가수 등에 국한된 것이 아니라 복합적으로 작용한 것이다.

그렇다면 세계는 왜 한류에 열광하는가? 70년 전 한국 전쟁에 참전한 연합국들의 감사함을 잊지 않고 감사 인사라도 표현하는 한국인들의 올바른 정서를 세계인들이 인정하는 것도 좋은 징조이다. 우리는 한국 전쟁으로 국제사회에서 많은 도움을 받았다. 도움을 받았던 나라에서 기아나 전쟁으로 허덕이는 나라에 도움을 주는 나라로 변하고 있다. 더 적극적으로 동참하는 모습도 세계인들에게 긍정적으로 한국을 이해하는데 신호탄으로 작용하고 있다.

또 특정 나라의 문화를 배우고 베끼기보다는 한국인들만이 가지고 있는 독특한 정서가 깃든 내용과 이야기를 담은 창작기법이 있다. 그냥 넘어갈 수 있는 단순한 언어나 감정까지 세밀하고 정밀하게 표현하거나 그 감정을 뛰어넘는 주제나 소재를 개발하여 창의적으로 만든 결과다. 이러한 창작물이 인기 있는 배우나 가수의 몸짓과 행동, 목소리를 통하여 세계인들에게 감동을 주고 여운으로 또 다른 호기심을 불러일으킨다.

또 다른 이유는 굵직한 국제 스포츠 경기를 개최한 1988 서울 하계올림픽이 계기가 되었고, 2002년 한.일 월드컵 개최국으로 대외 인지도를 키우고 한국이 4강이라는 신화를 이룬 것에 한국인들이 열광한 거리 응원의 붉은 열정과 정열이 미디어를 통해 전 세계로 전달된 것도 큰 영향을 끼쳤다. 2018년 평창 동계올림픽으로 대외 인지도가 더 크게 성장한 배경도 그 이유이다. 이러한 스포츠 개최에 따른 김연아, 박지성, 손흥민 등 대 스타의 탄생도 큰 몫을 차지하고 있는데, 이 위대한 스포츠 스타의 선한 인간성과 인격 또한 세계인들에게 장점으로 크게 작용했다고 볼 수 있다.

이러한 인기와 더불어 한국 기업제품의 위상과 브랜드 가치 상승으로 한국을 알리고 기업 이미지 쇄신의 기회가 되었고 한국 기업제품을 찾는 외국인들이 점점 더 증가하고 있다. 한국 대기업이 세계 속에 100대 기업에 자리를 굳히고, 성장하는 다른 한국 신생 기업들이 그 뒤를 잇고 있다. 이러한 인기와 위상에 따라 한국 기업들은 더 좋은 상품을 개발하여 출시하는데 연구를 집중하고 있다.

한류는 한국인들에게 국민적 자존심과 한국 문화에 대한 자부심을 높여주는 계기가 되었고, 한류 열풍으로 한국 영화, 드라마, 게임 산업 등의 활발한 수출은 문화뿐만 아니라 국가적 위상 전환의 기회로 삼아질 수 있음을 인식하게 되었다. 이를 지원하려는 정부 차원의 정책적 노력이 뒷받침되어 더욱 발전하였다. 한국은 10대 선진국이다. 한류가 더 지속적으로 유지되고 발전하려면 첫째, 도움을 받았던 나라에서 이젠 도움을 주는 나라로 위치가 변경되어 주도적으로 세계 봉사에 참여해야 한다.

둘째, 한국 전쟁 참가국들의 희생을 잊어서는 안 되며 후대에 영원히 기억하도록 교육해야 하며 그들 나라가 잘 살든 못 살든 사소한 것으로라도 보은하는 실천을 해야 한다. 그러면 한국에서 희생했던 분들이 감동하여 뜨거운 눈물로 그 희생이 헛되지 않았다는 것을 알게 될 것이다.

셋째, 다른 나라의 좋은 문화는 참고하되 베끼거나 따라 하지 말고 한국 문화의 우수성을 창의적으로 더 개발해야 한다. 이웃 나라들이 다른 나라의 장점들을 모방하거나 베껴 사용하고 다른 나라의 문화가 좋으면 우겨서라도 자기 것으로 만들려고 하여 결국 후퇴하는 것을 보았다. 과거의 교훈으로 삼고, 해서는 안 된다는 것을 알아야 한다.

넷째, 어떠한 비판이 있더라도 창작의 자유를 보장해 주어야 한다. 어느 정권을 만나든 그 진영 논리에 유 · 불리를 따져 불리하다면 블랙리스트를 만들어 창작자를 옭아매지 말아야 한다. 비판도 일방적이지 않아야 하는데, 건설적이고 창의적인 비판은 다른 경쟁력 함양으로 발전하지만, 파괴적이고 파멸적인 비판이나 비난은 인성이 나쁘다는 것을 증명하는 것일 뿐, 창작자나 피 창작자의 분노와 갈등만 유발하며 양쪽에 어떠한 도움이 되지 않는다.

다섯째, 우리는 다문화 시대에 살고 있다. 다문화 시대에 우리 문화만 우수하다고 다른 문화를 무시하거나 업신여기지 말아야 하며, 다문화 감수성이 부족한 한국인들 스스로 다문화 감수성을 가질 필요성이 있다.

일곱째, 우수한 한국 기업제품의 위상과 브랜드 가치 상승으로 한국 기업 이미지 쇄신의 기회를 더 넓히고 고부가 상품과 고품질의 브랜드를 더 많이 창출해야 한다.

여덟째, 한글, 한자, 외래어로 구성된 한국어를 세계에 더 알리기 위해 외국어로서의 한국어학과 개설을 더 늘리도록 투자를 넓혀야 한다. 다양한 한국어의 교재 개발은 관광 한국어, 실용한국어 등 간단하면서 실제 사용 가능한 단어로 구성되어야 한다. 내용 면에서는 처음 접하는 한국어 학습자가 쉽게 다가갈 수 있도록 소재나 주재도 흥미를 유발할 수 있어야 한다.

마지막으로 한류의 근본은 대한민국이고 대한민국 국민에서 나오는 것이다. 언제, 어떻게, 어느 나라를 여행하든 그 행동 하나하나는 그 나라 국민성을 대변하고 그 나라 지도자는 그 나라 위상을 보여주는 지표다. 따라서 한류가 더 발전하려면 한국을 대표하는 사람이나 한국 사람이나 모두 올바른 언행을 해야 한다는 것이다. 아무리 훌륭한 문화나 뛰어난 예술을 가지고 있다고 하더라도 국민성이나 나라의 위상이 떨어지면 그 문화나 예술의 가치도 하락하여 퇴보하기 때문이다.

# 욕

욕도 말이며 언어다. 한국의 욕 속에는 신체를 비하하는 말이나 병명이 많이 포함되어 있다. 화가 나서 욕을 하면 카타르시스가 생기며 시원하다. 신체를 해하는 데 폭력을 사용하지 않아도 언어로 복수하는 최고의 무기가 욕이다. 당사자 앞에서 또는 뒤에서 욕을 한바탕 퍼부으면 통쾌하기도 하고 속이 시원하고 후련하다. 그러나 어떤 위치에서 어떠한 상황에서 어떤 사람에게 적재적소에 사용하느냐에 따라서 그것이 욕이냐, 주고받는 평범한 대화냐가 결정된다. 욕을 사용해서 더 큰 싸움이나 갈등으로 번질 수도 있으므로 욕을 하고 싶어도 좀 절제하고 조심해야 한다. 그러나 경우에 맞지 않는 상황으로 피해를 보거나 해를 본다면 참아서는 안 된다. 따라서 우리의 실생활에서 자주 접하는 욕설 몇 가지만 나열해 보자.

어른들이 습관처럼 자주 내뱉는 말 중에 '이놈의 새끼'가 있다. 이것은 할아버지나 할머니가 귀여운 손자들에게 자주 사용한다. 이것은 억양에서 욕과 귀여움을 표현하는데 차이가 있다. 귀여움을 표할 때는 부드럽고 억양이나 음정이 낮으며 입가에 흐뭇한 미소가 가득한 상태에서 한다. 그러나 웃어른이 억양이 높거나 세거나 때릴 듯 손이 올라가며 갖은 인상을 쓰며 소리치듯이 한다면 그것은 당연히 화가나 야단치거나 욕설이 포함된 말이다.

기분이 나쁘거나 못마땅할 때 하는 말로 가끔 힘이 들 때 농촌에서 농부들이 수시로 내뱉는 '염병'이란 말이 있다. '염병'은 원래 '장티푸스'의 속된 말로 병명이다. 그러나 어느 순간부터 어떤 사람은 말끝마다 내뱉는 보통 언어가 되었다. 이것은 잘못된 언어 습관이다. 즉, 듣는 사람들이 귀에 거슬리고 인상을 찌푸리게 하면 그것은 사용하지 말아야 한다. 그것은 잘못된 습관이므로 어른이든 누구든 고쳐야 하는 병폐이다.

'지랄하네'와 '지랄하고 자빠졌네'가 있다. '지랄'은 부정적인 의미로 뇌전증이라는 병명이며 여기저기 마구 어수선하게 함부로 분별없이 하는 행동을 속되게 이르는 말로 여기에 '하다'를 붙이면 떠들거나 말이나 행동을 변덕스럽거나 가볍고 방정맞게 한다는 의미로 풀이된다. '지랄하고 자빠졌네'는 지랄이라는 상태로 그대로 놓여있는 것을 의미한다. 이것 또한 무섭고 위험한 단어이다.

'병신'과 '등신'은 비슷한 의미로 '병신'은 신체의 어느 부분이 제 기능을 하지 못하거나 보통과는 다른 형체를 가진 사람, 정신적으로 장애가 있어 온전하지 못한 사람, 흔히 그러한 사람을 경멸조로 이를 때 쓰는 말이다. 이것도 상당히 위험한 말이다. '등신'은 아둔하고 어리석은 사람을 얕잡아 이르는 말로 모두 신체에 관련된 비하나 경멸의 의미로 사용된다.

'개새끼'는 욕설의 하나이다. 어떤 사람을 좋지 않게 여겨 욕하여 이르는 말로 원래는 욕이 아닌 친구나 자손에게 귀여움과 반가움을 나타내고 사랑을 전하는 뜻으로 쓰였다. 그 어원은 강아지 다음에 새끼를 붙인 것이라는 설과 가짜 자식이라는 설이 있지만 지금은 욕설로 인식하는 것이 더 크다. 특히 강아지와 달리 개는 동물 중에서 한국 사람이 취급하는 가장 하찮은 동물이다. 따라서 하는 짓이 얄밉거나 더럽고 됨됨이가 좋지 아니한 남자를 비속하게 이르는 말로 사용된다. '－년'을 붙여서 여자를 비속하게 이르는 말로 사용된다. 참 듣기 거북한 욕설이다.

'머저리'는 하는 짓이나 말이 얼뜨고 투미한 사람을 얕잡아 이르는 말로 모든 것들이 똑 부러지지 않는 답답한 사람에게 사용된다. 즉, 행동이나 말 따위가 다부지지 못하고 어리석고 둔한 사람을 얕잡아 이르는 말로 '바보'나 '맹꽁이'와 유사하게 사용된다.

위에서 본 것처럼 욕에는 불편한 인간의 신체를 빗대거나 병명을 넣어 만든 욕설이 많다는 것을 보았다. 이런 말은 화가 날 때 주로 욕설로 사용한다. 화가 나지 않을 때 습관처럼 사용하는 사람들도 있다. 이는 반드시 고쳐야 할 나쁜 습관이다. 이러한 욕설은 잘못한 사람이 그냥 듣고 지나가기엔 너무 큰 상처를 준다. 대놓고 욕설을 하는 사람은 어느 환경이든 강자이며 욕설을 얻어먹는 사람은 주로 약자이다. 약자도 욕할 수 있지만 강자 앞에서 무섭고 두려운 마음에 강자가 들리지 않도록 작은 목소리로 하거나 뒤에서 한다. 욕설을 주고받다가 폭력이나 충돌이 발생할 수도 있어서 조심해야 한다.

그러나 욕설은 약자 앞에 강자만 사용하라고 만들어진 말이 아니다. 어느 상황에서든 약자도 화가 나면 욕할 수 있다. 화를 내게 한 상대에게 크고 우렁차게 시원하게 퍼붓고 나면 마음도 가라앉고 속이 후련하고 기분이 정화된다. 카타르시스를 느낀다. 그러면 욕설이 아무리 나쁜 말이라 하더라도 살아가는데 기분전환이 되므로 욕도 때론 필요하다. 그러나 욕은 때와 장소를 가려서 해야 하며 아무리 친한 사이라고 하더라도 가려가며 해야 하고 되도록 평소 대화에서는 사용하지 말아야 한다. 습관처럼 사용하는 욕설은 평생 습관이 되어 듣는 사람들의 귀를 거슬리게 하고 대화를 피하게 하는 원인이 되기도 하기 때문이다.

# 절구와 절굿공이

절구는 곡식을 빻거나 찧고 떡을 치기도 하는 도구다. 한국의 전통 절구는 혼자서 공이를 내리칠 수도 있고, 짝을 이뤄 치기도 하고 여럿이 하기도 한다. 재질이나 용도, 크기에 따라 쓰임이 다양하다.

새터 마을 꼭대기 집 사랑방 아궁이 앞에 돌절구가 집안을 지키며 하늘을 향해 입을 위로 크게 벌리고 있다. 이 절구는 내가 엄니를 그리움 속에 간직한 첫 번째 추억이다. 내가 7살 때 세상에 눈을 뜨고 세상의 이치를 처음 깨우쳤을 때, 이미 엄니는 내 앞에서 절구통에 고소한 참깨를 넣고 나무 공이로 살살 으깨어 찧고 있었다. 움푹 들어가 패인 통 모양의 절구통에 엄니가 참깨를 수저로 뒤집으면 다른 사람이 막대 모양의 절굿공이로 힘을 조절해가면서 빻았다. 긴 치마에 흰 앞치마를 두르고 잘록한 허리를 이용하여 힘껏 내리치며 절구통에서 뒤집는 사람과 장단을 맞춘다.

시골 마을에 추석 명절이 다가오자 송편 준비로 분주하다. 벼를 절구통에 넣고 나무 공이를 사용하여 힘껏 내리치고 찧고 나면 왕겨가 벗겨지면서 뽀얀 속살이 드러난다. 그러면 절구통에서 찧은 쌀을 끄집어내어 키에 담고 키질로 까부르면 가벼운 왕겨는 밖으로 날아가거나 앞에 남고 무거운 것은 뒤로 모여 구분된다. 뽀얀 쌀만 다시 절구통에 넣고 이번에는 쇠 공이를 사용하여 쌀을 빻는다. 곱게 빻아진 쌀가루를 대나무 얼기미* 나무 체로 치거나 흔들어 켜면 고운 가루는 밑으로 빠지고 좀 큰 덩어리는 나무 체 안에 남는다. 다시 남은 쌀 덩어리를 절구통에 넣어 빻고 나무 체로 치기와 켜기를 여러 번 한다. 잘록한 허리가 끊어지도록 허리의 힘으로 절구질을 하고 또 반복적으로 한다. 그렇게 해야 식구들이 맛있는 송편을 먹을 수 있다.

송편 만들 쌀가루 빻기가 다 되면 인절미 만들기에 들어간다. 미리 준비한 찹쌀을 시루에 찌기 위해 가마솥에 시루를 올리고 그 안에 찹쌀을 넣고 김이 새나가지 않도록 시루와 가마솥 사이에 밀가루나 멥쌀가루를 반죽하여 만든 시룻번을 발라 놓는다. 어느 정도 밥알이 익으면 시루째 들고나와 절구통에 쏟는다. 그러면 한 사람이 나무 공이로 찹쌀 밥알을 내리치면 다른 사람은 찹쌀 덩이가 달라붙지 않도록 손에 물을 묻혀서 밥알이 골고루 빻아지도록 뒤집

---

* '체' 의 충청도 사투리

는다. 곧 치대어진 찹쌀 덩이가 쫀득하게 되면 넓은 도마 위에 검정 참깻가루나 볶은 콩가루를 깔고 인절미 만들 준비를 한다. 엄니가 썰어 놓은 떡에 콩고물을 묻히니 완성된 인절미는 말랑하니 정말 맛나다. 허리는 아프고 손목이 시리도록 절구질을 하니 밤에는 여기저기에서 끙끙 앓는 소리가 교향곡 같다.

추석 명절이 끝나니 돌아가는 친척에게 보낼 선물에 고춧가루는 꼭 있다. 그러면 여럿이 대들어 절구통에 매운 고추 빻느라 눈물 콧물 범벅이 된다. 고춧가루 빻는 사람도 절구통 근처에 있는 사람도 눈물 흘리기는 마찬가지, 엄니는 고춧가루를 체에 치고 켜서 고운 고춧가루만 친척들에게 보낸다. 고소한 참깨를 약간 짓이겨 빻아서 깨소금을 만들어 주고, 볶은 콩가루를 절구통에 넣어 빻고 체에 치어 고운 콩가루를 만들어 보내기도 한다. 그렇게 별 것 아닌 것 같아도 곡식을 찧고 빻아 키로 키질로 까불리고, 체로 치고 켜서 보내기란 여간 힘든 노동이 아니다.

가을걷이가 마무리되면 시골에서는 메주 만들기가 한창이다. 수확한 메주콩을 씻고 무쇠 가마솥에 푹 삶아 뜸 들이고 나면, 식기 전에 삶은 콩을 퍼서 절구통에 넣어 나무 공이로 골고루 찧는다. 찧다가 힘들면 쉬어가며 삶은 고소한 콩도 입에 넣고 오물거리며 쉬엄쉬엄 찧는다. 찧은 콩은 아버지가 나무 상자 틀에 천 보를 깔고 찧은 것을 넣고 발로 살살 눌러 반듯하게 메주를 만든다. 그러면 엄니는 지푸라기를 엮어 메주를 묶어 따뜻한 아랫목에 매단다. 겨울 동안 안방은 메주 뜨는 냄새가 진동한다. 옷과 이불이 메주콩 뜨는 냄새로 다 배어있다. 그렇게 3주 동안 따뜻한 아랫목에서 말린 메주는 이듬해 고추장이나 된장, 그리고 간장 담그는 데 사용된다.

봄이 되니 봄나물이 지천이다. 냉이 된장찌개도 입맛을 돋운다. 겨울 동안 밭에 있던 대파가 파릇하게 올라오고 봄동도 새파랗다. 봄동 겉절이를 하려는 엄니는 불려놓은 고추를 절구통에 넣고 나무 공이로 살살 비빈다. 어느 정도 갈아진 고춧물에 마늘과 생강을 넣고 다시 한번 힘을 주어 간다. 상큼하고 맛난 냄새가 난다. 절구통에서 퍼낸 고춧물에 이것저것 양념을 하여 봄동을 이리저리 살살 무쳐내니 입맛이 무척 돋는다. 밭에서 뽑아온 파로 파김치를 담그니 그 맛도 일미다. 남은 양념장으로 야산에서 뜯어온 봄나물을 삶아 무쳐 놓으니 그것도 맛나다.

수년이 지난 어느 날, 시골집에 가보니 절구와 절굿공이가 사라졌다. 누군가 전시용으로 가져간 것 같지만 마음이 너무 허전하고 서운했다. 어떤 가정은 살아온 추억이고 사랑인데 한마디 말도 없이 그냥 가져가 버렸다. 텅 빈 마당 한가운데 서서 절구통이 있던 장소에 시선이 갔다. 쿵덕 쿵 쿵쿵 절구 내리치는 소리와 허리 앓는 엄니의 신음이 안방에서 들리는 것 같았다. 무너져 내린 돌로 된 뜰 한쪽에 썩어서 낡은 나무 공이만 덩그러니 놓여져 있었다. 엄니와 함께 사라진 절구를 그리며 하늘 한 번 올려다보고 말없이 길을 나섰다.

절구(절구통)는 절굿공이를 이용해서 곡식을 빻거나 찧고 떡을 치기도 하는 한국 전통 도구다. 이 도구는 방앗간이 없는 시골에서 그것을 대신한 우리 조상들의 지혜로운 도구이다. 시골에는 집 집마다 대문이나 마당에 절구통이 하나씩 다 있었다. 절구의 사용 용도와 재질과 크기에 따라 절굿공이가 여러 개 있는 집도 있었다. 메주가 못생긴 사람을 비유하듯 뚱뚱한 사람을 비유적으로 이르는 말이 절구통이다. 그리고 '절구통 같은 몸집, 멋 부린다고 호박꽃이 장미가 되냐' 등 비유적으로 쓰인다. '돌절구도 밑 빠질 때가 있다'라는 말은 아무리 튼튼한 것이라도 영구불변한 것은 없다는 의미이다. 이렇게 절구통을 못생기고 부정적으로 비유하지만 잘 들여다보면 절구만큼 아름다운 것은 없다. 모양은 다양하나 대부분 중간이 잘록하게 들어가고 위는 둥글고 아래는 몸을 바쳐주는 주춧돌 역할을 한다. 그렇게 많던 절구는 이젠 토속적인 식당이나 카페에 진열되어 오가는 사람들의 향수를 느끼게 하지만 전혀 어울리지 않는다. 절구는 필요한 장소에 있어야 곡식을 찧거나 빻는 도구로써 그 기능을 다 하는 것이다. 아무리 옛것을 현대식 건물에 장식품으로 전시한다고 해서 그것이 무슨 의미가 있겠는가.

절구는 남부지방에서는 한 해의 강수량으로 농사가 풍년인지 흉년인지를 예측하기도 했다고 한다. 절구는 곡식을 찧고 빻아 음식을 해 먹을 때 우리 조상들이 지혜롭게 생활한 도구이며 흔적이다. 지금은 플라스틱 절구통이 많이 보급되어 사용되고 있지만 어떤 음식을 하든 시골에 있던 돌절구와는 음식 맛이 비교가 안 된다. 요즘 여자들은 바쁘다는 핑계로 믹서로 곱게 간 양념으로 반찬 만들며 힘드니 어쩌니 불평과 불만이 많다. 그러면서 여가에 카페에 앉아 수다 떠느라 시간 가는지도 모른다. 그런 여자들의 복 터진 불평과 비교할 가치도 없지만 단지 현대에 편하게 살림하며 살아가는 여자들에게 그저 고된 부엌살림에 지치고 고단한 그 옛날 엄니들의 노고만 찻잔 속에서 허탈하게 비웃듯 맴돌 뿐이다.

# 가로선의 비밀

손금의 기본은 생명선, 두뇌선, 감정선이다. 이러한 기본선이 선명하고 방해받지 않는다면 좋겠지만 장애선*이라는 가로선 없는 인생은 없다. 장애선은 말 그대로 장애를 의미하는 선으로 모든 기본선들이 장애선을 만날 수 있다. 장애선은 가벼운 트러블이나 고민에서부터 생명에 지장을 주는 것까지 다양하며 가벼이 넘기지 말아야 한다. 손바닥에 있는 가로선은 운을 가로막는 선이며, 세로선은 운을 위로 올려세우는 좋은 선이고, 기본선은 운을 지탱해 준다. 가로선이 너무 많아도 안 좋다. 기본선이 튼튼하면 인생과 운세는 무너지지 않는다. 세로선이 좋은데 기본선도 함께 좋으면 금상첨화며 성공은 따 놓은 단상이라 할 수 있다. 손바닥 손금에 가로

* 장해선이라고도 하는데 필자는 장애선으로 통일하겠다.

선, 세로선, 기본선이 튼튼하면 극복하는 힘이 강하고 고진감래하며 좋은 운세가 뒤에 모여 있으며, 봄에 피는 꽃보다 가을에 피는 국화 같은 운세라고 할 수 있다.

인생에 세로선만 있으면 좋겠지만 모든 사람의 손바닥 손금을 들여다보면 누구든 가로선을 다 가지고 있다. 우리 인생은 허들 경기와 같아서 늘 무엇인가를 뛰어넘고 극복하며 살아야 한다. 그래서 가로선을 원망할 것이 아니라 가로선에 가로막히지 않는 자신이 되는 것이 더 중요하고, 살면서 가로선이 가로막으면 뛰어넘고, 가로막는 것이 없으면 계속 달리고, 달리다 또 가로막히면 또 뛰어넘으며 끝까지 반복하면서 달리는 것이다.

손금 전문가에 따르면 주요 삼대선에 장애선인 가로선이 나타난다면 운세에 불리함이 현실로 나타나게 되는 경고라고 하고 있다. 경고에도 불구하고 운세에 역행하는 행위는 많은 부정적인 일을 초래한다는 것이다. 가로선이 감정선에서 나타나면 감정선에 영향을 주어 감정선이 끊어지면 이혼, 이별, 금전손실, 파탄 등이 발생할 수 있고, 두뇌선에서 발생 되는 장애선은 건강, 금전, 사업을 방해, 저해한다는 것이다. 생명선에서 발생하는 장애선은 면역을 떨어트리며 근심이나 스트레스를 유발한다는 것이다.

장애선인 가로선이 많은 사람들은 늦게 출세하는 것에 겁먹지 말아야 한다. 이 선이 많다면 자기 꿈이 뒤로 미뤄지는 경우가 있다. 형편이 안 되어 일과 공부를 병행해야 하는 경우가 그 대표적인 예다. 가로선이 많은 사람은 자신이 처한 환경 때문에 마음고생을 많이 하게 된다. 그래도 뚝심이 있어 결국 자기 길을 찾아가는 사람이 많은 대기만성형이니 부디 꿈을 포기하지 말아야 한다. 그리고 가로선이 많으면 돈이 없다는 편견을 버려야 한다. 오히려 이런 사람들은 숨겨둔 재물이 많다. 저축이든 숨겨놓은 재물이나 재산이 있다. 그러나 가로선으로 재산의 정도를 섣불리 판단하지 말아야 한다. 단지 내게 가로선이 많다면 일찌감치 재테크에 관심을 가지는 게 좋다. 부모 돈을 넘보지 말아야 한다. 부모가 아무리 돈이 많아도 부모 돈을 넘본다면 오히려 빚을 지게 된다. 즉 자수성가해야 한다는 것이다. 가로선이 많다면 부모복이 없다고들 하지만 오히려 나중에 부모덕을 보는 경우가 있다. 부모 재산은 주면 받고 안주면 포기하는 것이 편하다. 맞벌이하는 것도 방법인데, 이 경우는 주로 여자에 해당한다고 할 수 있다. 결혼 후 배우자의 수입만으로는 양이 안 차기 때문에 직장 생활을 하면서 가정을 꾸리고 결혼 때문에 직장을 포기했다가 나중에 다시 사회생활을 시작하려면 많이 고생하게 된다. 그리고 가로선이 많은 사람은 큰 투자에 매우 신중해야 한다. 즉, 이런 손금을 가진 사람은 단기간에 부를 축적하기 어려우니 천천히 밑에서부터 한 단계씩 올라가야 한다. 가로선이 재물선이나 사업선 등에 나타나는 사람은 사업을 크게 하거나 문어발식의 사업장도 해서는 안 된다. 소규모로 시작하여 꾸준히 성장해야 한다.

손금 전문가들은 손금으로 점을 치고 단정을 짓는 것은 옳지 않으며 무모하다고 한다. 따라서 손금은 점이 아니며 자기 자신의 사고방식, 사고력, 인내심, 의지력, 가치관으로 인해 나오는 것이라고 한다. 그리고 살면서 행해온 모습에서 나오는 것이 얼굴 관상이라 한다.

자신의 노력에 따라 인생이 변하듯 손금도 변하며 마음가짐과 행동에 따라 달라질 수 있다고 한다. 손금을 알면 어느 정도까지는 인생을 예측하고 준비할 수도 있다고 한다. 손금이 선명하고 보기 좋다고 하여 너무 손금만 들여다보고 있어서도 안 되고, 너무 손금을 맹신하는 것도 안 좋다. 손금 보기는 재미로 보는 것이어야 하며, 손바닥의 특징과 심리적 특질 사이의 상관관계는 전혀 입증된 바가 없음을 염두에 두어야 한다. 손금을 좀 안다고 남의 손금을 읽어 줄 때는 너무 안 좋다고 심각하게 전달해서도 안 되고 부정적인 손금이 보인다고 하더라도 함부로 전달하여 손금 당사자가 불행한 결과를 초래하게 만들어도 안 된다. 단지 심각하게 부정적이어도 조심하라는 정도만 당부하는 선에서 읽어 주도록 해야 한다.

손금을 읽고 손금에 나타난 자신의 단 · 장점을 파악하고 생활하다 보면 어느새 손금도 바뀌고 인생도 달라질 수 있으며, 손금이 선명하다고 요행만 바라고 가만히 있으면 발전 없이 제자리에 머물러 있게 된다. 다소 고단하고 버거운 현실이라도 나만 겪는다고 불평이나 불만만 늘어놓지 말고 늘 노력하고 실천하면서 올곧게 살면 삶이 더 윤택하게 발전될 것이다.

# 모옌 중단편선

중국 최초로 노벨 문학상 수상자 모옌은 1955년 중국 산둥성에서 태어나 1981년 단편소설 「봄밤에 비는 부슬부슬 내리고」로 데뷔하였다. 1986년 중편소설 「붉은 수수」를 바탕으로 1988년 장이머우 감독의 토속적 이야기와 역사, 민중의 삶을 융합한 환각적 리얼리즘의 소유자라는 평가를 받은 「붉은 수수밭」이 베를린 영화제 황금 곰상을 수상하면서 세계적인 작가가 되었다. 『홍까오량 가족』, 『열세 걸음』, 『풍유비둔』, 『사십일포』, 『인생은 고달파』, 『개구리』 등을 썼고 그 밖에 희곡과 드라마 극본 등을 다량 집필했다. 2012년 환각 리얼리즘을 민간 구전 문학과 역사, 그리고 동시대와 융합시킨 작가라는 평가를 받으며 노벨 문학상을 수상하였다. 모옌의 문학세계는 중국 전통의 민담과 설화를 세계적인 이야깃거리로 탄생시키며 야성과 광기의 이야기꾼이라는 평가를 받은 현대 중국 문학의 거장이다. 그의 문학작품은 그의 고향인 산둥성 가오미 둥베이를 배경으로 삼고 있다.

그의 중단편선 중 「철의 아이」는 중국 전통 안에서 새로운 세계를 창조한다는 주제로 민공들을 대단위로 동원하는 공산주의 계획경제 아래 서민들의 아이들이 겪는 소외를 환각적 리얼리즘으로 표현하고 있다. 작가는 독자들을 어린아이의 눈을 통해서 비현실적 인식 속으로 인도한다. 어린아이의 시선에 이끌릴수록 홀로 앉아 강한 햇빛을 바라보며 배를 곪는 아이의 공복감 속에 몽롱함을 겪는 느낌이다. 대대적인 철강 제련이 시행되던 해, 정부는 민공 20만 명을 동원해 두 달 반 동안 80리에 달하는 철로를 깔았다. 삽질이 가능한 모든 사람은 민공에 동원되었고, 부모가 모두 동원되었기에 당시 아이들은 4~5살 정도의 어린아이들로 공공식당과 함께 세워진 유아원에서 생활했는데 유아원은 흙담에 초가를 얹은 방 다섯 칸짜리였다. 이 작품은 중국 전통 안에서 새로운 세계 창조에 대한 인간성을 회복하고 국가 폭력에 대항하는 인간성 회복을 그렸다고 볼 수 있다.

「첫사랑」은 문화혁명기 노동자의 나라 중국의 극단적 계급의식이 무엇인지 사실적으로 보여주는 작품이다. 부농 출신을 차별하는 역사적 계급의식의 문제로 정서적 기법이 가까운 나인 주인공은 9살이고 반에서 막내이고, 두펑위는 열여섯 청소년으로 그는 키가 크고 반의 패왕으로 집안은 극빈농이다. 담임은 부유한 중농으로 배경이 안 좋아 무산계급 후손들에게 말도 제대로 못 했다. 그래서 두평위의 도둑 누명이 들통나자 담임과 두평위의 대화에서 계급의식이 드러난다. 특히 대화에서 자주 욕으로 표현되는 부분은 현실 생활에 피곤함과 회의를 엿볼 수 있고 녹록지 않은 현실을 욕으로 토로한다. 이 반에서 여학생은 환상적 모습과 사랑의 대상으로 묘사된다. 혁명 간부의 자녀 장뤄란에 대한 담임의 차별적인 태도도 그 시대의 계급문화를 잘 나타내고 있다. 주인공은 사과를 주었으나 받지 않았는데 이것은 사랑을 수용하지 않고 거절했다는 의미로 주인공의 마음에 상처를 입고 첫사랑은 아픔으로 남게 된다. 이러한 아픔은 인간의 자존감 상실과 상심이 보인다. 결론도 한 문장의 결론으로 끝을 맺어 독자의 상상력을 발휘하게 하고 여운을 길게 남기며 독자로 하여금 궁금증을 유발한다. 이 작품은 동심을 표현한 것으로 모옌의 작품 기질을 엿볼 수 있는 이야기성에 중점을 둔 작품이다. 계급의식에서 비롯된 인간 자존감의 파괴와 첫사랑 상대에 대한 주인공의 상심이 드러난 작품이다.

「사랑 이야기」는 순수한 사랑과 비 순수한 사랑과의 대비를 잘 보여주는 작품이다. 이 작품도 이야기성 중점의 작품으로 소년의 순수함을 지켜주는 점잖은 어른은 없으며 소년이 몰래 좋아하는 허리핑은 나이가 열 살 많은 여성지식 청년이다. 불리한 출신 성분으로 인해 꿈을 접어야만 하는 그녀의 아픔을 소년은 누구보다 순수한 사랑으로 위로한다. 하지만 그런 소년의 마음을 알아차린 어른들은 얄궂은 말로 소년을 부추기고 몸이 잔뜩 달은 소년은 사랑하는 그녀 앞에서 울음을 터뜨리고 만다. 첫 문장에서 주동 인물과 반 주동 인물을 대비시키고 있다. 대조적 구조로 샤오디, 청소년, 생식, 윤리적인 사랑과 궈싼, 소년기, 무 생식, 비윤리적인 사랑이 대비되고 대조적이다.

「한밤의 게잡이」는 환각적 사실을 필요한 최소만 사용하여 현실과 비현실세계의 경계를 의미한다. 소년은 게를 잡으러 아홉째 삼촌과 강에 나온다. 삼촌이 잠든 사이 소년은 귀밑머리에 하얀 꽃 한 송이를 꽂은 젊은 여자를 만나는데, 그녀는 놀라운 솜씨로 게를 잡아 마대를 한 자루 채운다. 여우임을 의심한 소년이 여자를 만져 보기도 한다. 그 후 25년 후 싱가포르 상가에서 그 여자를 닮은 젊은 여자를 만나 깜짝 놀란다. 모옌 소설은 여우와 귀신과 요괴가 자주 등장하는데 우리가 어렸을 때 자주 들었지만 급속한 경제 성장을 하면서 의식 속에서 여우는 사라지고 귀신은 죽고 요괴는 도망가 버리고 만다. 작가가 이런 전설 속의 동물을 한 번쯤 등장시키어 인간 세상에 인간들과 같이 산 친근한 우리의 동지들을 생각하게 하고 있다. 이젠 그런 이야기는 낡은 소설 취급받아 사라지고 없다. 우리와 함께 산 동지들을 다 버린 셈이다. 피리 부는 사람은 삼촌이 아니라 어떤 힘이 있는 남자로 등장시켜 게잡이 여자를 불러들이는 비현실세계에서 현실 세계의 불확실성을 말하고 있다. 이처럼 모옌의 특성은 중국의 전통적인 전설과 괴담에 관한 것으로 중국 설화인의 전통을 이어받은 것처럼 끊임없이 이야기를 토설할 수 있는 입담을 지녔다고 할 수 있다.

「창안대로 위의 나귀 타는 미인」은 사람들의 호기심이나 남자들의 호색을 통찰하는 것이며, 이 시대 사람들이 심심해서 해보는 것 같고, 청안 대로는 현대를 상징하고, 나귀는 고대를 상징하여 서로 강렬한 대비를 이루고 있다. 이 작품의 이야기는 미인이 나귀를 타고서 천안문 앞 대로를 지나가는 이야기다. 리얼리즘 소설은 당연히 아니며 판타지 소설도 아닌 것 같다. 저 미인과 미인을 지키는 무사는 누굴까 궁금한 차에 소설은 나귀가 똥을 열다섯 개 싸는 장면으로 끝나고 만다. 인간의 여정을 나타내고 있으며 그 결말은 허망하여 인생무상을 느끼고 미도 허망함만 남는다. 즉, 우리 인생의 여정과 비슷하다.

「후미족」은 냄새로 음식을 먹는 족속이라는 의미로 유토피아와 디스토피아 사이에 있는 현실 세계에 있는 무릉도원을 추구한다. 마치 지브리의 에니메이션을 보는 듯한 느낌을 받는 작품으로 이 소설 이야기 속 주인공이 순수함과 풋풋함을 간직하고 있다. 후미족은 냄새로 음식을 먹는 신비한 족속의 이야기로 후미족을 만나 그들이 남긴 음식으로 신나게 배를 채우는 두 아이의 일화를 통해서 배곯고 굶주린 아이들을 달래주던 옛이야기 속 유쾌한 환상의 힘을 느낄 수 있다. 환상 속의 환각을 느끼는 모옌의 환각적인 리얼리즘의 대표적인 작품이라 할 수 있다. 우물 속으로의 두 아이의 모험을 시작으로 독특한 체험을 하는데 우물 속에서 겪은 이후 집으로 돌아와 부모님과 형제자매에게 괄시와 구박과 멸시를 받아도 결코 진실을 말하지 않고 있다. 모옌의 인물 묘사에는 호불호가 있어서 주인공이 싫어하는 사람의 인물 묘사는 부정적으로 묘사한다. 이 소설은 유토피아 사상의 현대적 변형이라 할 수 있다.

「메뚜기 괴담」은 자연의 힘과 인간의 힘 중에서 자연과 인간의 대결 중 인간이 속수무책으로 당하는 것을 나타내는 작품이다. 인간은 자연에 대결해서 이길 수 없다는 주제로, 부패한 정치에 대한 징조를 부주제로 다루고 있다. 환경 파괴에 대한 지구의 대재앙의 결과로 메뚜기의 공격을 받는다. 묻어 놓은 알이 땅속에서 메뚜기 떼가 올라오는 장면은 소름 끼치고 두려움의 외침이 고스란히 그려지고 있다. 만물의 영장이라 호령하던 인류는 메뚜기 떼 앞에서 속수무책으로 당하니 깊이 새겨 봐야 할 이치가 숨겨져 있다. 메뚜기의 정의는 부패한 정치와 전란으로 어수선해진 세월과 연결되며 난세를 상징하는 분명한 부호 같은 것으로 여기에 더 깊은 이치가 숨겨져 있는 것이다. 따라서 이 작품은 환경 파괴에 대한 대재앙과 부패한 정치와 전란 같은 어수선한 세월과 연결되어 자연의 위대함 앞에서 영장이라 한 인간도 별 것 아닌 것으로 어쩔 수 없다는 이치가 숨어져 있다.

모옌의 몇몇 작품에서 보듯이 그의 문학작품 세계는 이야기꾼으로서의 능력이 탁월하고 그 상상력은 특출하고 풍부하다. 그의 고향 가오미 마을의 사투리 언어를 바탕으로 한 중국어 구사 능력도 우수하다. 그의 문학세계에 있어 언어의 풍부함을 나타내는 핵심적 요소이기도 하다. 그의 소설 이미지는 다양하게 표현된다. 그의 작품 구성은 복잡하며 서사 시각도 다변적이다. 특히 「메뚜기 괴담」, 「후미족」, 「한밤의 게잡이」는 그래서? 어떻게 됐는데? 하는 궁금증을 유발하는 이야기의 가장 오랜 전통의 힘으로 쓰인 이야기로 이야기성 중점의 작품으로 대표적이다. 그래서 그의 작품마다 독자에게 새로운 의문과 독서 경험을 제공한다. 따라서 모옌의 작품은 중국 전통의 민화와 설화를 세계적인 이야깃거리로 탄생시키며 새로운 세계를 창조해 냈다는 평가를 받는다.

# 한 · 영 품사론

한국 학습자들이 영어를 쉽게 배우거나 영어권 학습자들이 한국어에 좀 더 쉽게 접근할 수 있도록 모든 문법에서 기본이며 바탕인 두 언어 간 품사의 차이점을 대조. 분석한다. 전 세계적으로 세계 공용어인 영어는 부가가치 창출과 영어에 관련된 기업 브랜드 및 문화 상품이 상당하다. 영어를 제2 외국어로 선택하는 우리나라에서는 영어에 들어가는 비용과 인력 및 시간과 노력이 수십 년 동안 상상을 초월한다. 자격도 없는 영어권 나라의 원어민들이 한국에 관광 비자로 들어와 학교 교육 이외에 학원 및 개인 과외로 상당한 수익을 창출한다. 이에 언어도 하나의 상품으로 보아 정보화 시대에 IT 강국으로 자리 잡은 한국은 한류와 K-pop, k-스포츠 등으로 그 위상이 높아지고 한국어를 배우려는 외국인 학습자들이 증가하는 추세이다. 그러면 한국어 교사들의 해외 진출 및 인력창출의 기회도 많아지고 한국어를 사용한 상품과 제품에 따른 부가가치 창출이 점점 더 상승할 것이며, 이로 인해서 한국어와 한국 문화를 알리는 데 중요한 기회가 된다. 따라서 영어권 학습자들이 한국어를 쉽게 배워 한국 문화와 또 다른 부가적인 가치에 기여할 것으로 본다.

한 · 영 품사론은 기존의 한국어 전통문법체계를 준수하되 보편문법으로의 발전을 위해 영어 문법체계와 대조 · 분석한다. 영어 품사가 기능에 더 중점을 둔 것에 비해, 한국어 품사는 의미나 형태에 중점을 두었다. 그러나 두 언어 간 유사한 범주나 개념을 기준으로 대조 · 분석한다. 보편성을 강조하며 합리적으로 한국어 품사체계를 대조 · 분석하여 향후 영어권 학습자를 위한 한 · 영 품사론을 위한 기초가 될 것이다.

정보화와 글로벌 시대에 한국 문화와 한국에 관련된 콘텐츠에 대한 관심은 전 세계적으로 대단한 시기에 한국어를 전파할 중요한 기회이며 시기이다. 따라서 한국어의 품사체계와 영어 품사체계를 대조 · 분석하여 한국어를 배우려는 영어권 학습자에게 도움이 되고 영어를 배우려는 한국인 학생들에게도 도움이 될 것이다. 영어를 배우는 한국 학생들은 영어 품사와 한국어 품사를 같은 용어로 기능, 형태, 의미가 같다고 이해해서는 안 된다. 이런 오해로 두 언어 간 차이점을 인지하지 못하면 글을 읽거나 해석하는 데 오류가 발생한다. 따라서 한국어와 영어의 품사 분류를 통해서 두 언어 간 공통점과 차이점을 파악하여 각자 두 언어를 배우려는 학생들에게 도움이 될 것이다.

한국어와 영어의 품사 종류는 다음과 같다.

〈한국어와 영어의 품사 종류 비교〉

| 품사 | 한국어 | 영어 |
|---|---|---|
| 명사 | ○ | ○ |
| 대명사 | ○ | ○ |
| 수사 | ○ | X |
| 관형사 | ○ | X |
| 부사 | ○ | ○ |
| 감탄사 | ○ | ○ |
| 동사 | ○ | ○ |
| 형용사 | ○ | ○ |
| 조사 | ○ | X |
| 접속사 | X | ○ |
| 전치사 | X | ○ |

한국어의 품사체계는 다음과 같다.

〈한국어의 품사체계〉

<table>
<tr><th>형태</th><th>기능</th><th colspan="2">의미</th></tr>
<tr><td rowspan="7">불변어</td><td rowspan="3">체언 (주체기능)</td><td>명사</td><td>사물의 구체적 명칭을 나타냄</td></tr>
<tr><td>대명사</td><td>사람, 사물 등을 직접 가리킴</td></tr>
<tr><td>수사</td><td>사물의 수량과 순서를 나타냄</td></tr>
<tr><td rowspan="2">수식언 (수식기능)</td><td>관형사</td><td>체언 앞에서 주로 명사를 꾸며줌</td></tr>
<tr><td>부사</td><td>용언이나 문장을 수식함</td></tr>
<tr><td>독립언 (독립기능)</td><td>감탄사</td><td>느낌이나 부름, 대답을 나타냄</td></tr>
<tr><td>관계언 (관계기능)</td><td>조사</td><td>말과 말과의 관계를 나타냄</td></tr>
<tr><td rowspan="3">가변어</td><td rowspan="3">용언 (활용기능)</td><td>서술격조사<br>'-이다'</td><td>조사이면서 예외적으로 가변어에 속함</td></tr>
<tr><td>동사</td><td>주어의 움직임이나 작용을 나타냄</td></tr>
<tr><td>형용사</td><td>주어의 성질, 상태, 존재를 나타냄</td></tr>
</table>

영어의 품사체계는 다음과 같다.

**〈영어의 품사체계〉**

| 기능 | 형태 | 의미 | |
|---|---|---|---|
| 주성분(주어, 목적어, 보어) | 복수 형태변화 | 명사 | 사람 혹은 사물의 이름, 명칭을 뜻함 |
| | 격변화 | 대명사 | 앞에 쓰인 명사의 중복 사용을 막기 위해 명사 대신 쓰는 말 |
| 수식어구(명사 수식, 보어) | 비교급, 최상급의 형태변화 | 형용사 | 사람, 사물의 상태를 뜻하며 명사를 꾸미는 말 |
| 수식어구 | | 부사 | 문장에서 부가적으로 사용되어 그 뜻을 분명하게 해주는 말 |
| 서술어 | 가변어, 시제변화, 기능형태변화(부정사, 현재분사, 과거분사) | 동사 | 사물 혹은 사물의 눈에 보이는 행동을 뜻하는 말 |
| 응결요소 (구, 절 형성), 수식어구 | | 전치사 | 명사 앞에 쓰여 명사의 위치, 시간, 방향 등을 나타내는 말 |
| 응결요소 (구, 절형성), 절과 결합 | | 접속사 | 여러 말을 할 때 중간에 이어주는 말 |
| | | 감탄사 | 생활에서 많이 쓰이는 기쁨, 놀람을 표현하는 말 |

한국어와 영어 품사체계의 차이점을 살펴보면, 영어 품사 분류는 먼저 기능별로 분류한다. 영어 단어는 단어 하나하나가 명확한 뜻과 품사를 가진 한국어와 달리 한 단어가 동사와 명사의 뜻을 가지고 있는 경우가 많다. 그래서 영어 품사는 단어에 따라 고정이 된 것이 아닌 의미에 따라 기능을 정의하며, 같은 단어라도 뜻과 기능에 따라 여러 가지 품사로 쓰일 수 있다.

품사는 단어의 문법적인 기능을 효율적으로 표현하기 위해서 기능에 따라 분류한 것이다. 그러한 분류에 따라서 단어의 문법적 기능을 쉽게 판단할 수 있다. 어느 나라든 언어가 존재하는 곳에는 의사소통에 필요한 그 언어가 갖는 규칙이 있다. 품사는 각 나라의 언어에서 가장 기초적이고 기본적인 최소의 규칙이다. 따라서 각 언어의 품사는 공통된 성질을 가진 단어끼리 모아 놓은 단어의 갈래이며, 흔히 문법적 기능, 형태, 의미에 따라 나눈다.

한국어와 영어는 이러한 기본적 기준을 가지고 단어를 분류한다고 해도 언어 자체가 다른 만큼 한국어와 영어의 품사 분류는 다른 양상을 보인다. 특히 한국어는 영어와 달리 조사라는 독특한 의존 단어가 존재하며 자립성이 없음에도 단어의 자격을 부여하고 있다.

두 언어 간 품사를 분류하면 다음과 같다.

**〈두 언어 간 품사 분류〉**

<table>
<tr><th>대분류</th><th>중분류</th><th>한국어</th><th>영어</th><th>비고</th></tr>
<tr><td rowspan="3">체언</td><td>명사</td><td>○</td><td>○</td><td></td></tr>
<tr><td>대명사</td><td>○</td><td>○</td><td></td></tr>
<tr><td>수사</td><td>○</td><td>X</td><td></td></tr>
<tr><td rowspan="2">용언</td><td>동사</td><td>○</td><td>○</td><td></td></tr>
<tr><td>형용사</td><td>○</td><td>○</td><td>영어 형용사도 서술어로 사용되므로 용언에 포함</td></tr>
<tr><td rowspan="2">수식언</td><td>관형사</td><td>○</td><td>X</td><td></td></tr>
<tr><td>부사</td><td>○</td><td>○</td><td></td></tr>
<tr><td rowspan="4">기타</td><td>접속사</td><td>X</td><td>○</td><td></td></tr>
<tr><td>전치사</td><td>X</td><td>○</td><td></td></tr>
<tr><td>감탄사</td><td>○</td><td>○</td><td></td></tr>
<tr><td>조사</td><td>○</td><td>X</td><td></td></tr>
</table>

한국어와 영어 품사 분류의 차이점을 자세히 보면 다음과 같다.

**〈한국어와 영어 품사 분류의 차이점〉**

| 품사 | 한국어 | | 영어 | |
|---|---|---|---|---|
| | 유무 | 주요 특징 | 유무 | 주요 특징 |
| 명사 | ○ | · 구체적. 추상적 대상을 나타냄<br>· 자립명사, 의존명사가 발달함<br>· 단 · 복수 구별이 엄격하지 않음<br>· 성의 구별이 없음<br>· 격에 따른 변화가 없음 | ○ | · 단수, 복수 구별 뚜렷함<br>· 성의 구별 있음<br>· 격에 따른 변화 있음 |
| 대명사 | ○ | · '나', '너' 등과 같은 경우를 제외하고는 대명사의 사용이 흔하지 않음<br>· 3인칭의 경우도 '그'보다는 '그 사람'과 같이 '지시관형사+명사'로 쓰임<br>· 관계대명사를 사용하지 않음<br>· 의문대명사와 부정(indefinite) 대명사가 같은 형태임 | ○ | · 격에 따라 형태 변함<br>· 관계대명사 발달 |
| 수사 | ○ | · 순수 한국어 계열과 한자어 계열이 있으며 두 계열의 숫자는 그 쓰임이 확실하게 구분되지는 않음<br>· 서수사가 있음 | X | · 기수와 서수 있으나 독립된 품사 아님<br>· 명사나 형용사로 사용 |
| 관형사 | ○ | · 체언 수식<br>· 이/저/그' 세 가지의 지시관형사가 있음<br>· 부정(indefinite)관형사와 의문관형사가 동일한 형태임<br>· 수관형사가 발달 됨<br>· 순수 한국어 계열과 한자어 계열의 수관형사가 있으며, 그 쓰임에 일정한 규칙은 없음 | X | · 영어의 한정적 용법의 형용사와 유사함 |
| 부사 | ○ | · 영어 접속사는 한국어 접속부사에 해당됨<br>· 용언, 체언이나 다른 부사, 또는 문장 전체를 수식하기도 함<br>· 그러나, 그리고, 그래서, 그렇지만' 등도 부사의 일종인 접속부사에 포함됨 | ○ | · 형용사, 부사, 동사, 문장 전체 수식함<br>· 단어 부사가 있고 형용사에 '-ly'를 붙여서 만드는 형태가 많음 |

| 감탄사 | ○ | · 영어와 동일함 | ○ | · 한국어와 동일함 |
|---|---|---|---|---|
| 동사 | ○ | · 불규칙 활용함<br>· 시제가 있음<br>· 높임법이 동사의 어미를 통해 나타남<br>· 화자의 주관성 등이 동사 어미를 통해 형태에 반영됨<br>· 연쇄 동사구문이 발달 되어 있음<br>· 본동사 뒤에 조동사가 있음<br>· 종결어미가 있음<br>· 자동사와 타동사 외에 자 · 타 양용 동사가 있음 | ○ | · 다양한 시제에 따라 형태가 변함<br>· 현재시제는 수에 따라 형태가 변함 |
| 형용사 | ○ | · 형용사의 범주가 뚜렷이 존재함<br>· 동사와 마찬가지로 독립적으로 서술어가 됨<br>· 명령, 청유, 진행형의 문장을 이룰 수 없음<br>· 불규칙 활용함<br>· 시제가 있음 | ○ | · 명사 수식<br>· 'be' 동사와 결합하여 서술어가 됨<br>· 한국어 관형사와 유사한 역할을 함 |
| 조사 | ○ | · 기능, 형태가 매우 다양함<br>· 조사가 어미와 함께 발달됨<br>· 후치사로 나타남<br>· 중첩과 생략이 가능함<br>· 격조사 : 문장에서 격을 알려줌<br>· 보조사(특수조사) : 화자의 의도를 더 자세히 나타내줌<br>· 접속조사 : 단어와 단어를 연결함 | X | · 전치사가 일부 조사 기능을 함 |
| 접속사 | X | · 조사나 부사가 역할을 대신함 | ○ | · 등위접속사, 상관접속사, 종속접속사 |
| 전치사 | X | · 어떤 조사는 영어의 전치사 기능을 하는 것이 있음 | ○ | · 한국어의 조사, 접속사, 부사 등의 일부 기능을 함 |

결과적으로 한국어와 영어의 품사를 대조한 결과, 공통점은 미비하고 언어마다 특성이 있어 그 차이점이 크다는 것을 확인했다. 품사를 분류하는 목적은 첫째, 두 언어를 이해하고 탐구하는데 기

초가 된다. 둘째, 두 언어가 가지고 있는 각각의 단어들 사이의 관계를 파악하고 그 특성을 밝힐 수 있다. 셋째, 두 언어 간 각각의 문법체계를 이해하고 기억하기 쉽기 때문이다. 넷째, 두 언어가 가지고 있는 각 품사체계의 공통점과 차이점을 분석하여 상호 간 언어학습에 용이하게 접근하기 위함이다.

한국어는 가장 과학적이라고 한다. 그러나 아무리 과학적이라 하더라도 문법체계나 품사체계가 복잡하여 그 언어를 배우려는 외국인 학습자들이 어려움을 겪는다면 아무 소용이 없다. 영어는 매우 실용적이고 비즈니스적이며 직접적이고 간결한 언어이다. 그래서 세계 공용어로 사용되며 전 세계의 많은 문학 작품들이 영어로 번역되고 많은 작품이 창작된다. 같은 글이라도 영어로 쓰여진 글과 한국어로 쓰여진 글의 느낌은 다르다. 그것은 그 언어를 둘러싼 문화와 역사 등 매우 복잡한 요소들과 유기적으로 얽혀 있기 때문이다. 아무리 지구촌 시대가 되었다 하더라도 방탄소년단이 세계를 휩쓸고 있다고 하더라도 언어가 해결해야 할 나라 간의 장벽은 결코 쉽게 무너지지 않는다. 문학면에서 한국어가 세계화가 된다는 것은 한류 중에서 고급 한류에 속한다. 세계 여러 나라의 유명하고 수준 높은 많은 작품이 한국어로 번역되고 한국어로 읽히면 한국어가 인기를 끄는 것은 빨라진다. 책의 보급과 전파는 독자들이 오로지 언어에 의존하기 때문이다. 한국식 표현이 영어라는 언어로 옮겨졌을 때 그 뼈대와 근본의 멋과 맛을 잃게 되는 일이 없어야 하고, 다른 나라의 문학이 한국어로 번역되었을 때에도 그 언어가 가지고 있는 본질적인 멋과 맛을 그대로 살려야 한국어 번역서가 널리 퍼지게 되는 것이다.

한국어의 문법체계가 복잡하여 영어권 학습자들이 배우기 어렵다는 고정관념을 없애는 노력에 과감해야 한다. 특히 한국어의 가장 기본적이고 바탕이 되는 품사를 먼저 정립해야 할 것이다.

# 언어와 문학

언어는 문학을 창작하기 위한 도구이다. 그 결정체의 산물은 문학으로 완성된다. 언어는 의사소통 기구이며 문학을 창작하기 위한 도구로 사용된다. 작가는 언어가 가지고 있는 어휘가 풍부해야 문학 활동을 하면서 작품을 창작하는데 어휘의 양도 풍성하다. 같은 어휘라고 하더라도 좀 더 은유적이고 비유적으로 사용해야 독자의 흥미를 유발할 수 있다. 언어가 더 높으냐, 문학이 더 높으냐는 정의가 없다. 단지 언어는 문학을 창작하기 위한 도구일 뿐이다. 따라서 문학은 넓고 크고 높으며 언어는 기본이며 바탕이고 근본적인 것이다.

문학은 기록이 아니며 실제 이야기든 허구이든 작가의 머리에서 생각하고 마음으로 글을 만드는 것이다. 따라서 문학을 창작하는데 언어의 기본인 문법의 오류가 발생하거나 오타가 나와도 용서가 되는 것이다. 언어를 잘못 사용하여 그것이 옳고 그르다고 하나하나 따지고 비판하다 보면 작가는 위축되어 용기를 잃고 더 많은 작품을 쓸 수 없다. 그러면 훌륭한 작품을 다시는 만날 수 없게 되며 문학적 손해는 고스란히 독자에게 돌아간다.

문학작품은 패자와 약자의 기록이며 일반 사람들의 소박한 삶의 기록이며 권력이 없는 자의 것이다. 그리고 그런 사람들이 유토피아를 갈구하며 고통받고 힘겨운 삶에서 위대한 영웅이 나오며 위대하고 훌륭한 작품이 나온다. 힘이 막강한 권력자들의 기록만 하는 역사와 다르게 문학은 창작하는 것이다. 객관적인 세계문학보다 주관적인 우리 민족 문학이 가장 위대한 것이다. 우리 민족 문학은 우리가 실제 경험하고 겪었고 겪고 있기 때문에 밑바닥부터 저 위까지 다 훑어도 모두 알고 있기 때문이다. 허구로 작성하는 소설도 실제 사건의 경험에서 우러나온 이야기라야 더 구체적으로 사실관계를 묘사하고 허구적으로 덧붙여 창작할 수 있는 것이다. 축약된 언어를 사용하는 시도 마찬가지이다. 실제 우리 현실에서 나온 경험을 바탕으로 작성하는 것이 독자들의 공감을 끌어낼 수 있다. 수필이나 희곡도 마찬가지이다.

많은 문학작품 중 문학의 꽃은 명작의 탄생이다. 작가가 작품을 창작하는 동기는 실생활에서 경험하거나 문득 스치는 순간적인 찰라의 그 무엇이다. 작가의 작품은 위대한 재료나 큰 장소도 필요없다. 그저 글을 쓸 수 있는 작가만의 공간만 있으면 된다. 고립된

부분에서 독창적인 것이 나오며 작가 혼자 있어야 좋은 작품이 탄생한다. 누구든 옆에서 방해하지 않아야 하며 고립된 곳에서 독창적인 것이 나오므로 혼자 있어야 한다. 밥을 굶든 뭘 하든 내버려 두어야 하며 잡음이 없어야 하고 타인의 간섭이나 관심이나 참견은 금물이다. 사소하고 자그마한 어떠한 관심도 필요 없다. 글을 쓰다가 나갔다 들어왔다 하며 이일 저일 하다 보면 언어의 연결이 흩어지고 쓰고자 하는 이야기의 맥이 끊겨 다음 이야기가 자연스럽지 못하다. 그러면 그 작품은 작가가 의도한 대로 가지 않고 방향을 잃게 된다. 그렇게 되면 독자들이 그 작품을 접할 때 전체적인 이야기를 이해하기 복잡하여 결말을 예측하기 어렵고 작가나 독자나 어지럽고 헷갈리게 된다. 따라서 작가가 작품을 창작할 때는 옆에서 방관하며 그냥 내버려 두어야 한다. 그렇게 탄생 된 창작품은 그야말로 명작이다.

인간은 언어를 사용하여 사회집단의 구성원으로서, 문화에 대한 참여자로서 의사전달을 한다. 사람은 사회집단을 이루어 생존하고, 자기가 속하는 사회 · 문화의 행동 양식을 학습하여 여기에 참가한다. 행동은 사람과 그 환경 사이의 상호작용으로 성립되며 언어도 환경에 포함된다.

인간이 사용하는 언어는 사회집단의 구성원으로서 자신이 자라고 있는 집단에서 받은 사회적인 산물이며 획득물이다. 언어를 통해서 자신이 속한 행동 양식을 학습하며 참가하고 그 환경 속에서 상호작용이 성립된다. 같은 집단에서 사용된 언어는 그 시대 그 당시 그 문학작품을 통해서 그 사회 인간 집단의 생활과 환경을 가장 잘 알 수 있다. 언어는 태초부터 인간의 사상이나 감정을 표현하고 서로 의사소통하기 위한 소리나 문자 따위의 일차적 수단으로, 소리를 여러 개 철자로 결합하여 구를 형성하고 구와 구를 결합해서 절을 만들고 절과 절을 결합하여 문장을 만든다. 더 나아가 문단과 장을 거쳐서 한 권의 책이 완성된다. 그러한 결합은 인간의 감정이나 느낌을 언어라는 도구를 사용하여 덧붙이고 가감하고 포장하고 표현하여 그 결정체인 작품을 완성하게 되는데 그 최종적 예술품이 문학이 되는 것이다.

그러나 아무리 위대한 작가의 문학작품이라고 하더라도 독자가 너무 이해하기 어렵게 창작했다면 그 작품은 독자에게서 멀어질 것이다. 아무리 인기 있는 작가라 하더라도 작품이 하찮고 수준에서 떨어진다면 독자에게서 외면당할 것이다. 문학 창작은 어렵고 힘든 작업이다. 시대와 환경을 고려하면 이 시대는 새로운 신조어가 수없이 쏟아지고 있다. 문학작품도 이러한 새로운 언어의 출현에 민감해야 한다. 풍부한 언어의 어휘를 문학작품에 사용하여 독자들로부터 흥미와 공감을 유발하여야 한다. 작가는 독자들에게 비난과 비판을 두려워해서는 안 된다. 어떠한 비평을 받더라도 독자는 과감해야 한다. 모든 문학작품의 평가는 오직 독자의 몫이다. 그 독자의 각자 몫으로 작품의 해석은 다양하게 표출될 수 있다. 그 해석이 작가의 의도대로 세상에 알려지지 않더라도 작가는 실망해서도 안 된다. 그 작품이 작가가 의도한 대로 어느 정도 작가의 생각이 전해지면 그것은 성공한 작품이다. 시대가 변함에 따라 그 작품도 달리 평가되고 다르게 해석될 수 있다. 그래도 작가는 독자들이 각자 해석하고 이해하도록 침묵해야 한다. 작가가 창작한 문학작품의 목적은 독자가 읽고 그들에게 인정받고 감동을 불러일으켜 공감을 사서 긴 여운을 남기는 것이다.

# 노래 가사(歌詞)

가사(歌詞)는 노래의 내용이 되는 글로 노랫말이다. 노래로 불릴 것을 전제로 하여 쓰인 글이다. 그러나 노랫말이 아닌 시집이나 작품으로 작가가 직접 쓴 시나 짧은 글로 노래 가사를 만들기는 운율이나 리듬에 어긋나 좀 어렵고 불편하다. 음악가는 자신의 곡에 가사를 입히고 박자와 리듬을 주어 만든 음악을 가수가 감정을 넣어 그 가사나 음악에 맞는 목소리를 담아야 진정한 음악이며, 청취자는 자신의 처지에 따라 자신을 대변하는 슬픈 노랫말로 위로받고, 행복한 노랫말로 기분 전환하며 감동하는 것이다. 그리고 노래 가사가 주는 깊은 의미에 한 번 더 감동하여 긴 여운으로 그 노랫말을 음미하기도 한다.

어떤 노래는 음악과 멜로디, 그리고 가사가 잘 조화되어 마치 자신이 자신에게 용기를 주는 듯한 노래 가사에 듣는 사람은 자신도 모르게 눈물을 흘리기도 하며 한동안 그대로 서서 하염없이 노래를 들으며 가슴 찡한 감동을 받기도 한다. 어떤 가사는 마치 한 편의 시 같기도 하고, 어떤 노래는 가사가 너무 아름답기도 하며, 어떤 노래의 가사는 자신이 경험한 일 같기도 하여 공감하고, 어떤 노래의 가사는 슬프기까지 하다.

노래의 가사는 중요하다. 어떤 가수는 노랫말대로 불행의 전조가 되기도 하고 더 행복하기도 하다. 너무 슬픈 곡에 너무 아픈 가사의 노랫말을 사용하는 가수는 또한 조심해야 한다. 작곡과 작사와 노래를 겸하는 싱어송라이터의 노랫말에는 불길한 요절의 전조가 보이기도 한다. 청취자도 슬픈 노래만 좋아하면 우연히 그런 일만 생긴다는 것이다. 어떤 음악은 새로운 노랫말이 많은 연인에게 바람을 일으켜 그 시대 유행하던 노랫말처럼 사랑하거나 이별을 유난히 많이 한다. 어떤 노랫말은 아름다움이나 서정성보다 가사가 반영하는 역사적 사실에 좀 더 주목할 필요가 있다. 그 시대의 사회나 정치적 상황에 따라 음악과 가사가 아프거나 암울하거나 행복하거나 축제이거나 하다. 시대나 정치 체제에 따라 어떤 노래는 가사에 정치적인 해석이 가미되어 금지곡으로 지정되기도 하고 그 금지곡이 해제되기도 한다.

오늘날 대중가요의 노랫말은 대부분 사랑과 이별에 관한 노랫말을 짓는다. 그것이 젊은 사람들에게 많은 인기를 얻고 더 발전하고 있다. 상업성을 고려하지 않을 수 없기 때문이다. 노랫말인 가사는 대중문화 시대의 중요한 문학 형식으로 사회 구성원에게 미치는 영향력이 상당히 크다. 가요나 팝의 가사가 광고의 노래로 쓰일 때는 가사 내용이 대부분 광고의 이야기나 줄거리의 흐름과 주제로 이어진다. 이때 사람들은 자연스럽게 광고 내용을 가사와 결부시켜 이해하게 되므로 그 광고 효과는 파급력이 상당히 크다. 거기에 인기인이 등장하면 그 영향력도 커서 광고주는 가요를 광고 주제로 많이 사용한다. 광고주와 광고업계는 빠른 곡에 많은 가사, 발라드에 아픈 가사, 느린 곡에 응축된 가사, 잔잔한 선율에 아름답고 서정적인 가사에 따라 제품을 광고할 때 제품의 성향과 제품의 소비층에 따라 음악과 가사를 고려해 적소에 사용한다.

발라드는 슬픈 노래 가사와 함께 은은한 멜로디의 곡을 가수는 차분하면서도 애절하게 읊조리며 청취자들에 전달한다. 가수는 자신이 부르는 가사를 계절에 따라 달라지는 분위기와 감정을 호소하며 사람들에게 전달한다. 분위기에 취하고 감정에 취한 사람들은 흥분하여 박수와 환호로 답한다. 곡에 붙은 가사는 고단한 사람들의 삶을 대변하고 피곤한 심신을 위로해 주는 회복제다. 곡에 가미된 가사는 대중문화에서 작은 문학 형식으로 사회 구성원들이 살아가는데 큰 영향력을 끼친다.

가락은 노래에서 가사를 빼면 남는 것으로 노래에서 가사는 없이 음만 흥얼거리는 음의 흐름을 말한다. 노래에서 가사가 없고 가락만 흐르면 그 음악은 대중들에게 무엇을 전달하려는 의도인지 알 수 없다. 단지 멜로디만 흐르는 것과 달리 그 멜로디에 가사가 곁들여지면 완벽하다. 가사는 우리네 삶의 이야기이며, 우리의 사생활의 비밀을 담고 있고, 한 번도 겪어보지 못한 미리 보는 미래의 우리들의 줄거리이다. 노래에서 가사는 음악을 완성하는 가장 중요한 끝마무리이며 대중문화 시대에서 가장 중요한 문학 형식이다. 대중문화 시대에 가사가 너무 저급하고 듣기 민망하거나 어설퍼 이해하기 곤란한 경우도 발생한다. 또 노랫말 작사가만 은연중에 알고 쓰는 은어나 속어 사용이 증가하는 것도 사실이다. 이러한 노랫말 가사는 대중문화 시대에 중요한 하나의 문학 형식을 퇴보시키는 일이다. 작사가는 저속하거나 비속어 사용을 금하고 표준어로 곱고 곧은 표현으로 지어야 한다. 노래 가사 창작자는 그 노래의 주제에 부합하는 내용과 전달력을 갖고 대중성을 고려하여 그 음악과 곡에 어울리도록 독창적으로 창작해야 하며, 대중문화 시대에 대중에게 친밀감으로 다가갈 수 있는 참신한 내용으로 공감대를 형성해야 한다. 그리고 전달하려고 하는 가사의 완성도와 전달활용 가능성을 고려한 대중성이 있어야 한다. 노랫말 가사는 곡에 어울리도록 잘 만들고 노래를 부르는 가수는 올바르게 발음하여 듣는 사람들에게 전달하려는 의도를 정확하게 전달해야 한다. 그래야 노래 가사는 대중문화 시대에 중요한 문학 형식으로 굳게 자리를 잡는 것이다.

# 한국어

한국어(韓國語)는 대한민국(大韓民國) 언어를 의미하며 대한민국 국민이 사용하는 언어로 1988년 제정된 표준어와 한반도에서 사용되는 각종 방언을 통틀어 이르는 말이다. 한국어는 순우리말인 고유어, 한자어 그리고 외래어를 포함한다. 한국어의 어휘를 어종(어원)에 따라 분류하면 고유어, 한자어, 외래어로 나눌 수 있는데, 한자어는 중국의 한자를 바탕으로 하여 만들어진 단어이고, 고유어는 본디부터 있던 말이나 그것에 기초하여 새로 만들어진 순우리말 단어이다. 외래어는 외국으로부터 들어와 한국어에 동화되어 한국어처럼 사용되는 단어이며, 우리가 사용하는 말이지만 아직 우리말이 되지 않은 외국어와는 구분된다.

언어의 종류와 계통으로 보면 한국어는 어근에 파생 접사나 어미가 붙어 단어를 형성하는 교착어이며 우랄 알타이어족에 속하고 자음과 모음으로 음절을 나누는 표음문자이다. 언어의 유형론적 분류의 하나인 형태론적 관점에 따른 언어의 한 유형으로 보면 한국어는 교착어이다. 교착어는 첨가어라고도 하며, 실질형태소인 어근에 접사가 결합 되어 파생되는 단어 또는 문법적 관계를 나타낸다. 한국어는 언어 유형이 첨가어로 어휘적 요소에 문법적인 요소를 덧붙여 단어나 어절을 만든다. 교착어인 한국어는 굴절어인 영어와 대비되며 어근에 파생 접사나 어미가 붙어 단어를 형성한다. 결론적으로 교착어는 언어의 형태상 유형의 하나로 어떤 말에 독립성이 없는 조사나 접사(接辭) 따위를 붙여 그 기능에 의하여 문법적 관계를 나타내는 언어를 이른다.

한국어 자음과 모음은 조음 방법과 조음 장소에 따라 구분되는데 자음은 총 19개이며 이중 울림소리는 4개이다. 조음 위치에 따라 양순음, 치조음, 경구개음, 연구개음, 후음으로 구분하며, 조음 방법에 따라 파열음, 마찰음, 파찰음, 비음, 유음으로 구분한다. 학자마다 다르나 한국어의 모음은 21개이며 단모음과 이중모음으로 나뉜다. 발음 시 처음 소리와 끝소리가 변하지 않는 단모음과 입 모양이 바뀌면서 첫소리와 끝소리가 달라지는 이중모음이 있다. 혀의 높낮이에 따라 고모음, 중모음, 저모음으로 구분되고, 혀의 위치에 따라 전설 모음, 후설 모음으로 구분되며, 입술 모양에 따라 원순 모음, 평순 모음으로 구분된다.

한국어 어순은 SOV형 언어이다. 영어의 어순이 〈주어+서술어+

목적어〉로 동사까지만 들어도 어느 정도 말의 의미를 유추할 수 있으나 한국어는 〈주어+목적어+서술어〉의 어순을 사용하여 주요 내용이 끝에 나오므로 끝까지 들어봐야 한다. 한국어 명사는 격변화가 없다. 영어의 명사는 주격이나 목적격에서 격변화를 일으키나 한국어 명사는 '-을', '-이', '-가' 같은 조사가 붙어서 실현되며 격변화를 하지 않는다. 한국어 명사는 영어 명사와 달리 남성과 여성의 성 구별이 없고 복수 구분도 엄격하지 않으며, 성에 따른 동사의 수나 성 변화도 없다. 한국어는 경어법이 발달 되어 한국어를 배우는 외국인들이 한국어의 경어법 사용을 많이 어려워한다. 한국어는 모양이나 소리를 흉내 내는 의태어와 의성어가 많이 발달 되어 있다. 주로 같은 형태가 되풀이되어 쓰이는 것이 보통이며 '-거리다', '-대다', '-이다' 등이 많이 사용된다. 한국어의 가장 큰 특징은 조사와 어미가 발달 되어있다. 한국어의 조사는 다른 언어와 달리 품사가 따로 설정되어 있어서 격을 나타낼 수 있고 체언이나 부사, 어미 등에 붙어 그 말과 다른 말과의 문법적 관계를 표시하거나 그 말의 뜻을 더해 주기도 한다. 조사나 어미를 통해서 문법적인 관계를 표현할 수 있고 어미 파생을 통해서 다양한 어휘를 만들어 낼 수 있다. 어미는 어간에 붙어 그 쓰임에 따라 다양하게 활용되는 부분으로 한국어에서는 동사와 형용사 같은 용언의 어간이나 서술격조사에 붙는다. '맑다', '맑아서', '맑으며', '맑으니', '맑으므로'에서 '-다', '-아서', '-으며', '-으니', '으므로' 이며 선어말 어미와 어말 어미를 한데 묶어 이르는 말이며 어미 파생으로 많은 어휘를 생성한다.

한국어의 인기로 한국 문화에서 유행하는 말들이 신조어로 많이 나타나고 있다. 신조어(新造語) 또는 신어(新語)는 일반어의 준말이나 외국어, 혼종어 형태로 많이 나타나며, 컴퓨터 통신과 인터넷 보급으로 신조어의 수가 급격히 늘어났다. 신조어 중 일부는 표준어로 인정되어 이후 사전에 등재되기도 한다. 그러나 너무 급격하게 많은 신조어가 쏟아져 나오면 한국어 원어민조차 그 의미를 파악하느라 원활한 의사소통이 이루어지지 않고 사용하기 불편하여 인기가 없어지면 그 신조어는 사라진다. 신조어는 단어의 주요 부분만 남기고 생략해서 신조어를 만드는 경우도 있지만 어떤 경우는 약어와 다르다. 영어에서 약어 겸 신조어의 경우는 'nomophobia'로 'No Mobile-phone Phobia'(노모포비아)가 되며 이것은 휴대폰이 없을 때 불안을 느끼는 증상이라는 의미다. 약어는 준말이라고도 한다. 말하거나 표기할 때 어형이 길면 불편하므로 흔히 약어를 사용한다. 어형 일부를 생략하는 방법으로 앞 · 뒤 끝이 잘리는 경우 '한국주택은행'을 '주택은행'으로 생략한 것이 그 예이다. 축약어는 글자의 수를 줄여 간략하게 나타낸 말이지만 더 간결하고 더 간편하게 의사소통하는 것이 목적이나 축약어도 의사소통 시 혼란스럽고 더 어렵게 만들어 무슨 의미인지 파악할 수 없을 정도의 축약어는 사용하지 말아야 한다. 기본적인 사용법은 긴 단어 및 용어의 축약에 있으며, 특히 한자문화권인 한국에서는 상당히 빈번한 현상이다. '소비에트 사회주의 공화국 연방'을 '소련'으로 사용한다. 현대에는 한자어에 국한되지 않고 순우리말이나 영어 단어도 축약되는 일이 빈번하며, 미디어와 인터넷 문화의 발달로 인터넷 신조어 작성원리로 사용되는 일이 빈번하게 되었다. 이러한 축약어는 보통 사회의 일부 계층에서나 통용되고 비표준어로 인식되는 것이 일반적이지만, 시간이 지남에 따라 표준어로 굳어지는 일도 빈번하다. 사실 우리가 쓰는 2음절 한자어 중에서도 '경세제민' 이 '경제' 등 좀 더 긴 한문표현이 축약된 것이 굳어진 것도 많다. 축약어 만드는 방법에는 규칙이 있어야 한다. 대부분 첫 글자를 우선으로 하는데 단어의 앞 또는 뒷부분을 생략한 것으로 '서울대학교'는 '서울대'로 하고, 단어의 중요한 부분만 남기고 앞 · 뒤를 생략한 것을 보면, '고등학교'는 '고교'로 '대학교 졸업자'는 '대졸자'로 표시한다. 로마 자모의 경우 첫 글자만 따서 만든 것을 보면 'Intelligence Quotient(지능지수)'는 'IQ'로 표시되고 이때는 자모를 따로따로 읽는데 'IQ(아이큐)'로 읽는다. 영어 단어처럼 붙여 읽는 경우도 있는데 'NATO(나토)'나 'NASA( 나사)'등이다. MZ 세대의 홍수처럼 밀려드는 신조어 천국 속 나이 든 사람들은 힘들어한다. 그러면 젊은 세대들 틈에 끼지 못하여 세대 차이를 느끼게 되고 언어를 이해하지 못해 대화의 단절을 초래하게 된다. 따라서 전문가들은 신조어를 생성하고 사용하는 계층이 주체성을 가지고 신조어의 사용수위 및 의미를 조절하는 역할을 가져야 한다고 조언한다. 그러면 모든 계층에서 통용할 수 있게 되어 표준 국어사전에 등재될 것이다. 사회나 문화에 따라 언어는 변하고 신조어와 신어는 계속 생성되거나 인기가 없으면 사라질 것이다.

한국어는 한반도 및 부속 도서에서 사용되는 각종 방언을 통틀어 이르는 말이다. 따라서 한국어(韓國語)는 대한민국과 조선민주주의인민공화국의 공용어로, 대한민국에서는 한국어 또는 한국말이라고 부르고, 조선민주주의인민공화국에서는 조선어(朝鮮語) 또는 조선말이라고 부른다. 한국어와 한글은 다르다. 한글은 언어의 이름이 아니라 글자의 이름이다. 한국어는 글자의 이름이 아니라 언어의 이름이다. 우리 조상은 한자를 문자로 사용하고, 한국어를 언어로 사용했다. 이두와 구결로는 한국어를 자유자재로 읽고 쓸 수가 없어서 한자 교육이 선행되어야 했다. 어려운 언어생활의 불편은 읽기 쉽고 쓰기 쉬운 새로운 글자의 출현이 절실히 요구되었다. 세종대왕 때 배우기 쉽고 쓰기 쉬운 글자의 필요성이 요구되어 1443년 문자혁명의 결실이 있었다. 세종대왕 이후 고유 언어인 한국어를 사용하며 독창적인 문자 한글을 쓰고 있다. 따라서 한국어는 우리 민족이 사용해 온 언어(言語)를 말하고, 한글은 중국어의 한자나 영어의 알파벳처럼 우리나라의 말을 우리나라의 글자로 표현한 문자를 말한다. 우리 조상들은 한반도에서 한자를 문자로 사용하고, 한국어를 언어로 사용했다. 문제는 한국어와 한글을 우리나라는 물론 외국에서도 혼동하는 경우가 있다. 그래서 우리는 한국어와 한글의 차이를 분명하게 알아야 하고 외국인에게 한국어와 한글의 차이를 자세하게 설명해야 한다.

세계의 언어에 어휘는 어떤 일정한 범위 안에서 쓰이는 단어의 수효나 단어 전체를 말하는데, 한국어 어휘 체계는 한자어, 고유어, 외래어로 구성된다. 국립국어연구원이 2002년 발표한 현대 국어 사용 빈도 조사를 보면 한국어의 낱말 사용 비율은 고유어가 54%, 한자어가 35%, 외래어가 2%였다. 이 중에 사전등재 기준으로 보면 고유어는 약 25.9%를 차지하고, 한자어는 조어력이 크고 한국어 어휘에 미치는 영향도 커서 사전등재를 기준으로 보면 전체 어휘의 약 58.6%를 차지하고 있다. 외래어는 약 4.6%로 글로벌시대의 유행을 대변하고 고유어로 표현하기 어려운 것들을 설명해 주기는 하나 지나친 외래어는 한국어 정체성이 흔들리기 때문에 자제해야 한다. 그리고 우리가 사용하는 말이지만 아직 우리말이 되지 않은 다른 나라의 말인 외국어도 밀려오고 있다. 이러한 무분별한 외래어와 외국어의 사용은 우리 혼과 얼이 깃든 고유어의 정체성을 흔들고 있다.

한국어 어휘는 한자어, 고유어, 외래어를 포함하기 때문에 모두 한국어에 속한다. 한국어는 한글과 차이가 있으며 한국어는 우리가 사용하는 언어이고 한글은 글자로 표현하는 문자이다. 따라서 한국인은 한국어와 한글의 차이를 명확하게 알아야 한다.

## 글을 짓는다는 것

글을 짓는다는 것은 양면적인 것을 담고 있는 것 같다. 작가의 마음 상태에 따라 부정적이거나 긍정적인 태도가 반영되는 것 같다. 같은 주제로 서로 다른 사람이 글을 지을 때 어떤 글은 독자의 눈과 귀에 부드럽고 편안하여 마음의 평안을 갖는다. 다른 글은 너무 날카롭고 냉철하여 한 구절 글귀마다 아프고 차가워 독자가 다가가는데 망설이고, 눈으로 읽고 귀로 들어 마음으로 느껴야 하는데 눈과 귀는 따로 놀고 몸은 책 앞에 있으나 마음은 구름 위를 서성이는 듯하여 글의 주제를 파악하기도 전에 주저하며 글 언저리에서 맴돌기만 한다.

작가의 평안한 마음에서 나오는 이야깃거리는 지나온 시간이 너무 곱고 이뻐 자신의 기억 속에서 꾸물거리며 꿈틀거리고 추억 속에서 숨 쉬며 움직인다. 그 기억과 추억이 서로 버무려져 못다 한 이야기들을 끄집어내어 자음 모음을 엮고 꿰어 글자라는 문자로 표현하고, 단어나 구로 만들어 문장으로 길게 늘어놓아 작가 개인의 최종적 창작품으로 도출된다. 그 이야기의 과정은 펜대에서 술술 풀리어 머리에서 어휘가 튀어나오고 투박한 손안에 펜은 하얀 백지 위에서 춤춘다. 잊지 못할 한 편의 드라마 같은 추억이 자신의 가슴 한구석에 웅크리고 앉았다가 펜을 드는 순간 벌떡 일어나 달릴 채비를 한다.

검은 펜은 장지로 고정하여 엄지와 검지로 움직이고 펜대를 굴려 하얀 종이 위에 검은 글씨로 곱디곱게 치장을 하며 늘어놓는다. 그렇게 위대하지도 않고 그렇게 대단하지도 않지만 입가에 미소를 지었다가 눈가에 웃음을 내뿜으며 지나온 시간의 아름다운 삶의 여운을 감동과 미련으로 한 개씩 구슬처럼 꿴다. 그 삶의 구슬은 각양각색으로 자신의 인생과 삶의 희노애락을 대변한다. 뒤돌아보니 뒤늦은 후회도 참회도 있겠지만 그래도 이렇게 숨 쉬며 움직이고 있으니 고마운 세월이었으리. 이젠 미련 같은 것은 저 멀리 던져버리고 이 시간 이후는 마음을 내려놓고 자연 속에 묻혀 여유와 안정과 편안함으로만 삶을 다짐해 보며 백지 위에 늘어 놓는다.

그늘진 작가는 묵은 눈물, 삭힌 눈물, 아픈 눈물이 복합적으로 작용하여 분노로 눈물방울을 털었다가 화로 아픈 눈물을 삭혔다가 꾹 눌려 참아왔던 속앓이를 고인 눈물로 쏟는다. 쏟아진 분노 섞인 말은 때와 장소를 가리지 않고 꾹 눌려 참아왔던 내재 된 언어들이

거칠고 딱딱한 도화지 위에서 폭발한다. 짜증과 찌푸린 인상을 섞어 입을 크게 벌리고 화난 상대나 미운 것들에게 글자를 엮어 말과 어휘로 퍼붓는다. 퍼부어도 소리 질러도 풀리지 않는 분노는 아무도 없는 곳에서 펜을 들고서도 사그라들지도 수그러들지도 않는다. 이글대는 분노가 섞인 눈에는 불똥이 튀고 마음과 가슴에서 무언가 폭발하듯 터트리며 화풀이나 분풀이하듯 검은 펜대를 휘갈기며 굴리고 휘두르며 뾰족한 펜 끝이 무기가 되어 두꺼운 도화지를 긁고 내리치듯 찢는다. 지나온 시간 동안 순간순간 쌓여 있는 분노는 마음에서 병이 되고 가슴에서 한이 되어 머리에서 이성을 잃고 몸에 빼곡하게 쌓여 있다가 화가 나니 맑은 날 해 질 녘 노을 진 하늘이 핏빛으로 물든 것처럼 마음도 온통 붉은빛으로 변해 버렸다. 분노로 가득 찬 눈가에 튀는 불꽃은 이글대는 눈망울과 타오르는 홍채가 노을에 반사되어 빨간 물감을 뒤집어쓰듯 벌겋다. 마음속에 꾹 눌려있던 칸칸이 들어차 폭발하지 못한 분노는 결국 이 세상에 존재하는 가장 나쁜 언어가 되어 자신의 입가에서 맴돌다가 어떤 작은 비어있는 공간만 있으면 작가 자신도 모르게 튀어나와 거친 도화지에 역사를 남긴다.

살면서 또다시 경험한 서운한 일이 있거나 또 자꾸 반복되는 언행에 잠재돼 있던 그 작은 자존심이 속에서 분출한다. 자신만 늘 고개 숙이며 화를 억누를 수도 없는 일이며, 참고 인내하고 그 안타까운 순간을 종이 위에 눌러 하나씩 긁어 놓는다. 뾰족한 펜 끝이 닳고 닳아 둥글게 될 때까지 마구 세게 짓이겨 긁고 펜대가 의도하지 않는 곳으로 가면 펜 끝이 망가져 휘더라도 강압적으로 작가 자신의 맘대로 휘갈긴다. 글로 남겨 놓고 그 분노와 억압된 행동을 지우려 해도 순간 욱하는 심정이 일면 자신도 모르게 펜대를 집어 던지고 또다시 집어 들고 쉴새 없이 글 속에 퍼부어 놓는다. 이글대는 눈매를 달고 딱딱하고 거친 손마디에 펜을 잡고 종이가 찢기도록 마음을 억누르듯 펜으로 찍어 눌러 하나씩 써놓은 글은 아프고, 글씨는 투박하고, 내용은 날카롭고, 언어는 차갑고, 이야기는 증오스럽기까지 하다. 글의 줄거리나 내용이나 주제가 어떻든 독자에게 어떻게 읽히느냐의 중요성도 없고 비판 대상으로만 남는다. 이야기의 평가는 독자에게 받는다고 하더라도 그렇게라도 한바탕 글 속에 퍼붓고 나서야 작가 자신은 시원한 카타르시스를 느낀다. 이렇게 작가는 마음의 안정과 평화를 갖고 소심한 복수를 하게 되지만 독자의 혹평과 호평의 비평으로 이미 기록된 자신의 역사는 흔적으로 남고 자국으로 기억될 것이다.

글은 창작자의 내면적 상태에 따라 또 환경적 상태나 처한 위치에 따라 기억이든 추억이든 그 의미가 결정되는 양면성을 가지고 있는 것이 분명하다. 객관적인 사실에 부합하여 비판을 받아 부정적이든, 주관적인 경험에 따라 호평을 받아 긍정적이든 글을 짓는다는 것은 모두 양면적 모순을 지니고 있다.

## 마음속의 문학과 문화
## -습관과 침묵-

인간은 행동으로 표현하는 습관이라는 문화와 마음속에 꼭 묻어 둔 침묵이라는 문화가 있는 것 같다. 이 두 문화는 함께 작용하여 나타날 수도 있다. 어떤 것은 때와 장소에 따라 장점이었다가 단점으로 자리 잡기도 한다. 습관은 눈에 보이기 때문에 당장 보기 안 좋은 언행을 갖은 개인의 습관으로 자리 잡아 타인의 눈살을 찌푸리게 한다. 그러나 침묵은 보이지 않는 곳에 묻혀 있어 언제 어떤 방법으로 무기처럼 불쑥 튀어나올지 모른다. 그렇게 잠재돼 있고 숨겨져 있던 침묵은 마음속에서 혼자만의 인내와 이해하는 철학으로 자리 잡아 혼자 판단하고 혼자 결론 내는 문화로 안착한다. 그 결과 개인이 참고 인내한 사연이나 한이 싹으로 트고, 한풀이로 성장하여 마음의 평화와 안정된 잎이 돋아나서, 결국 해결과 결과의 열매인 온갖 다양한 문학으로 재탄생하게 된다.

상대를 자극하는 언행이 습관적으로 반복되면 화가 나고, 화가 깊어지니 습관적 분노로 표출된다. 습관적으로 더 격한 행동을 절제하며 분노를 참고 인내하여 침묵으로 가라앉히고 마음속에 오래 삭히니 울분으로 폭발한다. 침묵으로 깊이 묻고 덮고 있다가 살면서 억울하다고 생각되면 습관적으로 울화가 치밀고 울화는 결국 몸이 병들고 마음에 아픈 상처를 남긴다. 아픈 상처는 치유되기도 전에 할퀴고 긁혀 이내 상처는 덧나고 다시 상처를 받고 또 곪고 곪아 더 이상 치유가 되지 않는 상태까지 간다. 이러한 상처는 침묵하며 참고 참아 밑에 쌓이고 쌓여 이내 앙금으로 마음속 깊이 가라앉아 있다. 계속 침묵을 지킨 마음의 앙금은 상대에 대한 습관성 미움으로 발전하여 어떤 모습조차 보기 싫어 끝내 돌이킬 수 없는 행동의 개시로 이별의 씨앗이 된다.

돌아보면 정말 사소하고 아무것도 아닌 것들이 고약 성격의 습관으로 그 순간에 참지 못하여 발생하기도 하지만, 잘못된 습관을 들여서 늘 상대방을 타이르고 어르고 달래어 조언과 부탁을 해도 고쳐지지 않는다. 그 잘못된 것들을 반복하면 길은 정해져 있다고 보아야 한다. 오해로 인해 생긴 것은 상대를 배려하는 사과나 따뜻한 대화로 풀 수 있어 그 앙금은 사르르 녹는 아이스크림 같아 서로의 관계는 더욱 긍정적으로 발전한다. 그러나 결과가 현실로 쌓여 굳어진 앙금은 쌓인 사연과 세월만큼 풀기엔 그렇게 쉽지 않고 더 큰 화를 부를 수 있다. 상대의 이해와 배려만 바라는 이기적인 사람의 습관은 자신의 잘못을 뉘우칠 줄도 모르고 무엇을 잘못하여 상대가 그렇게 토라지고 마음이 상했는지도 알지 못한다. 무지하고 답답한 상대의 모습을 더는 보고 싶지 않은 자신의 고집스러운 성격을 표출하는 습관은 상대방에 대한 미움만 더 커지게 된다. 그러나 능구렁이 담 넘듯 며칠 말 안 하고 상대의 기분이 풀리기만을 기다리며 눈치를 보는 이상한 습관은 화난 피해자를 더 화나게 하는 방법이다. 그러다 보면 화난 피해자는 사소한 복수를 시작하게 되는 그릇된 습관을 가지게 된다. 사소한 물건에 먼지를 묻혀 놓는다든지, 상대에게 필요한 것들을 찾지 못하게 숨겨놓거나 좋아하는 음식도 버려버리는 소심한 복수로 앙갚음을 한다. 그래야 속이라도 풀리는 것이다.

그렇게 해서도 풀리지 않으면 화난 피해자는 다른 화제로 돌려 지난 일에 서운했던 것들을 끄집어내어 상대의 화를 돋우는 괴상한 습관이 있다. 이 화는 침묵으로 옭아매어 마음속 곳곳에 담겨있던 것들로 상대에게 상처를 줄 만한 것을 찾아서 마구 퍼붓는다. 지난 일을 생각하여 마음에 담고 화가 나면 하나씩 꺼내며 퍼붓는 습관으로 상대에게 더 화가 나고 분노가 일면 피해자로 쏠린 마음은 어떠한 아량도 없다. 그저 희생하고 최선을 다한 삶은 자신의 심신을 갉아먹는 분노와 울분으로 가득 차 억울하고 슬프고 화가 치밀어 세상에 혼자 남은 듯 외롭고 쓸쓸하기까지 하다. 목 터지게 소리치고 울부짖는 성격을 가진 피해자는 습관적으로 분노를 표출하고 상대방이 말을 하든 말든 자신의 말만 하며 억울함을 호소한다. 그래도 덜 풀리고 마음이 누그러지지 않으면 그 분노의 대상에 대한 미움은 쌓이고 쌓여 결국 파탄의 관계로 이어진다.

마음속에 들끓는 분노는 주체못하고 어두운 밤 방안에 홀로 울부짖는 흐느낌으로 어둠과 대화하다가 잠자기 전 집어 든 펜은 슬픈 마음의 안식처로 일기장에 쓴다. 자신만 아는 비밀스러운 노트가 되어 일생 사는 동안 맑았다가 비가 왔다가 눈이 내렸다가 따뜻한 봄날에 피는 꽃처럼 화사했다가 온갖 생각이 수시로 변하여 그 속에 담긴 이야기는 사적인 비밀문학으로 개인 인생의 드라마가 된다. 슬픔이 가득한 상태의 주인공은 시야에 흩어져 있는 사물도 슬프게 묘사하고 은유적 표현도 비참하고 우울하게 그린다. 이러한 이야기는 싸움이나 갈등을 주제로 하는 것들이 많이 포함된다. 어려운 시절을 경험하고 현재 여유롭고 행복하여 기분이 좋은 상태의 주인공은 세상에 존재하는 모든 것들이 흔들린다고 해도 절대 흔들림 없이 꿋꿋하며 행복의 노래만 부른다. 이러한 이야기는 주로 어려운 환경에서도 절망하지 않으며 어떠한 비바람에도 꺾이지 않는다는 소재가 등장한다. 외롭고 쓸쓸한 주인공은 떨어지는 낙엽에도 눈물이 나고 맑은 하늘 아래 걷기만 하며 홀로인듯한 고독에 빠진다. 이러한 주제는 주로 청춘 남녀가 겪는 이별의 아픔이나 그리움의 주제이다. 어두운 얼굴로 늘 그늘진 주인공은 구박받고 멸시받던 과거의 경험이 몸에 배어 어떤 맑은 위치나 장소에서도 이미 박혀있는 굳어진 얼굴의 표정이 그 글의 줄거리가 된다.

따라서 침묵했던 마음속 응어리가 문학으로 재탄생한다.

인간은 모든 것을 다 내뱉을 수는 없다. 하고 싶은 말이나 하고 싶은 행동도 때로는 삼가야 할 때가 있다. 그러나 대화도 안 하고 침묵으로 너무 참고 마음에 쌓아두고 가슴에 묻어두면 병이 생기고 상처가 더 깊어진다. 상대가 대화가 되지 않으면 일기나 편지로라도 끄적거려 그 상처를 치유해야 한다. 이런 개인의 경험이나 마음 상태, 그리고 자신의 처지에 따라 혼자만 간직한 비밀문학의 소재나 주재가 달라지며 매일 짓는 글에서 각자 살아가고 있는 장소의 방언, 풍부한 어휘의 사용, 문체 그리고 언어의 기법 등에서 더 발전하는 것이다. 상대가 습관적으로 툭 내뱉는 사소한 말투나 행동은 자신에게 늘 화를 돋우고, 그 화는 곧 갈등을 유발하고, 그 갈등이 풀리지 않으면 마음에 분노로 작용하여 화병을 일으킨다. 그리고 울분으로 터져 나오고 그 울분은 이내 더 큰 싸움으로 번져 돌이킬 수 없는 상황으로 간다. 더 큰 화를 당하기 전에 그 감정을 통제하고 관리하여 어차피 이별이 아닌 같이 살아가야 하는 인생이기에 마음에 침묵으로 꾹 눌러놓지 말고 묵은 눈물은 쏟아내고, 마음속에 삭힌 눈물은 씻어내고, 저리고 시린 아픈 눈물은 웃음으로 다독이며, 펜으로 종이 위에 작은 문학으로 일기든, 편지든, 한 줄 명언이든 그려가며 훌훌 털어내고 심신을 평안과 여유로 채우고 살아가는 것이다. 그렇게 창작된 문학은 같은 경험을 한 타인에게는 위로가 되고, 한 번도 겪어보지 못한 타인에게는 똑같은 일을 겪지 말라는 지혜와 교훈이 될 것이다.

# 영어

영어는 세계 공용어로 사용된다. 영국에서 태동한 영어는 미국에서 사용하고 경제력과 군사력이 독보적인 위상에 있는 미국은 경제, 학문, 예술, 음악, 학술, 과학에 있어 국제적인 하나의 표준이 되어버렸다. 오늘날 세계 패권은 미국이 쥐고 있고 미국영어가 지배하고 있다. 과거 영국의 식민지배는 영어를 여러 문화권에 퍼뜨렸고, 비영어권 화자의 입장에서 다른 외국어에 비해 영어는 장벽이 낮은 편이며 비영어권에서도 취업과 입시 등에 영어 선호 현상이 있다. 이런 영국과 미국이 주도한 현대 세계의 패권의 흐름은 과학, 경제 학문 분야에서 영어가 전 세계로 퍼지는데 기여했다. 더 나아가 미국은 총과 칼 대신 문화라는 무기를 들고 전 세계를 지배하고 있다. 특히 글로벌 기업과 콘텐츠가 들어오면서 더 가속화됐고 더 강력해졌다. 군사력과 경제력, 문화 강국으로 세계 경찰을 내세우며 전 세계를 지휘하는 막강한 미국하에 영어는 과학, 문화, 경제, 종교 전파, 천체 용어 등에 사용되면서 전 세계 공용어로 더 발전하였다.

영어는 인도유럽어족에 속한다. 영어는 종합어(綜合語: Synthetic Language)에서 분석어(分析語:Analytic Language)로 변모하였다. 고대영어(Old E)는 문법적인 관계를 나타내는 굴절형이 많이 있어 굴절어(Inflection)의 성격을 띤 종합어(Synthetic Language)였으나, 중세영어(Middle E) 시대에서 여러 굴절형을 대부분 상실하여 현대영어(Modern E)는 완전히 분석어(Analytic Language)의 모습을 가지게 되었다.

현대 영어는 비교적 어형변화(굴절)가 적은 분석언어이고 한 낱말이 다른 문맥에서 다양한 품사로 쓰이는 등 기능이 다양하게 변할 수 있으며, 다른 언어를 자유롭게 받아들이고 복합어와 파생어를 쉽게 만들 수 있다. 강세 변화에 따라 문장이나 어구의 의미가 달라지며, 억양은 문장에서 중요한 역할을 한다. 영어 글자는 총 26개로 자음 21개, 모음 5개로 이루어져 있다. 영어 글자는 로마자(Roman Alphabet)에서 빌려 온 것이기 때문에 글자의 개수가 영어 자음과 모음의 개수를 알려주지는 못한다. 한 개의 글자가 여러 가지 소리를 쓰는 데 사용되고, 같은 글자가 여러 가지 소리로 발음되는 것이 영어 글자이다. 영어 자음은 라틴 문자에서 23개를 받아들이고 'W', 'J', 'V'를 추가해서 26개이다. 영어 모음은 16개로 단모음 11개와 이중모음 5개이다. 영국영어의 자음은 미국영어와 같고 모음은 다르다. 단모음에서는 /ɒ/ 한 개가 추가되고, 미국영어의 /ɛ/를 /e/로, /ɚ/를 /ɜː/로 발음하는 것이 달라 영국영어의 단모음은 12개이다. 이중모음은 미국영어의 이중모음 5개에서 /ɪə, eə, ʊə/ 3개가 추가되어 영국영어의 이중모음은 8개가 된다. 따라서 영국영어의 모음은 단모음 12개와 이중모음 8개를 합쳐 총 20개이다. 철자법은 대부분 15세기 철자법을 토대로 하고 있으나 이후 발음은 상당히 달라졌다. 의복, 음식, 정치, 문학, 예술과 관련된 많은 용어가 프랑스어에서 왔기 때문에 영어는 프랑스어로부터 큰 영향을 받았다. 같은 뜻을 가진 어휘라도 프랑스어가 좀 더 지적이고 추상적이고 영어는 좀 더 인간적이고 구체적이라는 것을 알 수 있다.

영어의 탄생을 보면 영어는 불어와 독어 등의 영향을 상당히 많이 받아서 탄생이 되었다. 앵글로 색슨 방언에서 시작된 영어는 이후 1066년 영국을 침공한 노르만족 언어인 프랑스어, 다양한 라틴어, 그 외에 많은 세계 언어가 섞이며 그 깊이와 다양성을 띠게 된다. 영어의 역사는 보통 3단계로 구분한다. 450~1150년경까지의 고대영어 시기(Old English Period), 1150~1500년경까지의 중세영어 시기(Middle English Period), 그리고 1500~1700까지를 근대영어 시기(Early Modern English Period), 1700년~현재까지 현대영어 시기(Modern English Period)로 나누어 볼 수 있다. 문법의 한 범주인 굴절 현상을 기준으로 놓고 보면, 고대영어 시기에는 현대 독일어와 같이 심한 굴절이 나타나는 데 비해, 중기 영어 시기에는 그 굴절이 다소 축소 수평화되었다가, 현대영어 시기에 이르면 고대영어와 같은 굴절은 거의 소실되고 만다. 영어는 완전 굴절의 시기(Period of Full Inflections)로부터 수평화된 굴절의 시기 (Period of Leveled Inflections)를 거쳐 굴절어 상실 시기 (Period of Lost Inflections)로 이어진 것이다. 언어의 굴절이 상실되었다는 말은 그만큼 어순의 유연성이 높아지면서 단순해진다는 뜻으로 많은 문화권에서 수용하기 좋은 언어 체계로 진화했다는 의미로도 볼 수 있다.

영어는 제1 강세, 제2 강세, 제3 강세 및 무강세의 4단계 강세를 가진 명백한 강세언어이다. 강세의 변화에 따라 문장이나 어구의 의미가 달라지기도 한다. 다른 언어들에 비해 영어의 강세는 예측하기 어렵지만 뒤에서 3번째 음절에 제1 강세가 오는 경향이 있다.

근대영어에서 명사, 대명사, 동사는 어형변화(굴절)를 하지만 형용사, 부사, 전치사, 접속사, 감탄사는 변화하지 않는다. 즉 굴절이 일어나지 않는다. 영어 동사는 복잡하게 변하지 않는다. 규칙동사와 약 변화 동사는 4가지 형태를, 강 변화 동사는 5가지 형태를, 'to be'는 8가지 형태를, 't'나 'd'로 끝나는 일부 동사는 3가지 형태를 가질 뿐이다. 영어는 형태학적(구조적) 변화인 접사첨가와 낱말합성, 보조적 변화인 역성(逆成)과 혼성(混成)을 보인다. 낱말에 붙는 형태소인 접사는 낱말 앞에 오는 접두사와 낱말의 뒤에 오는 접미사가 있다. 영어에서 접사는 다양하게 활용되는데, 서로 다른 접사들이 같은 뜻을 가지거나 하나의 접사가 여러 가지 뜻을 갖는 경우도 있다. 그리고 접미사가 접두사보다 어간에 더욱 밀착하며, 접미사가 어간에 붙는 경우도 있는데 이것은 영구적이 되는 경우가 대부분이다. 하나의 접미사는 다양한 기능을 수행하는데 행위자, 도구, 거주자를 나타낸다.

영어에서 합성은 새로운 낱말을 만들기 위해 2개의 독립된 형태소를 결합하는 것을 말하는데, 합성된 새로운 낱말은 음운조직, 강세, 연접에 있어서 이전의 형태소들과 달라지기도 한다. 낱말합성은 합성어를 이루는 독립 형태소 사이의 상관관계에 따라 5가지 유형으로 나누어진다. 앞의 명사가 뒤의 명사를 수식하는 합성어, 하나의 명사에 행위자 명사가 덧붙여진 합성어, 동사와 목적어가 결합 된 합성어, 한정 형용사와 명사가 결합 된 합성어, 명사와 현재분사로 이루어진 합성어 등이 있다. 형용사를 지배하는 통사 규칙은 명사나 동사의 통사 규칙보다 엄격하지 않다. 하나 이상의 형용사가 명사를 수식할 때 그 형용사는 한정사, 수량, 속성을 나타내는 형용사, 크기나 모양, 질감을 나타내는 형용사, 색깔이나 재료를 나타내는 형용사, 수식 명사, 주요명사 순으로 배열된다. 부사의 위치는 대체로 형용사보다 더 유동적이며 애매하다. 전치사는 말 그대로 명사 앞에 위치하지만 'the whole world over' 처럼 예외적인 경우도 있다. 영어 문장은 단문, 중문, 복문으로 나누어진다. 단문은 하나의 절과 술어로 이루어진다. 중문은 2개 또는 그 이상의 대등한 절들로 이루어진다. 복문은 하나 또는 그 이상의 주절에다 하나 또는 그 이상의 종속절들이 결합 된다.

미국영어와 영국영어는 억양(엑센트)의 차이, 단어구조(어휘)의 차이, 발음에서 차이가 있는데, 미국영어와 영국영어의 자음은 두 경우를 제외하고는 동일하게 발음된다. 'r'가 모음 뒤에 나올 경우, 영국영어에서는 생략 하지만 미국영어는 발음이 된다. 두 모음 사이의 't'는 영국영어에서는 'top'의 't'처럼 발음되나 미국영어에서는 'd' 소리에 더 가깝다. 발음의 차이에서 자음을 보자면, 영국영어에서의 'r'은 모음 앞에서만 발음이 나고 나머지 모든 단어에서는 묵음으로 처리되고, 반면에 미국영어에서는 모든 경우에 발음된다. 미국영어에서는 't'와 'd' 가 비슷한 발음으로 약화 되어 'writer' 와 'rider'가 비슷하게 발음된다. 어휘의 차이를 보면, 미국영어의 'movie'는 영국영어 'film' 가 사용된다. 철자의 차이도 있는데, 미국영어 'traveler'는 영국영어 'traveller'이다. 문법의 차이를 살펴보면, 의미는 서로 같지만 미국영어는 'do' 조동사 사용을 중요시하나 영국영어는 조동사를 안 쓴다. 미국영어 'Do you have class today?'와 영국영어 'Have you class today?'가 사용된다. 1인칭 미래에 미국인들은 'will'을 'shall'과 구별하지 않고 'will'을 사용하지만 영국영어는 엄격히 구분한다. 'I will be here tomorrow.'의 미국영어와 'I shall be here tomorrow.'의 영국영어이다. 날짜를 표시하는 순서도 다르다. 미국영어는 'Jan. 3' 인 'January third'이고 영국영어는 '3 Jan.' 인 'the third of January'로 사용한다. 피치, 즉 음의 높낮이에는 하강음, 상승음, 하강－상승음이 있다. 피치에 포함되는 낱말의 어조는 그 낱말의 의미에 영향을 주기도 한다. 문장의 어조인 억양은 특히 문장에서 중요한 구실을 한다. 미국식 억양은 영국식보다 덜 단조롭지만 그 음의 영역은 좁은 편이다. 영어가 사용되는 어디에서나 그 지역 방언들은 독특한 억양 유형을 보인다.

영어는 통사 규칙이 느슨하기 때문에 서툴게 말하기 쉬운 언어이다. 근대영어의 어휘 가운데 약 절반은 게르만어(고대영어, 스칸디나비아어) 계통이고, 나머지 절반은 이탈리아어나 로망스어(프랑스어, 라틴어) 계통이다. 과학용어들은 그리스어에서 대부분 차용됐고, 많은 언어로부터 어휘를 빌려왔다. 인칭대명사, 조동사, 전치사, 접속사 그리고 수사 등을 비롯하여 기본개념과 사물을 지칭하는 용어는 거의 모두 고대영어, 즉 앵글로색슨어에서 유래했다. 다수의 보통명사, 형용사, 동사는 스칸디나비아어에서 유래했으며, 그 밖의 일부 낱말들은 스칸디나비아어나 앵글로색슨어에서 온 것이다.

영어가 세계 공용어가 된 이유는 여러 가지가 있다. 영어는 세계에서 흔히 쓰이는 언어다. 세계 인구의 4분의 1이 넘는 사람들이 영어를 사용하여 영어로 의사소통하는데 편리하다. 영어는 국제 비즈니스의 언어다. 세계 비즈니스 본부가 주로 영국과 미국의 금융 허브에 있어서 영어는 오랫동안 무역의 기본 언어였다. 영화도 영어로 만들어져 할리우드는 세계적인 엔터테인먼트의 강국이기 때문에 영어가 영화 제작의 대부분 언어가 되었다. 영어는 다른 언어에 비해 배우기 쉽다. 영어 어휘는 이해하기 쉽고 다른 언어와의 관계는 그 언어의 사용자들이 영어의 개념이 어디에서 유래했는지 알 수 있다는 것을 의미한다. 영어는 많은 다른 언어와 관련이 있다. 영어는 세계 각국의 전쟁, 침략, 영향력에 걸쳐 있는 긴 역사를 가지고 있다. 현대영어를 형성 하는데 도움을 준 문화에는 로마인, 바이킹, 프랑스인 등이 있다. 이런 이유로 라틴어, 게르만어, 로망스어로 구성된 복합어다. 영어는 많은 다른 방법으로 말을 할 수 있다. 영어는 유연성이 있어서 다양한 어휘 덕분에 같은 것을 설명하는 많은 다른 방법이 있다. 영어 어휘는 75만 단어 이상이며 해마다 새로운 단어가 추가되고 있다. 영어가 모국어인 나라 사이에서 뚜렷한 방언의 출현이 전 세계적으로 다르게 들린다. 영국, 호주, 그리고 미국은 모두 그들의 발전을 형성한 문화적, 역사적 사건들의 영향을 받아 발음과 철자의 다른 방법을 가지고 있다. 각 나라 언어가 새로 생기거나 사용하지 않으면 소멸하듯 영어도 끊임없이 변화한다. 영어는 계속해서 진화하고 번역되지 않은 새로운 단어들을 다른 언어로 분리한 새로운 단어들을 흡수한다.

국제 공용어로의 영어는 국가 간 언어 장벽을 허물어 주면서 상호 교류를 활발하게 하여 협력 체계 구축에 도움을 준다. 공용어인 영어를 통하여 손쉽게 의사소통하면서 서로의 입장을 확인하고 함께 해결해야 할 문제에 대하여 논의할 수 있으며 이는 상호 협력할 수 있는 바탕이 된다. 영어는 이러한 국제 협력에 중요한 언어 도구로 역할을 하고 있다. 앞으로도 영어는 더 많은 인구가 사용할 것이다. 다른 나라가 어떤 분야에서 발전하고 인기가 있으면 그 분야에 관련된 어휘가 영어 사전에 등록되어 영어에 흡수된다. 한국어와 한국 문화의 인기와 더불어 한국어가 영어 사전에 등록된 어휘가 점점 늘어나고 있다. 세계 공용어로 영어는 국제사회에서의 협력 증진을 통한 문제 해결뿐 아니라, 개별국가에 경제적 이득을 가져올 수 있으므로 그 영향력이 더 증가한다. 영국에서 태동한 영어는 미국의 막대한 군사력, 경제력, 문화의 영향력에 의해 세계 공용어로 널리 쓰이는 미국식 영어이다.

# 구두점(Punctuation Marks)

모든 언어에서 구두점은 문장에서 다양한 의미와 문법적 역할을 한다. 어느 언어든 의사소통하는데 구두점을 점 하나라고 무시하거나 잘못 사용했을 때 상대에게 오해를 살 수도 있다. 따라서 구두점을 올바르게 잘 사용해야 한다. 영어는 특히 구두점이 중요시되는 언어이다. 영어 구두점의 의미와 문법적 역할도 상당히 중요하다. 구두점은 문장의 구조를 만들어 주며 문장에서 어떤 단어를 어떤 강세로 읽고 어디에서 쉬며 어디에서 중지해야 하는지를 알려주는 중요한 표시이다. 그리고 문장의 애모 모호함을 없애기 위해 사용되기 때문에 언제 어디에 어떤 구두점을 어떻게 사용하는지에 따라 그 의미가 달라진다. 그러므로 올바른 구두점의 사용은 영어를 읽고, 쓰고, 말하고, 듣는 중요한 학습 기초가 된다.

Period나 Full Stop(마침표, . )은 끝맺음, 생략이나 단축할 때 사용된다.

(1) a. He is very happy.
    b. Co.(Company)

Question Marks(의문부호, ?)는 문장 끝맺음으로 사용되며 Direct Question(직접 의문문)이나 Tag Questions(부가 의문문) 끝에 사용된다.

(2) a. Where are you from?
    b. A boy likes soccer, doesn't he?

Exclamation Marks(exclamation point, shout mark, 느낌표, 감탄부호, ! )는 문장 끝맺음에 사용되며 공포, 명령, 감정 표현을 강하게 할 때나 Interjections(감탄사) 뒤에 사용된다.

(3) a. You are so beautiful!
    b. No! He yelled. Do it now!

Comma(쉼표, , )는 연속된 단어 사이에 사용하며 연속된 단어 마지막 두 단어 사이에는 쉼표 대신 'and'를 사용한다. 그리고 주소에서 거리나 도로명 뒤에 사용되며 직접화법 앞이나 뒤에 사용된다. 그리고 Coordination Conjunction(등위접속사) 'and', 'but', 'or', 'yet' 나 Subordinating Conjunction(종속접속사) 'as', 'if', 'that' 앞에서 사용된다.

(4) a. I like pizza, spaghetti and fish.
b. #29 Naeduck-dong, Sangdang-gu, Cheongju, Korea
c. She said, "I like to listen to music."
d. I woke up late, so I had to drive to work.

Semicolon(쌍반점, ; )은 반겹점으로 독립적인 문장을 분리하기 위해서 마침표 대신 사용한다. 쉼표와 같은 구두점이 들어있는 연속된 단어들을 분리하기 위해 사용한다.

(5) a. They woke up early; then they went jogging.
b. They visited the Eiffel Tower, Paris; Namsan Tower, Seoul;

Colon(쌍점, : )은 겹점으로 단독으로 쓸 수 있는 절에 선행하는 목록이나 설명 앞에 그리고 이름 등을 소개할 때나 생각이나 설명을 도입할 때 사용하고 직접화법이나 인용문을 도입할 때 사용한다. Colon은 계속될 내용을 초대하는 일종의 문(gate)이라고도 볼 수 있다.

(6) a. I visited three cities last summer vacation: Seoul, Daejon and Cheongju.
b. I had one idea in mind: to see her as soon as possible
c. The secretary whispered in her ear: "Your husband in on the phone."
d. There is only one thing left to do now: confess while you still have time.

Dash(대쉬, –)는 삽입구를 나누기 위해서 대부분 타자기에서 Hyphen이 두 개 있는 것을 말한다. 특히 그러한 삽입구는 내부 구두점 형식을 포함한다.

(7) All four of them–Bob, Jeffrey, Jason, and Brett–did well in college

Apostrophe(단축부호, ' )는 올린 쉼표로 빠졌거나 단축된 글자를 가리킬 때 사용하며 's'와 함께 사용해서 소유를 나타낼 때 쓰인다. 그리고 말이나 문장 또는 단어를 인용할 때 사용되며 인용된 문장 내에서 한 번 더 인용할 때 사용된다. 복수형, 특히 문자나 숫자의 복수형을 만들 때 사용하기도 한다. 's'로 끝나는 약자의 경우에는 Apostrophe 's'와 복수형을 만드는 's'를 구분해 주는 것이 좋다.

(8) a. I'm very good.

b. My brother's girlfriend is such a sweet girl.

c. Raoul got four A's last term and his sister got four 6's in the Olympic ice-skating competition.

d. SOS's.

Quotation Mark(큰 따옴표, " ")와 Single Quotation Mark(작은 따옴표, ' ')는 말이나 문장 또는 단어를 인용할 때 사용되며, 인용된 문장 내에서 한 번 더 인용할 때 사용된다.

(9) a. He said. " I love you"

b. He said. "Why did she call the man a 'traitor'?"

Hyphen(덧금, - )은 단어와 단어를 연결하여 합성할 때 사용되며 문장이 길어 다음 줄로 넘어가야 하는데 단어가 길어 나머지 단어가 다음에 있다는 것을 표시할 때 사용된다.

(10) a. Left-handed

Ellipsis(생략부호, ... )는 반복이 불필요하여 단어를 생략할 때 사용된다.

(11) a. I want to go but I can't ...(=I want to go but I can't go.)

Parenthesis or Bracket(괄호 ( ) 또는 각괄호 [ ])은 문장, 단어나 숫자 등에 사용하여 추가나 분리의 의미를 나타낸다. 수학에서 사용되는 숫자의 집합을 표시하기 위해서 중괄호를 사용한다. 흔한 경우는 아니지만 중괄호({ })는 동일한 가치를 지닌 독립적인 선택 사항을 표현하는 데 사용한다.

(12) a. Italics(이탤릭체, 기울임체)

b. The set of numbers in this problem is: { 1, 2, 5, 10, 20 }

Tilde(물결무늬, ~ )는 한국어 인터넷상에서 쓰는 문체 속 물결 표시는 약간의 말끝 늘어짐을 통해 귀여움을 표출할 때 쓰인다. 하지만 영어 물결무늬는 주로 앞의 내용과 중복되는 내용을 생략할 때에 사용된다. 사전에서 뒤의 전치사 변화에 따라 뜻이 변하는 동사를 설명하는 경우에 주로 볼 수 있다.

(13) a. 그럴 수도 있지 뭐~(한국어)

b. look ~at

~around

~for

Star(Asterisk, 별표, * )은 영어에서 비문법적인 문장이나 단어의 오류를 표시하는데 사용한다. 영어에서 욕설이 나올 때 삐 처리로 'f-word'(나쁜 말)가 나올 때 사용하기도 한다.

(14) a. * The boy are a students.

b. You can asterisk the word 'fuck' as f***.

Pound Key(우물정, # ) 기호는 영어에서 숫자 번호, 해시, 또는 파운드 기호로 다양하게 쓰인다. Pound Key의 기원은 파운드 무게로 번역되는 로마 용어 '천칭자리 폰 도'의 약어로 전해지고 있으며, 이 약어는 소문자 'l'이 숫자 '1'로 오인되지 않도록 가로선을 가로지르는 전용 합자 양식으로 인쇄되면서 사용되었다는 설이 있다. 2007년 이후 소셜미디어 플랫폼에서 메타데이터 태그를 도입하기 위해 기호로 널리 사용되면서 이러한 태그가 해시태그로 알려지게 되었으며 그때부터 기호 자체를 해시태그라고 불리게 되었다. 미국에서 전화의 '#' 키를 일반적으로 Pound Key 또는 Pound라고 부른다.

Octothrope(#) 는 Octo-라는 접두사는 '8개의' 라는 의미로 자세히 보면 8개의 모서리가 있다. 표지판의 역사에 대한 보고서에 의하면 전화 교환원에게 지침을 보내는 방법을 전화기에 추가하기 위해 벨 연구소에서 제작했다고 한다. Number Sign(#, 숫자 기호)로 숫자나 글자 앞에 붙어 숫자를 읽는다. 검색 엔진이나 소셜미디어에서 검색어로 글자 앞에 '#'를 붙여 사용된다. 숫자 뒤에 '#'가 붙어서 무게 단위를 의미하는 파운드로 읽거나 주소나 전화번호 등에 사용된다. 숫자 약자 'No.'는 미국에서는 '#'를 사용한다.

(15) a. #2 pencil(연필 2개)
b. #맛집
c. #23-2(주소 번지수)
d. 6#밀가루 봉지=6#(1b)
e. Room No. 560, #560(560호실)

구두점은 아니지만 현재 많이 사용하는 문자로 At(@, 골뱅이, 앳)는 컴퓨터상 인터넷 전자우편 주소에서 사용사 ID와 도메인 사이에 사용한다. 한국에서 흔히 '골뱅이'라고 하는 '@'은 영어로는 'at sign'이라고 부르며 흔히 'at(앳)'이라고 읽는다. 전자우편을 주고받는 사람의 주소를 나타내는 문자 가운데 사용자 이름과 도메인 이름을 구분해 주는 기호로 사용된다.

(16) Kildong@yahoo.com(Kildong은 사용자 이름, yahoo.com은 도메인 이름)

Slash(슬래쉬, / )는 'or'의 뜻이며 현대영어 대화체에서는 'and'의 뜻으로도 많이 사용된다.

(17) This college is acting/music school.

Underscore(밑줄, _ )은 웹 사이트 주소를 읽을 때 유용하게 쓰인다.

지금까지 영어 구두점을 살펴보았다. 어떤 언어든 쓰기와 읽기에서는 구두점이 눈에 보이므로 잘 대응한다. 듣기와 말하기에서 구두점은 잘 보이지 않는다고 무시해서는 안 된다. 구두점도 문장 일부이므로 화자는 구두점을 잘 활용하여 청자가 오해하지 않도록 어떤 문장에서 어떤 구두점을 적재적소에 사용해야 하는지 정확하게 인지해야 한다. 언어에서 구두점은 의미와 문법적 역할이 상당히 중요하다. 구두점은 문장의 구조를 만들어 주며 문장에서 강세의 위치, 쉼, 끝맺음, 보충설명, 연결 등 문장의 중요한 표시라는 것을 알아야 한다. 그리고 잘못된 문장부호를 사용하지 않아야 하며 너무 과다하게 문장부호를 사용하지 말아야 한다. 문장부호는 문장 일부로 간주하고 더 좋은 글을 쓰기 위해 또한 좀 더 유식한 글을 쓰는 데 사용해야 하며, 글을 좀 더 명확하게 전달하기 위해서 문장부호가 존재한다는 것도 명심해야 한다.